U0013961

遠流

圖像編年史 1

3-KINGDOMS
TIMES

三國時報

西元一八四年～二八〇年

黃榮郎 文／圖

序

在動手寫這本書之前，我一直在思考，如何能跳脫傳統歷史讀本的呈現方式，找到一個全新的切入點，讓讀者可以坐在舒適的椅子上，伴著一杯喜歡的飲料，輕鬆的了解這些歷史上真實發生過的事件。在歷史寫作的範圍中，已經有太多的前輩，以精彩的故事鋪陳及華彩炫麗的文辭，創作過許多膾炙人口的歷史小說。也已經有太多的學者，以精實的考據及嚴謹的筆法，發表過許多極富價值的專題論文。但對於讀者而言，是否真的只能在精彩的小說故事與平淡的史實描述之間選邊站？是否真的沒有辦法在無壓力的情況下，伸手觸摸那些真確發生過的歷史事件？喜愛看歷史劇的人，難道不想知道劇中人物在千百年前的真實樣貌？為了明天的歷史考試正背得焦頭爛額的同學，難道沒有辦法很輕鬆的就搞懂歷史事件的來龍去脈？我試過很多方法，想要找出這些問題的解答，結果是……資源回收的時候，得把一堆一堆試寫的手稿送給巷口回收的阿婆。

不知道大家是否也跟我有同樣的習慣，每天總是得撥出時間翻翻報紙，看看新聞，尤其是在工作疲累或讀書讀到悶的時候，總想藉著這樣的方式來轉換一下心境。或許是看看政治新聞罵一罵政府，或許是讀讀社會新聞關心周遭發生的事，也或許只是翻翻八卦新聞來放空自己。

新聞是真實的，是有趣的，也是與我們的生活息息相關的。而所謂的歷史事件，不就是當時所發生的新聞嗎？在這樣的靈感之下，我決定以新聞報導的方式，和讀者共同來「穿越」一下，就把自己當成古人，經由報紙來得知當時所發生的事吧。當然，古代沒有記者，沒有照片，也沒有電視名嘴，明代的羅貫中更不會跑到三國時代去發表專欄。但我想這並不是個問題，因為聰明的讀者一眼就能清楚的分辨，不可能會產生混淆的感覺。適當調味的食物才是比較容易入口，也才有機會吸收到食物所含營養的，不是嗎？

《三國時報》這本書，縱引《資治通鑑》為時間軸，重建三國時代真實歷史。以新聞報導的方式，引導我們一起進入三國時空，宛如親臨魏、蜀、吳奇謀鬥智、奪險爭霸的現場。也讓距今兩千年前的歷史事件，彷彿即時新聞般重現眼前。隨著年份不斷更新的報紙版面，了解政治、經濟、軍事、謀略各方面如何同步演進，了解英雄們如何造就出此一恢宏璀燦的大時代。隨著輪番搶占新聞頭條的話題人物，客觀的還原三國時代諸侯霸主、智士武將的鮮明性格。不論是仁義勇武、權謀治術，或是陰暗殘暴、自私貪狂，皆不假掩飾，不加扭曲的忠實呈現。以見證漢末亂世英雄的崛起、奮鬥與衰亡，勾勒三國時代完整之印象。

歷史真相是嚴肅的，但我們選擇輕鬆的方式進行切入；文字記敘是平面的，但我們利用有趣的圖像加以突出。捨棄無趣沉悶、只有一堆箭頭和方塊的流程圖解，改以模擬新聞畫面的生動漫畫作為插圖。把人物圖像化，以突顯其個性；把事件圖像化，以加深其脈絡。藉著圖像重構場景，讓三國更顯有趣，讓讀者可以輕鬆閱讀歷史事件，幽默窺看真實三國。或許文字在一段時日後會逐漸淡忘模糊，但令人會心一笑的插圖卻必定會鐫刻在記憶銘板之上。

本書內文共約十九萬字，輔以四百多張我自己依新聞需求所畫的插圖。內容依時間之演進分為六部，詳盡記錄西元一八四年至二八〇年間，六百多條的重大新聞事件。而為求擴展閱讀的廣度，在相關新聞的同一版面，特別安排了「專題報導」，讓讀者在閱讀事件的同時，也可以對新聞中所提如「太平教」、「傳國玉璽」、「霹靂車」……等事物有進一步的認識。同時，也在適當的時間點，以「羅貫中專欄」的方式，節錄如「桃園三結義」、「呂布與貂蟬」、「過五關斬六將」、「空城計」……等多篇《三國演義》中膾炙人口的橋段，不但可以釐清史實和演義之差異，也呼應演義小說情節之燦爛。

本書既是初識三國殿堂的入門書，也可當作查考三國事件流轉的工具書。最後特別收錄之新聞標題索引，也方便讀者可以依循時間點瀏覽重大事件，了解前因後果，並快速的查閱該事件的詳細始末。在每一頁的新聞版面，都清楚的標註了事件發生的西元年代，每一個古地名都標註了今日的大略所在，每一個難懂的職官名稱，也都標註了可以對照的現代稱謂。讓讀者對於三國的認識，不再因只熟悉片段情節而支離破碎，也不再因演義小說之誤植而時空錯置。不過，在整段三國的歷史進程中，難免有些年份較為平淡，沒有特別的事件可以記載。在寫作的過程中，我也曾考慮是否要將這些年份補齊，讓時間可以一年一年的接續下去。但後來我還是決定就讓這幾個太平無事的年份跳過，免得讓讀者讀起來有拖泥帶水、強占篇幅的感覺。此外，關於紀元的部分，不可諱言的，我受到史學前輩柏楊先生極大的影響，認為以西元紀年對讀者來說是比較友善的，可以很容易的查考出前後事件的時間定位及關係。但由於本書主要是以《資治通鑑》為寫作的藍本，若連月日都改採陽曆的話，只怕會出現許多日期和原文牴觸的地方，也可能會和讀者們曾接觸過的史料不同，反而更容易有混淆的感覺。所以除了紀年部分以西元年份呈現之外，事件中的月日仍以《通鑑》所載為據，若因此而造成讀者的不便，也請多多包涵。

最後，我要特別感謝遠流出版公司的游主編及諸位朋友，願意和我一起嘗試這種全新體裁的創作方式，並在編輯與出版時提供許多的指導與協助。謝謝我的家人在我寫作時給我的包容與支持，也謝謝未曾謀面的讀者朋友，可以挪出時間和我們一同進入歷史的時空中冒險。不論是站著翻翻圖片及新聞標題，或是坐著慢慢細讀，都謝謝你們。

目錄

曹魏　重要登場英雄人物

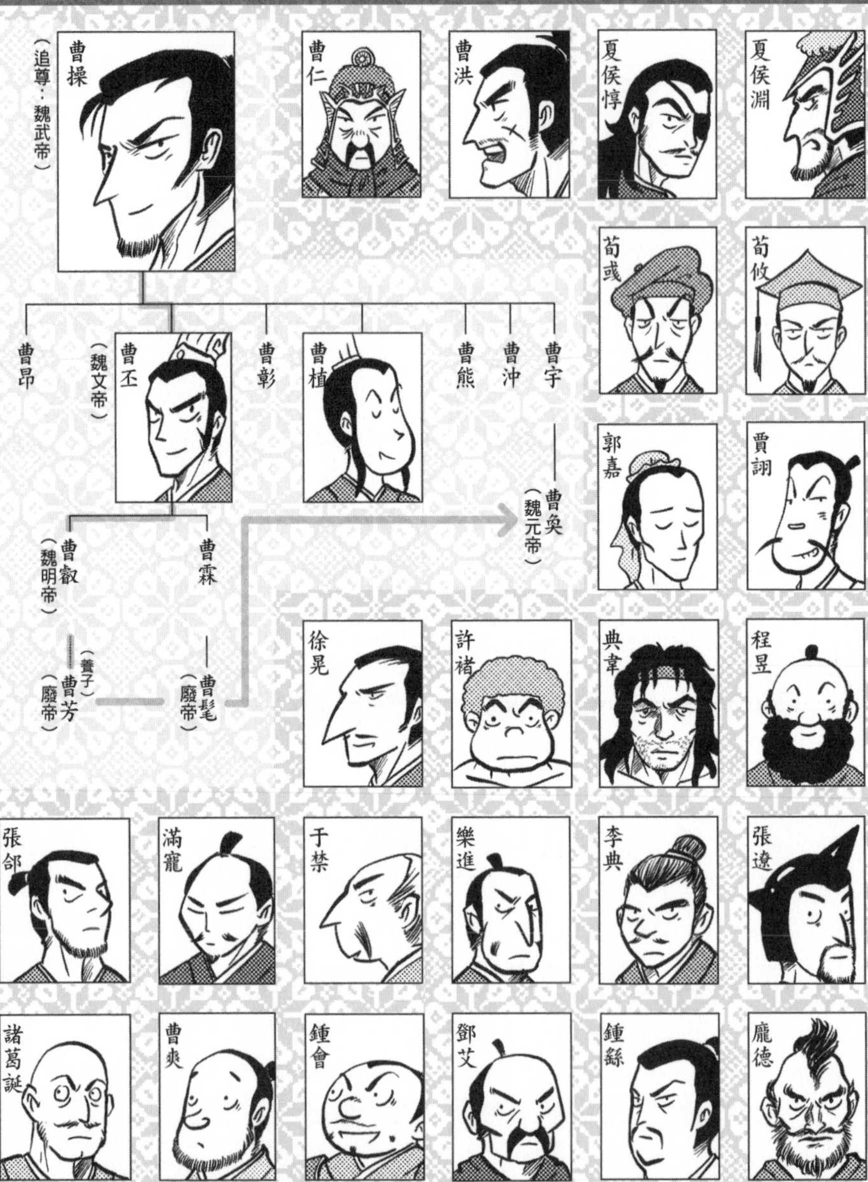

曹操
（追尊：魏武帝）
曹仁
曹洪
夏侯惇
夏侯淵
荀彧
荀攸
曹昂
曹丕
（魏文帝）
曹彰
曹植
曹熊
曹沖
曹宇
郭嘉
賈詡
曹奐
（魏元帝）
曹叡
（魏明帝）
曹霖
（養子）
曹芳
（廢帝）
曹髦
（廢帝）
徐晃
許褚
典韋
程昱
張郃
滿寵
于禁
樂進
李典
張遼
諸葛誕
曹爽
鍾會
鄧艾
鍾繇
龐德

孫吳　重要登場英雄人物

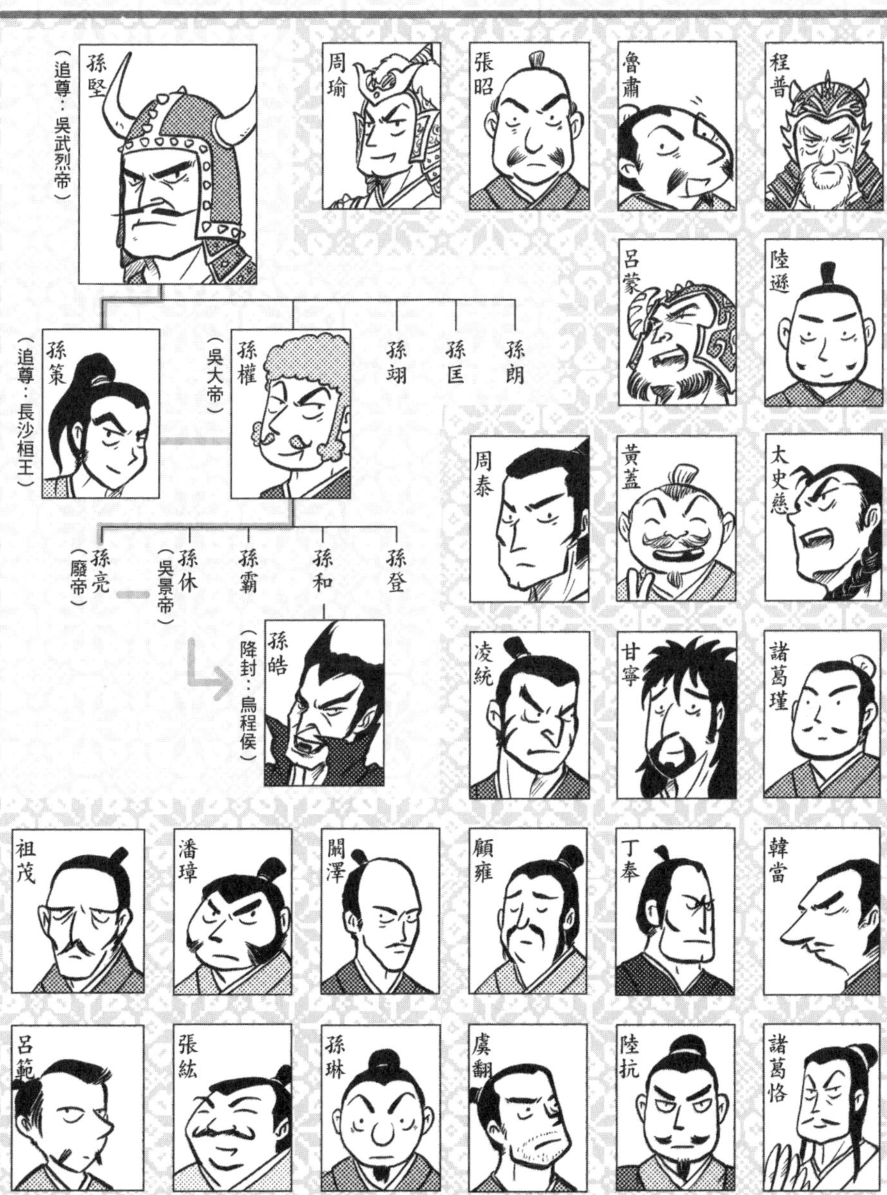

孫堅
（追尊：吳武烈帝）
周瑜
張昭
魯肅
程普
呂蒙
陸遜
孫策
（追尊：長沙桓王）
孫權
（吳大帝）
孫翊
孫匡
孫朗
周泰
黃蓋
太史慈
孫亮
（廢帝）
孫休
（吳景帝）
孫霸
孫和
孫登
孫皓
（降封：烏程侯）
凌統
甘寧
諸葛瑾
祖茂
潘璋
闞澤
顧雍
丁奉
韓當
呂範
張紘
孫琳
虞翻
陸抗
諸葛恪

蜀漢　重要登場英雄人物

劉備（漢昭烈帝）
劉勝（中山靖王）
（自稱後代）
劉宏（漢靈帝）
劉辯（廢帝）
劉協（漢獻帝）
劉禪（降封：安樂公）
劉封（養子）
諸葛亮
關羽
張飛
龐統
馬超
趙雲
糜竺
法正
黄忠
關平
鄧芝
馬良
馬謖
孫乾
徐庶
楊儀
魏延
諸葛瞻
簡雍
費禕
蔣琬
劉巴
董允
李嚴
姜維
孟達
王平

晉　重要登場英雄人物

司馬懿（追尊：晉宣帝）

賈充

羊祜

王濬

王渾

司馬師（追尊：晉景帝）

司馬昭（追尊：晉文帝）

司馬伷

司馬亮

司馬倫

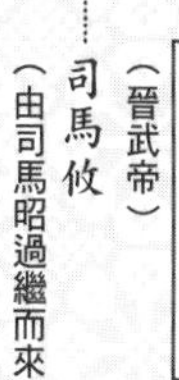

司馬攸（由司馬昭過繼而來）

司馬炎（晉武帝）

司馬攸（過繼司馬師）

東漢人物

皇甫嵩

盧植

朱儁

呂布

董卓

袁紹

何進

劉表

王允

公孫瓚

十常侍

張角

袁術

張邈

張魯

馬騰

韓遂

劉璋

董承

圖像編年史 1

3-KINGDOMS
TIMES

三國時報

西元一八四年～二八〇年

第一部

黃巾動亂　董卓暴起

（西元一八四年～一九二年）

宮廷醜聞

賣官疑雲　各級官職待價而沽

西元一七八年時，二十三歲的皇帝劉宏下令在御花園設立所謂的「西園官邸」，將各級官位公開標價出售，名額竟占應錄用官員的百分之六十六。其中薪級二千石的中高階職位要價二千萬錢，薪級四百石的中低階官員定價為四百萬錢，縣長的定價則依各縣大小與貧富不同而有所差異，有意願者可自行依財力選填志願。對於付款方式，除了一次給付現金之外，針對初期資金不足者，更推出優惠分期，所有費用均可在就任後自行想辦法籌錢，再依原價的兩倍償還即可。不但地方官員的職位可以用錢買到，連中央高級官員也被拿來公開標售，其中三公（司徒、司空、太尉，政府最高級官員）的定價為一千萬錢，卿（部長級官員）的定價為五百萬錢。以上官位雖沒有任期時間長短的保障，但價格皆經皇家認證，所以有志於官者仍趨之若鶩。

西園官邸拍賣會現場買氣十分熱絡

不務正業　皇帝竟設商街廝混

皇帝劉宏竟於一八一年，在後宮開設了一條商店街，令宮女於店中販賣各式物品。皇帝本人則大玩變裝遊戲，假扮成商人的模樣，混於人群中飲酒玩樂。不過整條商店街管理十分混亂，不時傳出鬥毆及盜竊的事件。據不願意透露身分的高層人士表示，皇帝最近不務正業的情形似乎越來越嚴重，不但在商街廝混，還在西園養狗，玩起賽犬的遊戲。更以飆車甩尾為樂，時常親駕著四隻驢拉的車輛驅馳周旋，頗有職業賽車手的架式。而駕驢車的風氣，也令首都的上流社會人士爭相仿效，使得市場上原本便宜的驢子，售價竟上漲到與馬匹相等，令需要驢子從事勞務工作的中下階層農工苦不堪言。

皇帝登寶十五周年 天災異變不止

自一六八年正月二十一日，年僅十三歲，處境貧苦的解瀆廷侯劉宏，進宮接任東漢帝國第十二任皇帝以來，幾乎連年都傳出不尋常的災情與異變，令原本已不甚樂觀的政局更是雪上加霜。以下為本報記者之整理：

◆一六九年四月，皇帝寶座上出現一隻青蛇，隔天又天降大風、冰雹與霹靂，並連根拔起一百多株的大樹。

◆一七一年三月，爆發嚴重的傳染病大流行。

◆一七二年六月，首都洛陽大水肆虐，損失慘重。

◆一七三年正月，瘟疫再度橫行。

◆一七三年六月，北海地區（山東境內）地震。

◆一七五年四月，各郡及封國共有七處大水釀災。

◆一七五年六月，弘農（河南境內）及三輔（陝西境內）兩地，出現大群螟蟲啃食作物。

◆一七六年四月，中央政府因乾旱舉行大雩（祈雨祭典）。

◆一七七年四月，各地嚴重乾旱，有七個州更是受到蝗蟲嚴重的侵擾，作物被啃食殆盡。

◆一七七年十月，首都洛陽地震。

◆一七八年二月，再度發生地震。

◆一七八年四月，又發生有感地震。

◆一七八年四月，皇宮中傳出母雞變成公雞的奇聞怪事。

◆一七八年六月，天空出現一道長十餘丈的黑氣直墜皇帝的溫德殿，形狀有如黑龍一般。

◆一七八年七月，皇宮中的玉堂後殿出現一道青色彩虹。

◆一七八年八月，天空不尋常的出現彗星。

◆一七九年春天，又傳出瘟疫災情。

◆一七九年三月，京兆地區（陝西境內）發生地震。

◆一八〇年秋天，酒泉（甘肅境內）傳出地震。

◆一八〇年冬天，又有彗星現蹤。

◆一八一年六月，天空突然降下有如雞蛋般大小的冰雹。

◆一八二年二月，大規模瘟疫。

◆一八二年四月，乾旱成災。

◆一八二年五月，皇太后居住的永樂宮發生火警。

◆一八二年七月，彗星再現。

◆一八三年夏季，嚴重乾旱。

◆一八三年秋季，金城（甘肅境內）黃河河水暴漲，附近二十餘里的範圍盡遭淹沒。五原（內蒙境內）山崩。

妒火中燒　何皇后捲入後宮謀殺案

甫產下皇子劉協的王美人於一八一年在後宮被人下毒謀殺一案，經相關單位調查後，發現何皇后涉嫌重大。據了解，這當中可能涉及了皇室的爭產奪權，才導致原本就強妒善忌的何皇后痛下殺手，派人在王美人的稀粥中下毒。對此，皇帝劉宏十分震怒，原本要將涉嫌的何皇后廢黜，但由於周圍的宦官們不斷求情，最後終於不再追究，而本案也不了了之。

涉案的何皇后拒絕接受媒體採訪

物價波動

一八一年正月，馬市管理不當，被豪門權勢壟斷，導致馬匹價格飆漲到每二百萬錢一匹。

【專題報導】

太平教張角勢力如日中天

今年（一八四年）年初，由於太平教徒唐周的密告，中央政府破獲了大規模的武裝叛亂團體，並逮捕了太平教大方（高級武裝指揮官）馬元義，隨即在首都洛陽以車裂之刑將其處死，同案牽連誅死者多達一千餘人。太平教最初為張角於十多年前所創，信奉黃帝及老子，並以妖術、咒語、符水教授門徒並為人治病。由於前來求助的病人偶有痊癒者，經口耳相傳，大家便把張角當成神明一般的崇拜，慕名而來的信眾也就越來越多，其中光是在途中病死的就高達一萬多人。後來，其信徒增加到幾十萬人，遍布青、徐、幽、冀、荊、揚、兗、豫八州，而其中有些狀況外的地方政府，甚至聲稱張角以善道教化，為民所歸。對於太平教勢力迅速竄起的情形，司徒（行政首長）楊賜及司徒掾（宰相祕書）劉陶，就曾先後上書提醒皇帝留意，但皇帝劉宏對此事卻一點也不以為意。由於政府的放任與忽視，終於使得張角的勢力極速擴張，如日中天的張角，便將全國信眾分設成三十六方（武裝軍事單位），每一大方有一萬多人，小方也有六七千人。更以中常侍（皇帝隨侍宦官）封諝、徐奉等為內應，密謀於一八四年三月五日舉兵叛變，奪取政權。在馬元義被捕後，張角知道事機已漏，便不分晝夜馳敕諸方，全國三十六方同時起兵，並以頭戴黃巾為標幟，發動全面性軍事叛亂。

太平教轉型 黃巾賊亂起

八州三十六方同時起兵 張角旋風襲捲全國

太平教領導人大賢良師張角以「蒼天已死，黃天當立，歲在甲子，天下大吉」為號召，於一八四年二月全面發動武裝暴動。張角自稱天公將軍，其弟張寶、張梁各稱「地公將軍」及「人公將軍」。黃巾軍團所到之處，焚燒官署、劫掠城鎮，地方政府無力抵抗，各地紛傳官員及士兵棄職逃命的事件。不到一個月的時間，天下響應，京師震動。看來，中央政府若再不立即採取緊急措施，東漢帝國的劉氏政權將岌岌可危。

東漢帝國人事令

命河南尹（首都市長）何進為大將軍（軍事最高統帥），封慎侯，率左右羽林軍及五營軍士布防，以鎮京師。命北中郎將（部隊指揮官）盧植討伐張角，左中郎將皇甫嵩、右中郎將朱儁征討潁川（河南境內）的黃巾亂黨。

東漢帝國 第十二任帝 **劉宏**

光和七年三月

新任大將軍何進（前）、北中郎將盧植（後左）、左中郎將皇甫嵩（後中）、右中郎將朱儁（後右）於就職後合影

皇帝語出驚人
「張讓是我爹，趙忠是我娘！」
張鈞上書檢舉反被控
十常侍權力到達巔峰

由於皇帝劉宏的過分寵信，趙忠、張讓等十二個中常侍（皇帝隨侍宦官）玩法弄權，公然收賄，任意誣陷忠良，使得國家陷入前所未有的危機之中，不但政治敗壞，更導致民變四起。但皇帝仍站在相當袒護的立場，甚至在公開場合宣稱：「張讓是我爹，趙忠是我娘！」使得十常侍氣燄更為囂張，並加深了行政官員與府內宦官的緊張關係。日前政府官員張鈞對此提出強烈的批判，認為現今天下大亂，黃巾賊起都是肇因於此，並要求皇帝下令處死十常侍以向全國百姓謝罪。但皇帝對此卻頗不以為然，竟大怒說：「真是胡說八道，難道十常侍中沒有半個好人嗎？」事後，張鈞立刻遭到誣陷，被指控為太平教黃巾賊同黨而遭到逮捕，事後在獄中被拷打刑求致死。對此，十常侍皆矢口否認涉入此冤獄案。

出師不利　朱儁兵敗皇甫被圍
政府軍遭遇黃巾將領波才　情勢岌岌可危

奉命征討黃巾賊的左中郎將皇甫嵩及右中郎將朱儁，率領約四萬人的部隊，分路征剿黃巾變民集團。其中朱儁的部隊與黃巾將領波才所率領的軍團遭遇，經過激烈的戰鬥之後，朱儁政府軍為黃巾所敗退去。波才軍乘勝將長社一帶的皇甫嵩部隊包圍得水洩不通，由於皇甫孤軍無援不得脫出，局勢已陷入萬分緊急。

黃巾賊在與政府軍作戰獲勝後，大肆慶祝

臨危受命 曹操馳援
騎都尉曹操　奉命急援皇甫孤軍

在朱儁及皇甫嵩軍團作戰不利的消息傳回洛陽之後，中央政府已火速任命現年三十歲的曹操為騎都尉（騎兵隊指揮），率兵赴援長社之圍。

皇甫嵩火燒黃巾賊，建立大功

逆勢反擊 成功火燒黃巾寨
漂亮破敵 兩將因功進封侯

波才所率領的黃巾軍團，原本已完全掌控戰局，在長社（河南境內）將皇甫嵩的部隊團團圍住。但左中郎將皇甫嵩沉著應變，趁著黑夜風起之時，親率部眾主動出擊，縱火焚燒黃巾軍以草所結之營帳。這突如其來的舉動，完全出乎波才的意料之外，導致黃巾大軍驚惶失措，慌亂奔走。又適逢騎都尉曹操所率領的援軍來到，終於逆轉局勢，大敗黃巾黨人。突圍之後，皇甫嵩及曹操的部隊，又與朱儁的大軍三路會師，再破黃巾，斬敵數萬。至此之後，戰場由政府軍開始主宰，陸續平定潁川、汝南、陳國等三郡，而在此役中表現亮眼的朱儁及皇甫嵩，隨後被冊封為西鄉侯及都鄉侯。

連戰皆捷 盧植俘敵一萬餘人
盧軍猛攻張角軍團 黃巾潰敗退守廣宗

北中郎將盧植率兵討伐黃巾集團首腦張角的行動，日前傳出捷報，盧軍在一連串的猛攻之後，共計斬殺及俘擄一萬多名黃巾賊。自稱天公將軍的張角，已率殘餘部隊退守廣宗（河北境內），但目前仍在頑強抵抗中。盧軍陣營表示，已將廣宗城團團圍住，並積極構建工事及攻城器具，對於情勢大表樂觀，應可於近日內奪城。

義勇兵團 再添生力軍
草蓆劉備 號召鄉勇共禦黃巾

原本在涿縣以販賣草蓆維生，並自稱為中山靖王劉勝後代的劉備，在得到富商張世平、蘇雙的經濟支援後，以關羽、張飛為班底招募了一批數百人的義勇部隊，準備投入圍剿黃巾賊的作戰。劉備表示，初期這支義勇部隊將先投靠在鄒靖將軍麾下，日後的表現則請大家拭目以待。

羅貫中專欄

桃園三結義

劉備、關羽、張飛三人於桃園中，備下烏牛白馬祭禮等項，三人焚香，再拜而設誓曰：「念劉備、關羽、張飛，雖然異姓，既結為兄弟，則同心協力，救困扶危；上報國家，下安黎庶；不求同年同月同日生，但願同年同月同日死。皇天后土，實鑒此心。背義忘恩，天人共戮。」誓畢，拜玄德為兄，關羽次之，張飛為弟。祭罷天地，復宰牛設酒，聚鄉中勇士，得三百餘人，就桃園中痛飲一醉。又得中山大商張世平、蘇雙資助良馬五十匹、金銀五百兩，鑌鐵一千斤。三人分別打造雙股劍、青龍偃月刀及丈八點鋼矛，並各置全身鎧甲，聚集鄉勇五百餘人，加入討伐黃巾賊的行列。

更正啟事

本專欄作家羅貫中在《三國演義》第一回中，因助理不慎將劉備的戶籍年齡誤報為二十八歲，已遭戶政單位來函警告，特此更正。

關羽　雲長，25歲
殺死豪強，逃難江湖

劉備　玄德，24歲
家貧，販履織蓆為業

張飛　翼德，20歲
賣酒屠豬為業，頗富

嘻！說好了贏的當大哥喔…

可惡！就差一點

嗚～要是上完廁所有先洗手的話，就不會擲出BG，只能當老三了…

將軍奮勇殺賊　不敵閹官開口

前線驚爆醜聞　左豐索賄不成誣陷盧植

本報獨家取得的第一手消息指出，由皇帝劉宏所派往廣宗視察戰況的宦官左豐，因向北中郎將盧植索取賄賂被拒，回宮便向皇帝誣指盧植無心戀戰，整天只躲在營寨之中飲酒享樂，居心叵測，有圖謀不軌之嫌。皇帝聞訊後震怒，立即下令將盧植解職，並以囚車押解回首都洛陽，以作戰不力的罪名，依軍法判處以死刑減一等之重刑。另譴東中郎將董卓接管其原屬部隊，繼續對黃巾亂黨張角作戰。

宦官左豐被狗仔拍到疑似正在向盧植將軍索賄的畫面

有樣學樣

五斗米教起兵叛亂

巴郡（四川境內）人張脩疑似盜取太平教張角的創意，同樣以符咒及法術為人治病。不同的是，病家只需要出五斗米做為供奉，因此被稱為「五斗米教」。在聚積了一定的勢力之後，張脩已於今年（一八四年）七月舉起反旗，對郡縣發動攻擊。雖然政府將其稱之為「米賊」，以便和「黃巾賊」有所區別，但不論是哪一種盜賊，均已讓東漢政府頭痛不已。

董卓無法取勝 將受懲戒

今年（一八四年）八月，接替盧植的東中郎將董卓，因對戰黃巾軍團遲遲無法取勝，已被朝廷以作戰不力的罪名查辦，並另行調派皇甫嵩接手廣宗戰區，加強對張角軍團的攻勢。

猴塞雷

張角三兄弟死 黃巾賊之亂平 皇甫嵩立功受賞

在張角病死之後，黃巾集團接由地公將軍張梁指揮，繼續在廣宗與政府軍纏鬥。死鬥到十月，黃巾賊終於被皇甫嵩所敗，張梁也在戰場上陣亡。被擒殺的有三萬餘人，另有五萬人被逼跳入河中溺斃。先前已經病故的張角則被開棺斬首，並將首級送回首都洛陽城示眾。皇甫嵩隨後乘勝追擊，斬殺黃巾黨第三號人物張寶，再破十餘萬人。對於皇甫軍團的傑出表現，皇帝劉宏已下令褒獎，擢升皇甫嵩為左車騎將軍（高級將領）兼領冀州（河北境內）州牧（擁有行政、軍事、財政完整統轄權之州長）、並進封為槐里侯。根據記者的深入調查，皇甫軍之所以能戰無不勝、攻無不克，和皇甫嵩獨特的領導風格有關。「每次出征時，皇甫將軍總是等營寨構築完成才安頓自己，總是等全軍都已開動用餐自己才開始吃飯，所有弟兄們都發自內心的願意為將軍賣命。」皇甫軍團的士兵們如此表示。

東漢帝國 大赦令

自今年（一八四年）十二月二十九日起，年號由光和改元中平，本年度由光和七年改為中平元年。並大赦天下，有關減刑及免罪細則，另由法務部門公告。

東漢帝國 第十二任帝 **劉 宏**

中平元年十二月

張讓勾結黃巾無罪 王允得罪宦官入獄

豫州（河南境內）刺史（州長）王允在黃巾軍的大本營中，搜出中常侍張讓和黃巾賊私相來往的書信後，便立即向上呈報。不過，皇帝劉宏雖然十分生氣，但卻在對張讓怒斥一番後，令人跌破眼鏡的不予追究，使得輿論一片譁然。僥倖逃過此劫的張讓，事後則挾怨報復，使出誣陷的看家本領將王允逮捕入獄。幸好遇到大赦天下，王允才得以出獄復職，但復職後不過十幾天的光景，便又遭其他罪名再度逮捕入獄。

喂！老兄，你不是才剛出去嗎？怎麼又回來了？是太想我們了嗎？
快！剛好來參一腳
888
168

得罪宦官的刺史王允，才剛出獄不久又再度回籠

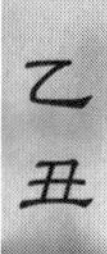

東漢・中平二年

瘟疫肆虐 衛生部門束手無策

今年（一八五年）正月，國內再度爆發大規模瘟疫。據統計，自十二任帝劉宏於一六八年即位以來，這已經是第五次傳出嚴重的疫情了。平均三至四年就會爆發一次的瘟疫，每一次都造成嚴重的傷亡。政府衛生部門至今仍苦無解決的對策，受到傳染的人只能在痛苦中慢慢死去。

內宮宦官盜賣已收繳的建材，從中牟取暴利

重大工程弊案 內侍中飽私囊

整修宮殿案壓垮各地方政府經濟

二月因宮中火災焚毀部分宮殿，皇帝劉宏乃聽從中常侍張讓、趙忠等人的建議，提高全國田賦以修建宮殿。據財政部門的估算，每畝田地必須增加的稅額大約為十錢，預計將對人民生活造成重大影響。不過，在本報記者深入調查後居然發現，此項宮殿重建工程竟暗藏重大弊案。實際負責此案的竟然不是工程署的專業官員，而是內宮宦官。他們不但大幅刪減各地方政府採購杉木及石材的預算，還在各地將木材送交中央驗收時，採取極嚴苛的標準並百般刁難。導致各州郡政府上繳的木材無法達到規定的數量。然後宦官們再利用這個機會，將原本已驗收入庫的木材，私下偷運而出，轉賣給地方官員以牟取暴利。而地方官員在向宦官們購得「回收」的木材再上繳時，仍舊必須再度面對驗收人員的惡意刁難及剋扣，也仍舊必須再花大筆的民脂民膏購買「回收再回收」的木材。所以工程開始到現在，在中央政府花了大筆經費，地方政府繳了巨額「贖金」後，府庫中的木材數量仍寥寥可數，不但嚴重短缺，其中多數也已因延宕而幾近報廢不堪使用。看來這項讓宦官們口袋滿滿的工程，要完工可說是遙遙無期了。

宰相捲入買官風暴 民調暴跌
傳聞新任司徒以五百萬成交

民調支持度及聲望一向居高不下的崔烈，於三月升任司徒（行政首長）一職。但根據可靠消息來源指出，繼太尉（軍事首長）段熲、司空（監察首長）張溫以鉅款買官後，崔烈亦同樣是透過皇帝劉宏的阿保（奶娘）程夫人居中牽線，以五百萬的高價謀得此一職位。不過，據說皇帝本人對此成交價並不甚滿意，認為此一職位應有一千萬之價值。消息曝光之後，崔烈在民間的聲望一落千丈，令原本的支持者大失所望。而近年來高級官員不斷更換，想必已為皇室帶來一筆可觀的不法收入。

朱儁血戰升車騎 宦官內宮坐封侯

在圍剿黃巾亂黨時，帶領部隊出生入死的鎮賊中郎將朱儁，終於獲得拔擢升任右車騎將軍（高級將領）。但皇帝劉宏竟接著於六月，以討伐黃巾有功的名義，下詔將中常侍張讓等十二人封為侯爵。此舉讓所有曾在沙場上流血流汗的軍職人員十分不平，認為如果連深居內宮的宦官都能因軍功封侯，那對跟隨著將領們冒險患難的弟兄同袍將如何交代。據了解，此項晉升令已加深了軍系和內宮宦官之間的彼此仇視與對立，預料這顆未爆彈在未來將是一項潛藏的殺戮危機。

政府褒獎軍功 曹操劉備在列

中央政府對征討黃巾有功人員，再發出新一波的人事令：原騎都尉曹操升任濟南相（封國的最高行政長官），義勇民兵小隊長劉備派任安喜縣縣尉（縣警長），即刻赴任。

又傳天災

今年（一八五年）四月十二日，氣候異常，天降冰雹。七月，三輔地區（陝西境內）再度傳出螟蟲危害的災情，民眾陷入困境。

左車騎犯小人 中常侍拔大將 皇甫嵩無辜被撤將軍職

去年（一八四年）追剿黃巾變民，並斬殺首腦張梁及張寶的大功臣皇甫嵩，突然被大漢帝國皇帝劉宏從前線緊急召回。然後匪疑所思的以「連戰連敗，浪費公帑」的罪名，撤去其左車騎將軍（高階將領）一職，並削減其槐里侯六千戶采邑（變相大幅減薪）的福利。不過，由記者所得到的資料顯示，此案似乎並不單純。據了解，中常侍（皇帝隨侍宦官）張讓曾向皇甫嵩索賄五千萬，但為皇甫所拒絕。而皇甫嵩先前討伐張角時路經鄴縣（河北境內），也發現另一位中常侍趙忠所建築的豪宅竟然是所大違建，使得趙忠的房屋被政府沒收。因此，趙忠和張讓兩人便對皇甫嵩恨得牙癢癢的。於是挾怨展開報復行動，不斷的在皇帝身旁詆毀皇甫，一直編些有的沒的來說他壞話，最後終於使得左車騎將軍慘遭被拔除的命運。

立下大功的皇甫嵩無故被皇帝下令召回，原因令人不解

政風人員被毆　劉備棄官潛逃
名嘴指證歷歷　張飛百口莫辯

對於之前安喜縣發生的督郵（高級政風人員）被綑綁及毆傷的事件，在檢調單位抽絲剝繭之下，已經證實為縣尉劉備所為。報告指出，督郵奉旨查核並淘汰部分因軍功獲職之不適任者，劉備擔心自己被列在黑名單中，便到督郵下榻的驛館求見。但督郵卻拒絕接見，劉備一時氣憤便將督郵綑綁起來，並用鞭子抽打了兩百多下，最後再將縣尉的官印掛在督郵的脖子上棄官潛逃。目前劉備及其部屬關羽、張飛三人已不知去向，對此檢方已表達強烈譴責並展開追緝。但名嘴羅貫中日前在某節目中爆料，此暴力事件應是督郵強行索賄不果，圖謀對劉備採取不利的手段，張飛在一氣之下怒鞭督郵，導致劉備不得已才棄官而去。檢方對於羅貫中的這種說法已將之斥為無稽之談，而羅貫中則表示到時會再拿出更多證據來證明自己的論點。

劉備涉嫌毆打督郵後棄官潛逃，目前已遭通緝

西羌叛變　張溫董卓奉命征討

司空（監察首長）張溫被任命為車騎將軍，帶領十萬大軍並統轄新任之破虜將軍董卓、蕩寇將軍周慎前往鎮壓西羌的叛亂。據前線傳回的戰報，政府軍初期的戰況並不順利，屢屢為叛軍所敗。張溫對於董卓等人一再的挫敗感到十分不滿，已召見董卓並予以當面責備。但據說當時董卓的態度十分傲慢，對於長官的指揮調度及戰敗責任也是毫不在意，場面一度火爆。傳聞，事後隨軍出征的孫堅，曾建議張溫以軍法嚴懲董卓，但張溫為了顧全大局，並未接受此一建議。

東漢・中平三年

東漢帝國
大赦令

自公告即日起，大赦天下，有關減刑及免罪細則，另由法務部門公告。

東漢帝國　第十二任帝 **劉　宏**
中平三年二月

天狗食日　民眾驚恐

今年（一八六年）五月三十日發生天狗食日，大地瞬間變暗，目睹的民眾都十分驚恐，幸好在不久後又恢復正常。但仍有民眾因好奇而不顧政府不得窺探天狗的警告，直接觀望整個過程，導致雙眼被天狗所傷，而有失明的危險。

民間流傳的天狗食日圖

三國時報

3-KINGDOMS TIMES

西元一八七年

東漢・中平四年

東漢帝國 大赦令

自公告即日起，大赦天下，有關減刑及免罪細則，另由法務部門公告。

東漢帝國 第十二任帝 **劉 宏**

中平四年正月

皇室再傳賣官醜聞

最近風波不斷的皇室，再度傳出賣官醜聞，這次的成交行情是以五百萬賣斷關內侯的頭銜。不過這已不能算是少數個案了，自一七八年皇帝公開在西園官邸拍賣官職，造成軒然大波以來，極富生意頭腦的皇帝劉宏，便以頻繁的任免高官來為自己創造更多的進帳。才剛買到的官職不到幾個月就被免職，然後又可以將空缺轉賣給另一出高價者，以此手法中飽私囊的數目已無法估算。甚至有傳聞皇帝以貼身宦官為人頭，分別寄存數千萬在這些親信家中，又在河間一帶（河北境內）購置私人田產，興建豪宅。本案數年來雖早有所聞，但至今尚無任何檢調單位敢著手調查。

變民長沙作亂
太守孫堅敉平

孫堅擊潰萬名亂賊受封烏程侯

今年（一八七年）十月，長沙地區向中央政府回報又有亂民以區星為首領，集結了大約一萬多名的部眾群起作亂。為此，皇帝劉宏已把江東悍將孫堅擢升為長沙太守（郡長），並命其迅速壓制民變。最近開始嶄露頭角的孫堅果然不負聖恩，在很短的時間內便擊潰了亂民。這次的勝利也為孫堅自己帶來了不少實質上的收穫，除了擠身至太守級官員的行列，並得到烏程侯的爵位之外，軍事力量的提升更是不容忽視。

東漢・中平五年

西園八校尉成立 全歸宦官蹇碩統馭

新世代新星袁紹曹操 動向備受矚目

東漢帝國 大赦令

自公告即日起，大赦天下，有關減刑及免罪細則，另由法務部門公告。

東漢帝國　第十二任帝　**劉　宏**
中平五年正月

鑒於近來社會動蕩民變四起，中央為加強皇城的防衛擴編禁軍，並設立「西園八校尉（指揮官）」來統領禁軍。在八月公布的名單中，皇帝特別以其親信小黃門（貼身宦官）蹇碩為上軍校尉，統領整個禁軍。除下轄其他七名校尉外，竟然連大將軍何進也必須受其節制。這種以下轄上的奇怪編制，顯現出宦官們在皇帝身邊所占的地位越來越重。而大將軍辦公室則對此表達強烈不滿，一般相信，何進必將採取更激烈的手段來維護權益。

西園八校尉：上軍校尉　蹇碩（前排左二）、中軍校尉　袁紹（前排左三）、下軍校尉　鮑鴻（前排左一）、典軍校尉　曹操（前排右）、助軍左校尉　趙融（後排左一）、助軍右校尉　馮芳（後排左二）、左校尉　夏牟（後排左三）、右校尉　淳于瓊（後排右）

擴大閱兵 皇帝自稱無上將軍

法師預言皇宮將發生流血事件 皇帝決以布陣閱兵來破解不祥

御用法師日前大膽預言皇室將有大難，可能會受到大軍攻擊，並在內城南北兩宮發生大規模的流血事件。皇帝為了驅災避厄，已採用法師提出的無極轉運大法，以布陣及擴大閱兵來鎮壓此股邪氣。為此，中央政府已在平樂觀建築了十二層樓高的閱兵台，並徵調各地軍力數萬人，於十月十六日由自稱無上將軍的皇帝劉宏，全副武裝親自主持並完成閱兵儀式。

董氏集團VS何氏集團 太后姪董重升驃騎將軍

原職衛尉（警衛指揮官）的董重稍早已獲晉升為驃騎將軍，評論家認為，董重的擢升可能代表董、何兩大外戚勢力間競爭的白熱化。其中董氏集團以皇帝之母董太后，及其姪驃騎將軍董重為中心，而何氏集團則以皇帝之妻何皇后，與其兄大將軍何進為首。

國家有難 皇甫嵩再登板

十一月間，陳倉地區再傳事端，變民包圍陳倉，由於地方武裝部隊無力抵抗，所以中央只好再度起用之前因案免職的救援王皇甫嵩為左將軍，統轄前將軍董卓及四萬軍力前往圍剿。

3-KINGDOMS TIMES

西元一八九年

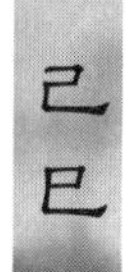

東漢‧中平六年 光熹元年 昭寧元年 永漢元年

董卓計拙 皇甫獨勝
兩人戰略觀點不同 彼此種下嫌隙

奉命征討民變的左將軍皇甫嵩及前將軍董卓，在這次的任務中多有意見相左之處，因此兩人之間鬧得並不愉快，同時也影響了軍心的穩定。根據軍中權威消息人士指出，一開始皇甫嵩及董卓兩人，就對於是否該火速救援陳倉（陝西境內）一事便有不同的看法。董卓認為應該即刻將大軍開赴陳倉解圍，皇甫將軍則認為陳倉城雖小，但壁壘堅實不易攻破，不必急援，等叛軍攻到自己精疲力竭時再發動攻擊，必可大獲全勝。後來果然如主帥皇甫嵩所料，在今年（一八九年）二月時，叛軍便自行解圍撤退。此時皇甫嵩要下令追擊，但董卓又持相反意見堅持兵法上所說「窮寇勿迫，歸眾勿追」的道理，不過皇甫嵩認為目前的叛軍氣勢已衰，只是「疲師」而非「歸眾」，而且已經瀕臨瓦解邊緣的叛軍更非所謂的「窮寇」，於是便命董卓為後衛部隊，自己則率領直屬軍團發動猛攻，果然連戰連勝，斬殺叛軍一萬餘人。而戰略屢屢錯誤的董卓則因此惱羞成怒，與皇甫嵩結下不解之仇。

狂妄董卓屢次抗命
虛弱中央束手無策

據記者回報，日前軍中傳出嚴重抗命事件，在中央政府發布人事命令，前將軍董卓調任為少府（宮廷官員）後，董卓竟然抗命不從，並諉稱因屬下兵士不讓成行所以無法赴任。後來政府由於調動不了董卓，所以只好又另外再重新發布一紙新的命令，讓他升任為冀州（河北境內）牧（州長），並將所屬部隊移交給左將軍皇甫嵩，而董卓卻又藉詞不交出軍隊指揮權。對董卓屢次抗命的行為，皇帝已正式下詔予以譴責。

東漢帝國十二任帝劉宏駕崩

近日來為病痛所苦的漢帝劉宏，已於今年（一八九年）四月十一日在南宮嘉德殿逝世。據聞當時隨侍在旁的宦官蹇碩（兼上軍校尉）曾在皇帝駕崩後，派人請大將軍何進入宮商討機要大事，但何進應邀到宮外時卻突然折返住所，並緊急提升大將軍府及所轄營區的戰備狀態，目前詳細狀況並不清楚，本報記者將會繼續追蹤報導。

十四歲劉辯登極 何太后臨朝聽政

皇太子劉辯於四月十三日正式登位，成為東漢帝國第十三任皇帝，並尊親母何皇后為何太后。不過，由於劉辯只有十四歲，還未達到可以自己主政的年紀，所以仍由何太后臨朝聽政。同時中央政府也下令大赦天下，並改元光熹。並封皇弟劉協為渤海王（封地河北境內），擢升袁隗為太傅（皇室首席榮譽教授），與大將軍何進共同主持政事。政治評論家認為，何太后與何進掌權之後，與宦官集團之間的政治鬥爭，將是未來的觀察重點。

何太后臨朝聽政，年少皇帝形同傀儡

東漢帝國 大赦令

自今年（一八九年）四月十三日起，皇太子劉辯繼位為東漢帝國第十三任帝，年號由中平改元光熹，本年度由中平六年改為光熹元年。並大赦天下，有關減刑及免罪細則，另由法務部門公告。

東漢帝國　第十三任帝 劉 辯

光熹元年四月

蹇碩祕屠大將軍不果　何進逮捕小黃門處死

大將軍府發布的正式新聞稿指出，兼任上軍校尉的小黃門（貼身宦官）蹇碩，因密謀叛國及預謀殺害國家大臣，已於四月二十五日遭逮捕處死。報告中指出，蹇碩於先帝劉宏駕崩時，曾打算捨棄皇太子劉辯而另立劉協（勃海王）為帝，為此竟密謀於大將軍何進（新帝劉辯舅父，何太后兄長）進宮時將其殺害。所幸蹇碩手下的軍官潘隱與大將軍是至交好友，在宮外迎接何進時以眼神示意，大將軍才得即時脫困不至被害。新帝即位後，蹇碩又寫信給中常侍趙忠及宋典，提議假詔逮捕並謀殺大將軍，但趙忠及宋典並未接受其提議，反將此信送交大將軍府並列為呈堂證供。由於罪證確鑿，大將軍已命黃門令（宦官總管）將蹇碩逮捕解職並處死，原蹇碩所統率的上軍部隊全撥歸大將軍府統領。

兼任上軍校尉的宦官蹇碩因密謀殺害大將軍被捕

兩個女人的戰爭　媳婦何太后占上風

董太皇太后遭彈劾　驅出皇城遣回封國

在政治權力鬥爭上已進入白熱化階段的董、何二后之爭終於引爆，於去年（一八八年）晉升驃騎將軍的董太皇太后之姪董重，由於得到宦官集團的加持，聲勢如日中天，屢屢挑戰大將軍府的權勢。而何太后方面亦不甘示弱，近日來展現鐵腕魄力，硬是阻斷了董太皇太后數次的干政。面對媳婦的強勢作為，身為婆婆的董太皇太后情緒失控的破口大罵道：「何太后如此囂張，所倚仗的不過是何進而已，哪天我叫驃騎將軍董重砍下何進的腦袋，看妳還如何神氣！」不料這話竟傳入何太后耳中，何太后大為光火，乃決定與婆婆攤牌。終於在今年五月初，大將軍何進與三公，聯名彈劾董太皇太后涉嫌收賄及圖利地方政府，遂以封國王后不宜逗留京師為由，奏請遣返封國。此案已呈何太后批准執行，而董氏集團也立即陷入瓦解的危機。

何進兵圍驃騎府　董重被捕自盡
太皇太后離奇死亡　董氏瓦解何氏獨大

何董兩大集團之鬥爭又有後續的發展，在日前將董太皇太后遣返封國後，大將軍府又有大動作。五月六日當天，大將軍何進下令閃電包圍驃騎將軍府，董重隨即遭到逮捕並徑予免職。不久，大將軍府的發言人便出面證實原驃騎將軍董重，已畏罪自殺身亡。但何太后的整肅活動似乎並未告一段落，六月七日又傳出董太皇太后突然暴斃的消息，死因究竟為自殺或他殺，至今尚無任何政府單位出面說明。此事件已令各界議論紛紛，一般認為，何太后陣營應有相當程度的涉入。

先帝劉宏安葬文陵

中央政府於六月十七日舉辦莊嚴隆重的國家典禮，將帝國十二任皇帝劉宏安葬於首都洛陽西北方的文陵。但令人意外的是，大將軍何進不但沒有入宮守靈陪喪，甚至連應該親送先帝遺體入陵安葬的路程也沒有出現。據推測，可能是擔心上次蹇碩祕謀行刺的事件重演，所以刻意避開了這兩項公開行程，對此大將軍府至今仍保持沉默，並沒有發表任何公開聲明。

皇弟渤海王劉協，改封為陳留王。

命令自公布日起立即生效。

東漢帝國　第十三任帝　劉　辯

光熹元年七月

大將軍請罷中常侍 何太后執意續留用

何進聽從中軍校尉袁紹的建議，向何太后要求免除所有中常侍的職務，以免宦官權勢過度膨脹，敗壞朝綱。但何太后似乎並不贊成此一提議，原因是如果裁撤中常侍的話，那臨朝太后便得直接面對男性官員，在禮規上並不妥當。但根據宮內消息指出，宦官集團早已用重金收買的何太后之母及弟弟何苗，在此事件上發揮了關鍵的作用，讓中常侍得以繼續留在權力核心。

袁紹提議 徵召四方將領施壓中央
曹操不屑 認為小題大作後患無窮

以大將軍（軍事最高統帥）何進為首的軍系人馬，鑑於宦官們在宮中的勢力日益擴張，而先前游說何太后罷撤中常侍的提議亦被否決的情勢之下，再度做出大動作。據記者所得到的第一手情報，袁紹於高層軍事聯席會時提出驚人的看法，建議大將軍何進徵召四方將領，率領所部兵馬向京師挺進，以展現自己的動員及軍事實力，用以要脅何太后在剷除宦官這件事上妥協。此語一出，便立刻遭到眾人的反對，認為此舉無異引狼入室，到時無法控制必將造成大亂。不過，何進最後仍然決定依袁紹的建議執行。對此，典軍校尉曹操不屑的認為：「宦官問題古今都有，都是皇帝過於寵信及任意授與大權的關係。要解決此一問題，只需任命一位軍法官將元凶首謀逮捕誅殺即可，何必勞師動眾徵集地方大軍威脅中央。如此一來，宦官群為了自保一定會做出激烈的反抗動作，我看何進就快要大禍臨頭了，我將會親眼看到他的失敗。」

袁紹向大將軍何進建議徵召四方大軍進駐京師

董卓奉命進逼京師 丁原率軍挺進洛陽 何太后屈服 遣散內宮常侍

大將軍何進不顧眾人的反對，下令原本已私自將部隊屯駐於河東的董卓，率領大軍向首都洛陽推進。同時又命武猛都尉丁原等將領，打著「誅殺宦官」的旗號，由各路向中央進逼。面對聲勢浩蕩的各路兵馬，何太后終於低頭，下令將中常侍等所有宦官，一律遣散回鄉，企圖消弭這一波反對的壓力。不過目前看來效果似乎有限，各路兵馬仍持續向京師逼進，連大將軍何進也開始感到疑懼及失控。據軍中高層透露，何進已數度派人持皇帝詔書，命各路兵馬暫退或原地駐軍，但卻仍有抗命前進的情況，為此大將軍府已著手研擬因應對策。

首都洛陽氣氛緊張 何進人事重新布局

袁紹任司隸校尉 王允接掌河南尹

由於各路兵馬在大將軍（軍事最高統帥）何進的一聲令下，都已逐漸向洛陽靠攏集結，而宮中的宦官勢力則尚未誅滅，所以大將軍府已發布新一波的人事布局，企圖更嚴密的掌控首都情勢。其中袁紹已經被任命為司隸校尉（京城警備司令），參謀王允則接掌河南尹（首都洛陽市長）一職。

關係了得！！

中常侍再次入宮

先前已拍板定案的宦官罷黜案，劇情竟然急轉直下，中常侍再度獲得任用，重新入宮盤據權力中心。相傳此一事件的轉折點，在於中常侍張讓跪求他的媳婦（何太后之妹），希望能代向何太后之母說情，以求能再次入宮。果然何太后不忍拒絕母親的請求，下詔命中常侍再度入宮隨侍。對此大將軍府至今尚未表示任何意見，但一般預料，軍方將會展開激烈的行動。

大反撲！！！何進人頭落地

針對中常侍再度入宮事件，大將軍何進終於做出了進一步的動作，於八月二十五日前往長樂宮晉見何太后，強烈要求何太后下旨誅殺所有中常侍，但此一動作卻也讓何進惹來殺身之禍。據悉，中常侍偷聽何進兄妹間的對話，發現大禍臨頭，於是決定先下手為強，乃暗藏刀斧手數十名於殿門內埋伏。等何進出來之後，又對其謊稱太后臨時想到有事再度召見。何進信以為真，乃毫無防備的再度入宮，但只一踏入殿門，便在中常侍張讓一聲令下，當場身首異處。接著宦官們把何進的首級扔出牆外，喊道：「何進謀反，已經誅殺！」隨後皇宮便緊閉宮門，嚴加防備，不許任何人進出。

大將軍何進遭到宦官狙殺

預言成真 皇城血流成河
盡誅閹官 共死兩千餘人

去年（一八八年）御用法師的預言竟然成真，日前皇宮爆發嚴重流血事件，與預言謀合的程度令人驚顫不已。在大將軍何進慘遭宦官斬下首級之後，軍系人員隨即展開大規模的報復行動，虎賁中郎將袁術（袁紹堂弟）下令縱火焚燒南宮，中常侍張讓等挾持皇帝劉辯及陳留王劉協等逃往北宮。司隸校尉袁紹等將領，則在南門格殺中常侍趙忠後攻入北宮，並下令緊閉宮門，對宦官做全面性的屠殺。許多年少無鬚的官員都被誤認為宦官而慘遭誤殺，更有人在情急之下脫去褲子，以證明自己並非閹官才得免於一死。事後估算死亡人數竟多達兩千餘人，皇宮頓時成為浴血死城。而張讓等人目前仍挾持皇帝，困守北宮寢殿，與袁紹等將領對峙中。

張讓挾帝出北宮 深夜常侍投河死

圍困寢殿的袁紹，終於在八月二十七日攻破北宮正南門，張讓等挾持皇帝及陳留王步行逃往黃河沿岸。到了深夜，被政府祕書官閔貢追到，張讓才驚恐萬分的拋下皇帝，自行投河而死。於是閔貢便攙扶著皇帝劉辯和皇弟陳留王劉協，在黑暗中摸索著往皇宮的歸途前進。

董卓大軍護駕 皇帝驚恐啼哭

經歷了整夜驚險逃難的皇帝一行人，終於在八月二十八日找到兩匹馬代步，而中央諸高級官員也才在此時三三兩兩的趕到皇城北郊隨行護駕。但令人驚訝的是，原本停駐在西郊的董卓部隊，竟也在此時現身。面對全副武裝的西涼軍團，年僅十四歲的皇帝被驚嚇得手足無措淚流滿面。官員們見狀便以皇帝詔令命董卓軍後撤，可董卓不但置之不理，更在譏諷完官員無能後，逕自上前參拜皇帝。據目擊者指出，董卓對於皇帝劉辯在驚嚇之餘應對失據語無倫次的表現，竟露出不耐煩的神情，但稍後對於年僅九歲的陳留王劉協有條不紊的應答，卻又感到驚喜異常。不過事後董卓陣營對於以上不敬的行為，已經完全否認。

聖駕安然返宮 傳國玉璽失蹤

丁原接管洛陽警備 董卓大軍陸續抵達

在董卓的三千名步騎混合部隊護衛之下，皇帝劉宏等人於八月二十八日返回洛陽皇宮，隨即下詔大赦天下，改元昭寧。隨後在盤點宮廷物品時，卻赫然發現皇帝御用的六顆印信中，最重要的「傳國玉璽」竟然遺失了，在經過全面性搜查後仍未尋獲。皇室人員表示，目前最擔心的是玉璽已遭損毀，或在混亂之中被人竊走，目前已組成專案小組調查此事。在人事方面，已任命軍事實力堅強的丁原為執金吾（皇城警衛官），負責維持洛陽城的治安。而護駕入城的董卓軍團，連日來每天早上都有部隊大張旗鼓的陸續進城，預估累計兵力已達數萬，成為洛陽城中最強大的軍事力量。對此現象，負責京師警備安全的司隸校尉袁紹，和執金吾丁原已密切注意中。但根據小道消息，董卓目前進駐洛陽的部隊並沒有大家想像的那麼多，原因是每天早上喧鬧進城的兵馬，其實都是那同一批人，只不過前一天晚上悄悄溜出城，第二天再進城罷了，但這種說法並未獲得任何官方證實。

【專題報導】

傳國玉璽

傳國玉璽即是由「完璧歸趙」故事中，著名的「和氏璧」所篆刻而成。根據古籍記載，春秋時楚人卞和，於山中發現一塊未經雕琢的璞玉原石，先後曾分別進獻給楚厲王及楚武王，但結果都因被御用工匠斷定為普通石頭，而被判以欺君之罪砍去左右腳。到了楚文王即位之後，卞和仍抱著這塊璞石，在荊山下哭了三天三夜，哭到連淚水也哭乾了，而流出血水。這件事傳到楚文王耳中之後，才令玉匠鑿開璞石，果然璞石內藏稀世珍寶，乃令工匠雕琢並命之為「和氏璧」。

後來「和氏璧」輾轉流到趙國手中，當時的強權秦昭王垂涎此玉，便以十五座城池為幌子，欲強行騙取「和氏璧」。幸得藺相如憑機智才得以保全此璧，並讓秦國沒有出兵的藉口。但是最後秦始皇帝統一六國時，仍然得到了夢寐以求的「和氏璧」，便命丞相李斯以大篆書寫「授命於天，既壽永昌」八字，雕成「傳國玉璽」，同時詔告天下以此璽為承受天命之皇權信物。

秦帝國滅亡時，末帝子嬰將玉璽獻給漢高祖劉邦，從此成了漢帝國傳位大寶，象徵正統的天子地位。但在王莽篡漢時，當時的皇太后一氣之下，將玉璽怒擲於地，使得「傳國玉璽」自此缺了一角，後來才又用黃金鑲嵌補飾。隨著東漢光武中興，玉璽也再度回到劉氏皇族手中。直到張讓挾持東漢帝國第十三任皇帝劉辯出城時，才在混亂中遺失此方「傳國玉璽」。

東漢帝國
大赦令

自今年（一八九年）八月二十八日起，年號由光熹改元昭寧，本年度由光熹元年改為昭寧元年。並大赦天下，有關減刑及免罪細則，另由法務部門公告。

東漢帝國　第十三任帝　劉　辯

昭寧元年八月

鮑信提議除董卓　袁紹畏懦失先機

據聞，甫由泰山（山東境內）募兵歸來的騎都尉鮑信，認為董卓恐有不軌，建議袁紹趁其未定之時，先下手發動奇襲。但袁紹卻因畏懼董卓，而不敢有所動作。鮑信對此感到十分失望，為保留實力，已帶著部隊返回泰山。

呂布刺殺丁原　董卓實力大增
董卓吞併何進丁原兵團　接任司空

各界在風聞董卓軍團陸續進入洛陽城（河南境內）的消息後，都因感受到極度的不安全感，而開始產生了所謂的「西瓜效應」。其中已故大將軍何進以及其弟何苗的舊部屬下，都已經決定歸附到董卓陣營之中。不過，董卓似乎對此仍未感到滿足，日前便對京城中另一實力派將領丁原痛下殺手。他以重金利誘丁原手下猛將呂布，使其聽命於己，然後發動叛變刺殺丁原。而丁原手下的所有部眾，當然也就這樣都歸董卓所有。至於呂布，不但獲得豐厚的賞賜，更被董卓收為義子，並升任騎都尉（騎兵隊指揮），進入了核心集團之中。經過這一次的重新洗牌，董卓已然成為洛陽城中獨大的軍閥。在沒有任何力量可以與之抗衡的情況下，董卓更肆無忌憚的暗示中央政府，以「久未降雨、天地大旱」的荒唐理由，將原任司空（監察首長）劉弘給免職，然後改由自己接任。擠身三公（司徒、司空、太尉，政府最高級官員）之位的董卓，其在政治上顯露出來的野心，以及掃除異己的殘暴手段，已令各方都備感壓力。

據聞董卓以重金和赤兔馬收買呂布，並收為義子

大逆不道　董卓謀廢少帝
挺身而出　袁紹怒斥出走

被譏為政治暴發戶的董卓，竟然在宴會場合公開發表大逆不道的言論，提議廢黜現任帝劉辯，改立皇弟劉協接掌大位。因事涉敏感，此語一出全場靜默，只有司隸校尉袁紹當場挺身而出予以駁斥。為此兩人爆發激烈的言語衝突，幾乎刀劍相向。據目擊者表示，董卓一度手按劍柄，怒斥袁紹說：「天下大事都在我的掌握之中，我想做啥就做啥，你是什麼東西，敢用這種態度跟我講話，難道想要試試我的刀夠不夠利嗎？」袁紹也不甘示弱，拔出佩刀指著董卓怒道：「哼！你以為全天下就你一個英雄好漢嗎？」說完便向在座的諸位官員作揖後憤然離場。稍後，便有消息傳出，袁紹為求自保，已留下司隸校尉的印信，出城往冀州而去。

變天！！

董司空召百官議廢立 盧尚書提抗議遭免職

董卓在八月底正式召集文武百官，提議由陳留王劉協繼任帝位，但尚書盧植仍當場表示反對意見。為此董卓十分震怒，原本要當場誅殺盧植，後得諸官員求情，才勉強改為撤職。而盧植隨後則表示將永遠離開政壇，歸隱山林。

何太后下詔罷黜親子劉辯

陳留王劉協九歲繼登大寶

今年（一八九年）九月一日，何太后以十三任帝劉辯在父喪期間未克盡孝道，及未具帝王應有的儀表為由，下詔罷黜劉辯，降封為弘農王，並改立年僅九歲的陳留王劉協繼承皇位。一般認為此案的內情並不單純，何太后應是受到董卓的強力威脅，才會下詔廢除親生兒子的帝位，更有傳言指出，董卓已有計畫殺害遜位的劉辯及失去依靠的何太后以絕後患。為此，皇室已考慮提升兩人的隨扈人數以為應變。

東漢帝國 大赦令

自今年（一八九年）九月一日起，年號由昭寧改元永漢，本年度由昭寧元年改為永漢元年。並大赦天下，有關減刑及免罪細則，另由法務部門公告。

東漢帝國　第十四任帝 劉協

永漢元年九月

先逼移宮永安 再飲酖酒身亡
享盡權貴 何太后下場悲慘

何太后在下詔廢帝後，即被董卓冠以「以媳婦的身分逼迫董太皇太后，致使董太皇太后憂懼而死」的罪名，遷居永安宮。九月三日，何太后被發現中毒陳屍於永安宮中。檢調單位表示，依照現場看來，何太后可能是被逼飲下毒酒身亡，而疑似盛裝毒酒的瓶子已被列為重要物證，同時也將過濾進出永安宮的人以釐清案情。不過目前所有的事證，都指向董卓為此案的幕後主使者。

何太后被逼飲下毒酒

董卓聲勢如日中天
出入加天子儀仗衛隊

在政壇上已排除所有的政敵，並完全掌控中央政府的董卓，又於九月十二日自任太尉（軍事首長），並兼任前將軍、封郿侯，配備代表皇帝的符節、斧鉞儀仗及虎賁衛隊。

天候異常 大雨連綿

今年（一八九年）從六月開始，一直到九月之間，各地不斷的降下驚人的大雨。許多地區都已陸續傳出災情，即將秋收的農作物首當其衝，嚴重受創。

重大人事變革
董卓位極人臣

今年（一八九年）十一月，中央政府又下令，將董卓升任為漢帝國（西漢、東漢兩朝）已三百多年未曾設置過的相國一職，更獲得參奏時可以不寫姓名、入朝時不必快步前進、及上殿時不必解下佩劍也不需脫下鞋子的殊榮及特權。

董卓大權獨攬，就任相國

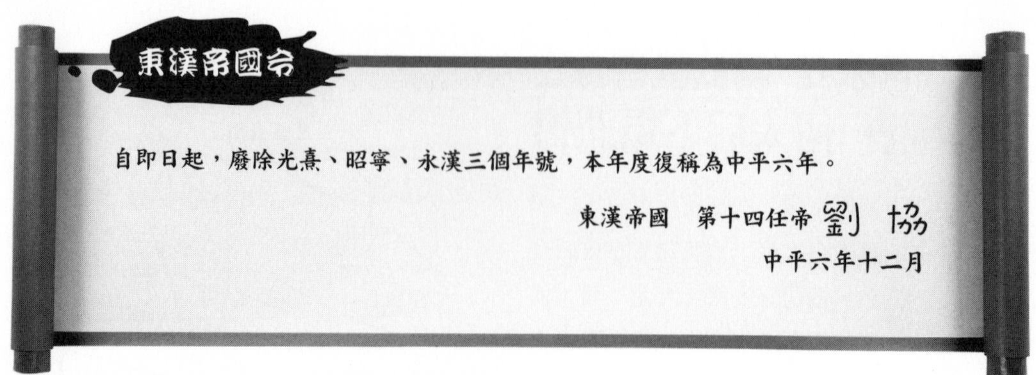

東漢帝國令

自即日起，廢除光熹、昭寧、永漢三個年號，本年度復稱為中平六年。

東漢帝國　第十四任帝 劉協

中平六年十二月

董卓殘暴 人民驚恐

董卓在升任相國，完全控制中央人事、政治、經濟及軍事後，已充分顯露出凶惡殘暴的個性。據聞曾有一名官員在晉見時，忘記先解下佩劍就被董卓用鐵鎚當場擊斃。同時董卓也放任他的直屬部隊，在洛陽城內任意進入民宅，強搶財物及婦女，使得京城裡的百姓日夜生活在恐怖的氣氛當中，誰也不知道下一個受害者是不是自己。洛陽已經成為一個毫無安全可言的城市，居住滿意度滑落到谷底。

你們要幹嘛？再不走我就報警了喔…

報警!! 呵呵…不用麻煩了，我就是警察局長啊...

董卓放任屬下強搶民宅，引起人民極度恐慌

為挽回人心　中央政府提新一波人事

袁術曹操棄官而去　相國董卓顏面盡失

在一連串失去民心的暴政後，董卓終於接受幕僚的建議，開始積極拉攏各方有影響力的人士，企圖藉著人事位置來整合各方勢力。其中包括將任命之前因廢立皇帝案而撕破臉的袁紹，出任勃海太守（郡長），袁氏家族的嫡子袁術（袁紹堂弟，但袁紹為庶子）升任後將軍，以及將新進崛起的新星曹操擢升為驍騎校尉。不過，在接獲董卓領導的中央政府所發布的人事令後，除了早已出走的袁紹尚未對此做出任何回應外，袁術及曹操都已積極的和董卓集團畫清界限，分別棄官離開京城。董卓這次的整合行動雖然失敗，但其軍政實力及影響力還是不容小覷，中央政府仍穩穩的在其操控之下，而其統轄的涼州軍團也仍是目前戰鬥力最強的一支勁旅。

新任勃海太守 袁紹

新任後將軍 袁術

新任驍騎校尉 曹操

羅貫中專欄

孟德獻刀

曹操有感於董卓欺主弄權，社稷朝夕難保，便向王允商借七寶刀一把，以謀行刺董卓。次日，曹操果然佩帶寶刀來至相府。董卓坐於床上，呂布侍立於側。卓曰：「孟德來何遲？」操曰：「馬羸行遲耳。」卓顧謂布曰：「吾有西涼進來好馬，奉先可親去揀一騎賜與孟德。」布領令而去。操暗忖曰：「此賊合死！」即欲拔刀刺之。懼卓力大，未敢輕動。卓胖大不耐久坐，遂倒身而臥，轉面向內。操又思曰：「此賊當休矣！」急掣寶刀在手。恰待要刺，不想董卓仰面看衣鏡中，照見曹操在背後拔刀，急回身問曰：「孟德何為？」時呂布已牽馬至閣外，操惶遽，乃持刀跪下曰：「操有寶刀一口，獻上恩相。」卓接視之，見其刀長尺餘，七寶嵌飾，極其鋒利，果寶刀也；遂遞與呂布收了。操解鞘付布。卓引操出閣看馬。操謝曰:「願借試一騎。」卓就教與鞍轡。操牽馬出相府，加鞭望東南而去。布對卓曰：「適來曹操似有行刺之狀，及被喝破，故推獻刀。」卓曰：「吾亦疑之。」遂令遍行文書，畫影圖形，捉拏曹操。擒獻者，賞千金，封萬戶侯；窩藏者同罪。

呂宅命案 嫌犯鎖定曹操
行經中牟大難不死　故人家宅犯下血案

在曹操棄官潛逃後，由董卓領導的中央政府果然下令追緝。據小道消息指出，曹操曾於中牟縣短暫現身，並於深夜被當地的亭長（驛站站長）當成可疑分子逮捕，隨即送交縣令處置。據說當時某一值班功曹（縣政府官員）就已認出曹操的身分，但卻不顧政府發布的通緝命令，反而向中牟縣令（縣長）建議放走曹操。對於這項傳聞，中央政府已積極介入調查，並表示若有此事將嚴懲相關人員。

此外，在檢調人員的抽絲剝繭之下，赫然發現震驚社會的呂宅滅門血案，竟與逃亡中的曹操有密切的關係，所有證據都將行凶者指向曹操本人。本專案小組的發言人表示，被害人呂伯奢原本就是曹操父親曹嵩的舊識老友，可能在曹操亡命的途中接濟他，但一番好意最後竟以全家被殺的滅門慘案做為結尾，令人不勝唏噓。

但引發殺機的說法至今仍眾說紛云，專案小組表示，過濾後有以下幾種版本：其一為呂伯奢之子及友人欲加害曹操，曹操在反抗中砍殺眾人後逃逸；其二為曹操對於呂伯奢一家人的熱烈招呼起疑，認為呂可能會出賣他所以便先下手為強，殺了呂氏全家；其三為曹操夜宿呂宅時，聽見呂宅家人磨刀殺豬欲款待他的對話，誤以為是要對自己不利，便舉刀砍殺眾人，待發現鑄下大錯時已來不及，此時正好呂伯奢外出買酒歸來，為免東窗事發只好殺人滅口並逃逸無蹤。但是專案小組對於以上三種說法都還持保留態度，並無法認定何種說法較接近事實，只表示將持續做深入的追查。

寧教我負天下人　休教天下人負我
名嘴羅貫中涉偽證

針對呂宅血案，檢方日前傳喚名嘴羅貫中做證。證詞中指當中牟縣令陳宮放了曹操之後便跟隨著他，一直到呂宅命案發生後才離開曹操，這起血案應是兩人共同犯案。羅貫中甚至還指證歷歷的說，曹操在錯殺人命後還親自對陳宮說：「寧教我負天下人，休教天下人負我」。但對於以上的說詞檢方並未採信，根據專案小組調查的結果，當時的中牟縣令並非陳宮，陳宮也從未跟隨曹操逃亡，更不可能會聽到曹操告訴他所謂寧負天下人的話。對於羅貫中不實的指控，陳宮表示將保留法律追訴權，而檢方則考慮將羅貫中依偽證及妨礙司法的罪名起訴。

通緝犯搖身一變　曹孟德募兵五千

被政府通緝的曹操逃到陳留（河南境內）之後，變賣家產，號召了一支五千人的反董卓義軍，以其堂弟曹仁、曹洪、夏侯惇及夏侯淵（曹操本姓夏侯，因父親曹嵩過繼為宦官曹騰之養子而改姓曹）為核心班底，並吸收了樂進及李典等人，實力大為增強，成為正式對抗董卓的第一支義軍。而曹操的父親曹嵩，稍早也已完成脫產的動作，帶著鉅額家產，往治安較好的徐州避難去了。

通緝犯曹操畫像

已遭通緝的曹操號召了一支五千人的部隊，正式向董卓挑戰

3-KINGDOMS TIMES

西元一九〇年

東漢・初平元年

叛軍聯盟成立　袁紹出掌盟主
關東諸侯合力對抗中央政府軍

在曹操扛起第一支反政府旗幟之後，關東各州郡首長紛紛響應，包括冀州韓馥、兗州劉岱、陳留張邈及曹操、孫堅、袁術、袁紹等軍閥都加入此叛軍聯盟，並已於日前在酸棗一地，召開十七路諸侯聯合高峰會，會中共推家世顯赫的袁紹為關東聯軍盟主，正式對中央政府宣戰。叛軍盟主袁紹宣稱關東集團軍已號召了數十萬的兵力，將對董卓所領導的政府展開猛烈攻擊。但觀察家指出，叛軍內部仍有待整合，正式作戰時能否齊力對外，或各懷鬼胎保留實力，都是值得觀察的重點。

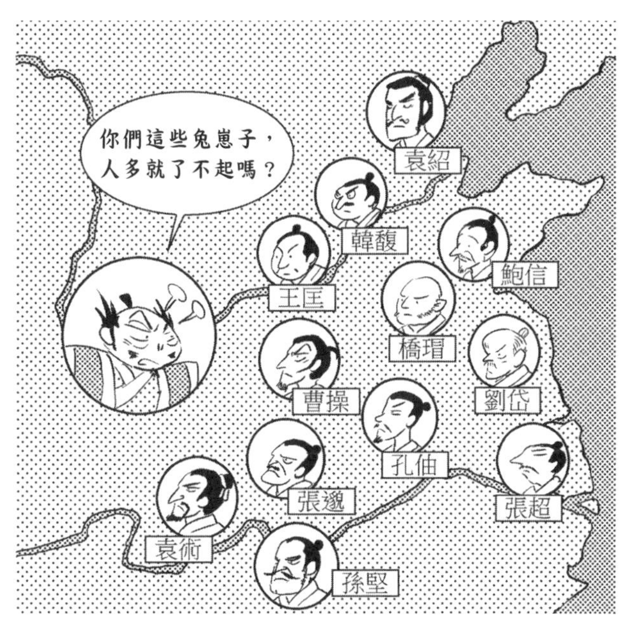

東漢帝國
大赦令

自今年（一九〇年）起，年號定為初平元年。並大赦天下，有關減刑及免罪細則，另由法務部門公告。

東漢帝國　第十四任帝　劉協

初平元年正月

劉備投靠公孫瓚
逃犯獲薦別部司馬

因毆打督郵一案棄職潛逃的劉備，日前現身公孫瓚陣營，並獲薦為別部司馬（一般軍官），其部屬關羽及張飛也隨行在側。但中央政府對於是否繼續追查劉備所涉毆打及污辱政風官員一案，並未做出任何回應。

前任帝劉辯被毒身亡
相國董卓捲入謀殺疑雲

年僅十五歲的弘農王劉辯（前任皇帝）被人發現陳屍住所，經法醫檢驗死因為飲入毒酒身亡。由於死者身分敏感，調查小組均以偵查不公開的理由，拒絕對外證實任何消息，但據內部不願透露身分的消息來源指出，調查小組已鎖定相國董卓的親信李儒做深入調查，極有可能是李儒奉董卓之命以酖酒毒死前任皇帝劉辯。但若真是如此，那調查小組勢必將會在偵查上遭到極大的阻力，到時能否打老虎或是只會拍蒼蠅，就令人拭目以待吧。

今年就要升上高中的前皇帝劉辯被證實已經死亡

遷都案延燒
處死多名反對官員
董卓鐵腕魄力 強力通過議案

相國董卓因關東叛軍之結盟而備感威脅，故召開高級官員會議，打算將首都由洛陽西遷到長安，但會中卻有少數官員堅決反對此案。為此董卓十分光火，已下令解除諸反對者的職務，其中伍瓊及周毖等人更於二月十日被逮捕處斬。此舉果然達到令人噤聲的效果，文武百官人人自危，不敢再對遷都案發出任何反對之聲，預計不久將可順利通過此案，正式遷都長安。

慘絕人寰 陽城一夕亡村
倖存者指控董相國涉嫌屠殺村民

日前才因斬殺黃巾有功，而大開慶功宴的董卓直屬軍團，在記者深入調查後，爆出駭人內幕。原來，被用來論功行賞的敵軍人頭，竟然是假貨。當然，人頭是真的，但卻是從農村無辜百姓的脖子上砍下來的。根據此次事件的倖存者指控，當董卓大軍行經陽城（山西境內）之時，正逢村民們在舉辦祭神慶典。誰知原本應該保土衛民的政府軍，不由分說的，在一聲令下之後，竟變成瘋狂的殺人機器。歡天喜地的祭典會場霎時變成人間煉獄，村中所有成年男子一瞬間被屠殺殆盡，砍下來的人頭被當成是叛軍逆賊的首級。剩下的婦女及小孩，則都被賞賜給官兵為妾，或當成奴隸賣掉。然後更厚顏無恥的對外召開記者會，宣稱在激烈對戰中克敵致勝，斬殺大批敵軍。此事被本報踢爆之後，如此殘忍恐怖的行徑，已使董相國的民意支持度跌至谷底。

中央政府正式遷都　洛陽淪為一片焦土

處死富豪沒入家產　百萬人民狼狽上路

喧騰多時的遷都案終於在今年（一九〇年）二月十七日無異議通過，中央政府正式遷都長安。董卓更下令逮捕洛陽城中的所有富豪，隨意扣上罪名處死，以便侵吞沒收他們的家產，而以此不法手段所獲取的財富目前已無法估算。此回遷都，不僅富人遭殃，窮人及尋常百姓也一樣無法倖免於難。全洛陽數以百萬的人民全部被驅離家園，強迫背著家當徒步遷往三百多公里外的長安城。沿途不但道路險阻，更有政府的官軍在後驅趕，以致百姓相互推擠踐踏，屍橫遍野。董卓又下令焚燒洛陽城，百年古都竟成一片焦土，方圓百里之內沒有任何雞犬之聲。不但如此，更命義子呂布盜掘漢朝歷代皇陵及高官的墳墓，以竊取其中的陪葬珍寶。一夕之間，洛陽已變成一個不但活人無法生存，連死者也不得安息的廢墟。

董卓不但侵吞富豪的家產，連墳墓中的陪藏珍寶也都搜括一空

皇帝長途跋涉終抵長安　王允主政開始建設新都

經過數十日的長途跋涉，漢帝國第十四任帝劉協，三月五日終於在百官的簇擁下抵達長安城（陝西境內）。由於相國董卓目前仍駐留在洛陽（河南境內）一帶尚未到達，故所有的政府大事都先交由董卓頗信賴的司徒（行政首長）王允裁決。據了解，甫抵長安的王允已展開一連串的建設，包括整修要用來當做皇帝寢宮的未央宮，以及各級政府官署，與一些重大交通建設等。依照王允的規畫，長安將恢復昔日故都的榮光。

袁紹關東興起　家族株連喪命
董卓處死袁氏家族老少五十餘人

對於袁紹等人竟然敢公開組成聯軍，在關東一帶做出反叛中央政府的行為，相國董卓終於採取嚴厲的懲罰行動，下令逮捕並誅殺袁氏家族共五十餘人。其中不但包括了太傅（皇室首席榮譽教授）袁隗（袁紹叔父）、太僕（高級官員）袁基（袁紹堂兄）等高官要員，連還在懷抱之中的襁褓嬰孩也都不留活口。消息傳到反叛軍陣營之後，袁紹怒不可抑。除了召開記者會，對董卓不人道的行為予以強烈譴責之外，更表示將對中央政府採取更激烈的報復行動。一般認為，若關東聯軍各將領可以齊心協力，勢必帶給董卓極大的壓力。

袁術表奏任命孫堅

關東叛軍集團中的將領袁術，於日前發表了一份特殊的人事案，表（向中央政府推薦並自行任命）孫堅行破虜將軍事（代理破虜將軍並執行其職權）並兼領豫州刺史（州長）。但董卓所主持的中央政府已對此發出正式聲明，表示此一任命案是完全不合程序、也沒有任何法令依據的，因為中央政府不可能批准任何反叛組織所推薦的人事案。

董卓呂布坐鎮洛陽
關東聯軍毫無行動

面對關東十七路諸侯聯軍的強大威脅，相國董卓和其手下猛將呂布決定親自坐鎮洛陽（河南境內），董卓的這步棋果然奏效，已使得反叛軍的諸路將領也因懾於其剽悍的西涼軍團而不敢有所行動。面對盟軍這種只敢放話但卻不敢發動攻擊的作為，反叛軍將領之一的曹操則是深感無奈，認為盟軍之間在起義大旗之下，竟然只會互相猜忌而各懷鬼胎，沒有人真的敢為天下蒼生來承擔大任。在提出一番義憤填膺的建言之後，曹操便捨棄眾人，獨自率兵西向單挑董卓大軍。

曹操力戰 雖敗猶榮 聯軍星散 各懷鬼胎

日前孤軍挺進的曹操，在滎陽（河南境內）遭遇董卓手下徐榮的部隊，雙方發生了激烈的戰鬥。兵力遠遠不及徐榮軍團的曹操，在奮戰了一天之後，不幸被流箭射中，只得趁夜遁走。相較於奮戰不懈的曹操，集結於大本營整日飲宴的的聯軍諸將，可說是毫無表現。不但彼此之間互相猜忌、仇視，甚至傳出嚴重的內鬥，終於在糧秣用盡之後，各軍便拔營散去。整個討伐董卓的聯合行動，可說是虎頭蛇尾，不了了之。

曹操在戰鬥中受傷，最後在曹洪搭救下才得脫險

貨幣政策失敗 引爆嚴重通膨

中央政府在相國董卓的指示下，宣布廢止原本流通的五銖錢，而另鑄小錢作為正式官方貨幣。為推行此項新的貨幣政策，更下令地方政府搜集國內各處的銅像及銅製品，將之熔化以鑄造錢幣。不過中央政府此項貨幣改革，可說是完全失敗，已經引發了嚴重的通貨膨脹，導致物價飛漲。其中尤以民生物資最為嚴重，米糧的價格由原來的每石數十錢翻漲為數萬錢，人民苦不堪言，其中餓死者更是不計其數。

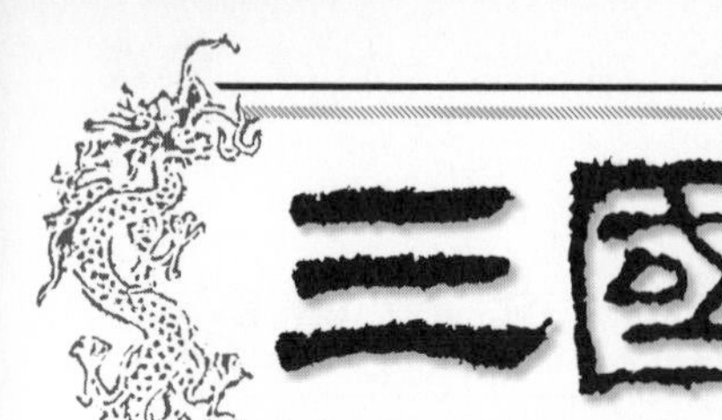

三國時報

3-KINGDOMS TIMES

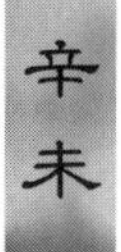

西元一九一年

東漢・初平二年

東漢帝國
大赦令

自今年（一九一年）正月六日起，大赦天下。有關減刑及免罪細則，另由法務部門公告。

東漢帝國　第十四任帝
劉協
初平二年正月

奪權三部曲最終章 董卓晉升太師

今年（一九一年）二月十二日，由董卓控制的中央政府發布一項重大的人事命令，將原本已官至相國的董卓，再賦予無上榮銜，擢升為位階更高於各諸侯親王的太師。一般認為，這是繼董卓在一八九年九月自任太尉並加天子儀仗，十一月再升相國，贊拜不名、入朝不趨、劍履上殿之後，預謀奪取東漢帝國政權的第三部曲。因為太師之位，可說是一人之下，萬人之上，再往上一級便是皇帝，而各界也紛紛預測董卓進行下一步動作，可能就是要威逼劉協禪讓皇帝之位。不過對此說法，太師府已提出嚴重的駁斥，至於皇室方面則是完全不對此做任何評論。

董卓升任太師，令年幼的皇帝備感威脅

破虜將軍孫堅發威力斬華雄
董卓呂布皆非敵手 孫堅勝利進駐洛陽

袁術集團所表奏推薦的破虜將軍孫堅，在對抗董卓軍團的徐榮失利之後，迅速收拾殘部，重新部署，再對東郡（河南境內）發動攻擊，並斬殺了敵營都督（司令官）華雄。由於孫堅戰鬥力驚人，已引起董卓萬分的驚懼，立即派出代表向其示好，開出聯親及授官等優渥條件，企圖誘使孫堅投向董卓陣營，但已被孫堅嚴詞拒絕。孫堅這段時間在軍事上的成功，不但造成敵方極大的壓力，也造成己方陣營的猜忌。據聞，身為集團負責人的袁術，在作戰期間還一度蓄意中斷前線孫堅部隊的糧食及後勤補給。為此孫堅還連夜奔馳六七十公里，回到總部向袁術解釋及提出抗議，才得以恢復供應並繼續作戰。隨後孫堅更在距離洛陽僅九十里之處，大敗董卓親統之軍團，迫使董卓放棄舊都洛陽，向西撤退，連負責斷後的大將呂布，都被擊潰而只能突圍逃出。

玉璽再現 各方關切

知名媒體人羅貫中，於日前公開在談話性節目中批評孫堅作戰不力，並指稱斬殺董卓大將華雄的人為劉備的手下關羽之後，因被網友踢爆與事實不符，其公信力遭到各方嚴重質疑，也導致檢調單位積極介入調查劉備和羅貫中之間，是否有不正當的利益輸送關係。為了挽回聲望，羅貫中日前又在本報獨家爆料，指出孫堅在進入洛陽城（河南境內）後，動手整理歷經大火摧殘的皇室宗廟，並下令以太牢之禮（全牛、羊、豬各一）加以祭拜。結果在水井中，意外尋獲東漢皇室於一八九年遺失的傳國玉璽，孫堅隨即將其據為私有。由於羅貫中此次爆料的可信度極高，此一消息也已經引起了孫堅老闆袁術的高度關切，頻向孫堅索求玉璽。不過，孫堅方面目前為止仍對此說堅決否認。

羅貫中專欄

溫酒斬華雄

董卓手下大將華雄斬殺鮑忠，擊潰孫堅之後，便引鐵騎直逼盟軍大營。袁紹曰：「誰敢去戰？」袁術背後轉出驍將俞涉曰：「小將願往。」紹喜，便著俞涉出馬。即時報來：「俞涉與華雄不戰三合，被華雄斬了。」眾大驚。太守韓馥曰：「吾有上將潘鳳，可斬華雄。」紹急令出戰。潘鳳手提大斧上馬。去不多時，飛馬來報：「潘鳳又被華雄斬了。」眾皆失色。紹曰：「可惜吾上將顏良、文醜未至！得一人在此，何懼華雄！」言未畢，階下一人大呼出曰：「小將願往斬華雄頭，獻於帳下！」眾視之，見其人身長九尺，髯長二尺；丹鳳眼，臥蠶眉；面如重棗，聲如巨鐘；立於帳前。紹問何人。公孫瓚曰：「此劉玄德之弟關羽也。」紹問現居何職。瓚曰：「跟隨劉玄德充馬弓手。」帳中袁術大喝曰：「汝欺吾眾諸侯無大將耶？量一弓手，安敢亂言！與我打出！」曹操急止之曰：「公路息怒。此人既出大言，必有勇略；試教出馬，如其不勝，責之未遲。」袁紹曰：「使一弓手出戰，必被華雄所笑。」操曰：「此人儀表不俗，華雄安知他是弓手？」關公曰：「如不勝，請斬某頭。」操教釃熱酒一盃，與關公飲了上馬。關公曰：「酒且斟下，某去便來。」出帳提刀，飛身上馬。眾諸侯聽得關外鼓聲大振，喊聲大舉，如天摧地塌，岳撼山崩，眾皆失驚。正欲探聽，鸞鈴響處，馬到中軍，雲長提華雄之頭，擲於地上，其酒尚溫。

太師董卓抵長安 自色恐怖再出現

今年（一九一年）四月，被孫堅擊退的太師董卓，浩浩蕩蕩的抵達新都長安，所有中央高級官員都列隊到郊外參拜迎接。董卓隨後發布一項新的調查命令，凡是官民中有為子不孝、為臣不忠、為吏不清、為弟不順者，皆予以誅殺，財物沒收充公。此令一出，立刻引發人民極度驚懼，一時之間許多人趁機陷害、相互誣告，牽連被殺者數以千計。長安頓時成為人間煉獄，彼此相見，不敢互發一語。

太師董卓強力推行品德教育，極具成效

袁紹奸計得冀州　韓馥怯懦失性命 公孫瓚淪為他人棋子　心有不甘

同屬關東聯軍的將領之間，又再度傳出嚴重的利益爭奪事件。冀州（河北境內）牧（擁有行政、軍事、財政完整統轄權之州長）韓馥因妒忌袁紹之聲勢日旺，故暗中減少對袁軍的糧秣供應，企圖削減袁紹的實力。不過袁紹集團也立即有所反應，一方面私底下派人聯絡北方的公孫瓚，表示欲與其結盟，夾攻冀州並共分其地。另一方面又找人遊說韓馥，要其將冀州讓給袁紹以避禍。生性怯懦的韓馥害怕遭到夾擊，便答應辭去冀州牧一職，並將州牧的印信送給袁紹，然後舉家遷出以求自保。於是袁紹便以車騎將軍（高級將領）的身分，名正言順，不費一兵一卒的接收了冀州這塊兵強馬壯的地盤，成為國內最具實力的軍閥。而讓出冀州的韓馥，雖然得到奮威將軍的空銜，但下場十分淒涼，沒有地盤、沒有兵卒、沒有官署的他，最後仍因過於恐懼而落得自殺的下場。而原本與袁紹講好共同瓜分冀州的公孫瓚，到最後才發現被擺了一道，白忙一場。於是兩人的關係正式決裂。想必在不久之後，袁紹及公孫瓚兩大陣營的對決，勢必無可避免，而各方也對此持續密切的關注。

曹操再建奇功
大破黑山賊十餘萬

黑山一帶的亂民十餘萬人，強力對東郡（河南境內）展開猛烈的攻擊，東郡守軍無法抵擋，還好曹操所率領的援軍及時來到，擊退黑山賊。此役表現搶眼的曹操，獲得袁紹表（向中央政府推薦並任命）為東郡太守。不過從曹操隨即將郡政府所在地遷到東武陽（河南境內）的舉動看來，曹操極可能有脫離袁紹掌控以圖獨立發展的意圖。

天象異變 大臣戮死
董卓藉故報私仇

太史官（天文官）日前上奏，因發現星象異變，為了避免發生重大災難，必須有大臣死亡才能順應天象化解禍厄。就在報告上呈後不久，衛尉（警衛指揮官）張溫便因被人密告暗通反賊袁紹，而被綁至鬧市，以亂棒打死。熟知內情者皆表示，張溫此次遇害應為太師董卓所主使。在一八五年張溫任職車騎將軍時，曾率領董卓等前往西羌鎮壓叛亂。由於董卓表現不佳，被張溫當面斥責，兩人更爆發嚴重的口角衝突。從此之後，董卓便懷恨在心，此次藉著星象異變、當戮大臣的機會，便找人誣陷昔日長官以報舊仇。但太師府已經對這樣的指控嚴厲駁斥，並表示再有媒體繼續炒作此話題，將提出加重毀謗的告訴。

掃蕩黃巾 河水染紅
公孫瓚以寡擊眾震動天下

流竄在青州（ 山東境內） 地區的黃巾賊，最近又死灰復燃，再度糾集了將近三十萬的亂民四出劫掠。不但對勃海（ 河北境內） 發動攻擊，更準備和河北一帶的黑山賊會師。所幸降虜校尉（ 指揮官） 公孫瓚率領兩萬兵馬以寡擊眾，在一陣衝殺之後，斬敵三萬餘人，重挫敵軍銳氣。黃巾賊於戰敗之際，驚慌失措，立刻丟棄所有的軍械輜重，只求能搶渡黃河逃命。此時，公孫瓚又趁著敵軍半渡，突然發動攻擊。卡在岸邊的黃巾賊毫無招架之力，進也進不了，退也退不得。公孫瓚軍有如虎入羊群一般，任意宰殺，再砍下數萬顆敵人首級。滾黃的河水瞬間染成一片死紅之色，並散發出陣陣的血腥味，令人不寒而慄。黃巾賊被俘者多達七萬餘人，而繳獲的武器、車馬及財物，更是多到無法估算。此役公孫瓚能成功的以少數兵力，擊潰數十萬的黃巾大軍，不但指揮作戰的能力受到普遍的肯定，同時也奠立了自己的威名，擠身豪強之列。

劉備建功升平原相 趙子龍加入劉陣營

投靠公孫瓚陣營的劉備，因表現良好，建立不少軍功，被派任為平原相（平原封國的最高行政長官）。隨往赴任的除了劉備的舊班底關羽、張飛之外，尚有新加入的趙雲為其帶領騎兵部隊。

猛虎落難 孫堅死於亂箭

原本為對抗董卓而組成的盟軍，因將領之間各懷異心，已然分崩離析，彼此之間明爭暗奪，交相征伐。就連袁紹及袁術兩兄弟之間，也相互攻擊，分別在對方背後尋求外力支援。兩人之間的鬩牆劇碼，越演越烈，袁紹勾結袁術後方的荊州（兩湖境內）刺史（州長）劉表，做為牽制，袁術則是與袁紹背後的公孫瓚結盟。袁術不滿天下豪傑都歸附袁紹，便下令孫堅攻擊荊州的劉表，劉表則命部將黃祖迎擊。雖然孫堅一開始便發動猛烈的攻擊，使得黃祖不敵，數次退敗。但後來孫堅卻因一時大意，於深夜追擊時，在密林中被黃祖所埋伏的部隊亂箭射死。消息傳出，袁術陣營對於失去麾下最強的猛將大感驚訝。觀察家認為，各軍閥實力間的平衡已起了變化，預料袁術從此以後，應再無實力可以對劉表發動攻擊。

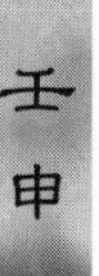

東漢・初平三年

自今年(一九二年)正月起,大赦天下。有關減刑及免罪細則,另由法務部門公告。

東漢帝國　第十四任帝 劉協

初平三年正月

車騎朱儁反董卓　終告失敗　無辜百姓慘遭暴行劫掠

曾因討伐黃巾建下大功的車騎將軍朱儁,於中牟(河南境內)號召各州郡軍團領袖,共同討伐董卓,一時之間多方響應。但董卓政權隨即在大將牛輔指揮下,派遣校尉李傕、郭汜、張濟等人,率領步騎混合兵團數萬名,擊敗朱儁所率領的反叛軍。並對臨近的陳留、潁川諸縣展開大肆劫掠,所過之處慘遭姦淫殺害、強搶惡奪,人畜無一倖免。

冀幽大戰　袁紹鬥倒公孫瓚

公孫瓚潰敗,連營寨大旗都被拔掉

因爭奪冀州地盤而結怨的袁紹及公孫瓚兩陣營,終於爆發嚴重的衝突。袁紹親自領軍於界橋(河北境內)之南二十里處設下埋伏,引誘對手展開決戰。據戰地記者實況連線,挾著去年(一九一年)大破三十萬黃巾氣勢的公孫瓚,眼見袁軍的先鋒步兵不滿千人,而自己領有三萬精銳,便揮騎強壓。但由麴義所率領的袁軍八百名步兵,伏於盾牌之下堅守陣形。等到公孫軍衝至只有十餘步時,袁軍兩側埋伏的強弩部隊突然萬箭齊發,而麴義的步兵也同時迎擊。一時之間,殺聲震天,風雲變色,公孫瓚反應不及,估計約有千餘人被斬殺於此一波衝突中。公孫部隊敗退至界橋,企圖重新整兵復戰,卻再度被麴義部隊擊破,一路潰敗,連本營牙門大旗都被拔掉。不過公孫瓚此役雖敗,卻仍保有一定的實力,一般相信,冀州袁紹、幽州公孫瓚兩大陣營的敵隊態勢,短期之內尚不會有太大的轉變。

黑山亂民再起　強攻東武陽
曹操不懼本寨被襲　直取敵營奏效

之前已被曹操擊垮的黑山亂民死灰復燃，又再度糾眾壯大，利用東郡太守（郡長）曹操駐軍頓丘（河南境內）的機會，在暴民首領于毒的策動下，強攻東郡政府所在地的東武陽（山東境內）。曹營聞訊後，所屬幕僚及將領，均強烈建議應立即發兵以援東武陽之危，但曹操卻有自己的看法：「（原音）你們提出的意見都很好，但這個時候如果我們率軍直接攻擊黑山賊指揮部的話，于毒一定會撤軍回防，那時東武陽之危便不救自解。倘使于毒仍不回軍的話，我們便攻陷他們的根據地，如此以來，于毒也更沒有力量能取下東武陽了。」果然，于毒在聽到消息後，便立刻放棄對東武陽的攻擊，匆忙後撤。曹操軍團挺進內黃（河南境內）後，便揮軍大破黑山賊以及另一支匈奴部隊，給了地方反叛勢力致命的一擊。

一人得道 雞犬升天　董卓家族個個拜官封侯

根據中央政府人事部門的資料統計，太師董卓家族中最近升官封侯的頻率及比例高得離譜。政府各部門要位中，皆充斥著太師宗族親友，且任用情形已非關說，而是直接空降。其中太師弟董旻更被破格擢升為左將軍（高級將領），姪子董璜也被任命為中軍校尉（指揮官），以便太師府能更確實的掌握兵權。而最令政治評論界為之不齒的是，太師董卓眾多妻妾侍女所生的嬰孩，雖然還在襁褓之中卻都分封侯爵。而象徵榮譽及權力的金印及紫帶，竟成為嬰孩手中的玩具。對於以上情形，目前最高權力機關太師府已下了封口令，所有官員禁止對此發表意見，而官方也一直不願具體的回應此一問題。

太師權勢更上層樓　行頭比照皇帝
無敵堡壘糧食可用三十年

太師董卓日前已高調的將自己所用的車輛、服裝及所有配備與排場，都提升成和皇帝相同的等級。不只在形象上大改造，在政治實務上，也將所有權力抓握的更緊。根據可靠的消息指出，中央政府各部門首長已收到命令，所有決策都必須親自到太師府匯報並聽取指示。此番變動，無疑使原有的政治運作模式完全瓦解，而皇帝權力被架空的狀況，亦更顯得雪上加霜。而太師董卓在郿縣（陝西境內）所興築的巨型城堡也已完工，此座城堡不只牆高七尺，連厚度也達七尺，其防禦力遠超過國家標準值以上。其中所儲備的糧食，更可供全城消耗三十年無虞。太師在接受專訪時便表示：「大事若成，我便雄據天下；萬一不成，我也可以據守在此郿（城寨）中安享晚年。」

猛將呂布身陷桃色風暴　緋聞女主角為太師府侍女

周刊記者直擊呂布與太師府侍女私下幽會，狀似親密

負責太師親衛隊的中郎將（部隊指揮官），也是太師義子的呂布近日為緋聞所困擾。據某八卦報社所刊載的消息指出，呂布和太師府的侍女發生不倫戀情。對於此女的身分，各方揣測紛紛，但名嘴羅貫中近日又於節目中爆料，女主角名為貂蟬，是一位美貌身材兼具的絕色美女，同時也是太師董卓的寵侍。但本報記者實地走訪太師府人事部門，不論正式僱員或約聘、派遣人員名單中，皆無名為貂蟬之女子。一般認為，羅貫中此舉，又是為了搶版面、提高收視率，並不足採信。另外，從太師府流出的消息，日前太師董卓曾為某事對呂布大發雷霆，甚至氣到隨手拿起利刃向呂布丟去。身形敏捷的呂布在躲開後，一再請罪道歉，太師才平息怒火。但所為之事是否與呂布的緋聞有關，並無法獲得證實。

羅貫中專欄

呂布與貂蟬

王允預備嘉殽美饌，候呂布至，延之上坐。酒至半酣，允曰:「喚孩兒來。」少頃，二青衣引貂蟬豔妝而出。貂蟬送酒與布，兩下眉來眼去。又飲數盃，允指蟬謂布曰:「吾欲將此女送與將軍為妾，還肯納否？」布出席謝曰：「若得如此，布當效犬馬之報。」允曰:「早晚選一良辰，送至府中。」布欣喜無限，頻以目視貂蟬。貂蟬亦以秋波送情。布欣喜無限，再三拜謝而去。

過了數日，允趁呂布不在側，伏地拜請董卓赴宴。次日向午，董卓來到，堂中點上畫燭，止留女使進酒供食，令貂蟬獻舞。允曰：「允欲將此女獻上太師，未審肯容納否？」卓再三稱謝，允即命備氈車，先將貂蟬送到相府。允親送董卓直到相府，然後辭回。乘馬而行，不到半路，只見呂布騎馬執戟而來，厲聲問曰：「司徒既以貂蟬許我，今又送與太師，何相戲耶？」允曰：「太師以今日良辰，吾即當取此女回去，配與奉先。」布乃謝去。

次日，呂布在府中打聽，侍妾答曰:「夜來太師與新人共寢，至今未起。」布大怒，潛入卓臥房後窺探。時貂蟬已起，於窗下梳頭；忽見窗外池中見一人影，正是呂布。貂蟬故蹙雙眉，做憂愁不樂之態，復以香羅頻拭眼淚，布怏怏而出。董卓自納貂蟬後，為色所迷，月餘不出理事。

月後，董卓入朝議事。布執戟相隨，見卓與獻帝共談，便乘間提戟出內門，上馬徑投相府來。提戟入鳳儀亭，尋見貂蟬，泣謂布曰：「妾此身已為太師所汙，不得復事英雄，願死於君前，以明妾志。」呂布慌忙抱住，泣曰：「我知汝心久矣。」兩個偎偎倚倚，不忍相離。董卓在殿上，回頭不見呂布，心中懷疑，連忙辭了獻帝，登車回府。見呂布和貂蟬在鳳儀亭下共語，畫戟倚在一邊。卓怒，大喝一聲。布見卓至，大驚，回身便走。卓搶了畫戟，挺著趕來。呂布走的快，卓肥胖趕不上，擲戟刺布。布打戟落地。卓拾戟再趕，布已走遠。

☆☆☆☆☆☆ 普天同慶 ☆☆☆☆☆☆

流血政變 董卓殞命 王允呂布同掌大權

今年（一九二年）四月，皇帝劉協因大病初癒，將於未央殿會見文武百官時，竟然發生了流血政變。東漢政府實際掌權者太師董卓，被負責護衛的中郎將呂布刺殺身亡。而司徒（行政首長）王允和呂布隨即控制了局勢，接掌政權。據了解，呂布極有可能是因為之前私通太師府侍女的事東窗事發後，深怕遭到報復，因而決定與反董卓的王允等人聯手叛變。首都的人民聞訊，不但沒有任何驚恐之意，還欣喜若狂，婦女們紛紛賣掉珠寶華服及名牌包，換取酒肉在街上互相慶賀，整座城市人山人海，宛如熱鬧的嘉年華會，狂歡的程度遠超過跨年晚會。但並不是所有人都樂意見到這樣的政變，之前進封高官將領的董卓之弟董旻、姪子董璜，以及所有董姓家族的人，都被他們的部下殺死，與城中的歡樂氣氛相比，可說是天堂與地獄之別。散落各地的董氏一族屍體，還被集中起來燒成灰燼，揚棄於道路。而董卓本人的下場更為悲慘，不但肥胖的屍體被拖到市場展示，還因天氣炎熱肥油流滿於地，被看守屍體的人插了一根巨大的燈芯在肚臍中，燃燒了一天一夜。策畫此次政變的司徒王允，隨後也立即接管所有政府部門，並擢升負責行動的呂布為奮威將軍、封溫侯，享有政府官員中最高的權力與地位，與王允同掌國政。

政治迫害

學者蔡邕枉死獄中 鉅著《漢書》功虧一簣

以研究漢帝國當代歷史學聞名的學者蔡邕（音庸），在參與司徒府（宰相府）宴會時，只因聽聞董卓被殺的消息而不自主的發出一聲驚歎，便被司徒王允以叛國的罪名當場逮捕入獄。此一行動，引起學界及司法界一片震驚及愕然，普遍認為有政治迫害之嫌。對此，司徒府發言人隨後提出解釋，之所以認定蔡邕為國家叛逆，乃是因為其心懷董卓之舊恩，未能於此關鍵時刻與國家同感憤慨，竟為董卓之死而傷痛，因此乃論定其罪名。蔡邕本人雖然矢口否認自己有背叛國家或袒護董卓的行為，不過在律師的建議下，仍希望透過認罪協商，以黥首（在臉上刺字）刖足（砍斷雙腳）取代死刑，以期能完成當代重要文獻《漢書》的最後部分，但此提議已被正式駁回。學界及各黨人士史無前例的發起跨界串連，極力奔走，透過各種管道營救蔡邕，希望能為其平反，或免除其死刑，以便能完成百年來最重要的史學鉅著。不過司徒王允已發出嚴正聲明，強烈表示司法單位應維持獨立審判，不該受到外力的干預與影響，但在聲明中又以個人立場主張應處死蔡邕。根據了解內情的人士透露，王允之所以堅持將蔡邕處死，可能是因為有許多政治內幕及醜聞為其知悉，為免這些黑暗面呈現於《漢書》之中，才痛下殺手。

黃巾又起 刺史不敵喪命 陳宮鋪路 曹操入主袞州

青州黃巾勢力再次興起，襲擊袞州（山東境內）一帶。袞州刺史劉岱在奮戰中不幸被黃巾所殺，軍民群龍無首，士氣低落，陷入前所未有的危機。最近迅速崛起的東郡太守曹操，便利用此一機會，派遣其部屬陳宮前往袞州政府周旋，分析利害，成功的說服各級行政官員，支持曹操入主袞州，接任刺史（州長）一職。曹操到職後，便對黃巾賊展開攻擊，但因青州黃巾人數眾多又驍勇精悍，政府軍實力相差懸殊，所以一接觸便嘗到敗績。不過曹操馬上加強對軍士的訓練，嚴罰明賞，又靈活用兵，出奇不意，終於扭轉劣勢，多有斬獲。黃巾賊不敵，終於敗走，而袞州得以不再受黃巾所侵擾。

袞州刺史鬧雙胞
假曹操打跑真金尚

依據東漢帝國第十四任皇帝劉協所發布的人事命令，應由金尚繼任戰死的劉岱所遺下的袞州刺史一職。不過金尚空有一張派任狀，而實際狀況卻是曹操掌控了袞州的所有主導權，並已自任刺史。金尚在赴任的途中，遭到曹軍的強攻猛打，只好逃走，前往投奔袁術。經濟學者認為，曹操在取得袞州為主要根據地之後，實力必當大增，未來值得關注，其相關概念股的發展也成為重要的投資標的。

曹操自任袞州刺史

王允一意孤行 引爆危機
蔡邕效應發酵 董卓舊部展開復仇戲碼

在董卓死後，其原來率領的涼州軍團的諸部舊屬，將領們個個惶恐不安，人人自危。都深怕會受到牽連，於是只得擁兵自重，以靜觀局勢的變化。一開始時，呂布曾向王允提出建議，表示應將董卓的舊部將領全數捕殺，以杜絕後患。但王允認為這些將領們罪不致死，所以並沒有接受這樣的提議。不過王允卻也不肯爽快的頒發大赦詔書，宣布這些將領無罪，以安定軍心。而是異想天開的想以和平又合理的手段來解決問題，於是便下令要解散涼州軍團。只是這樣的舉動，反而使得涼州軍團的將領們更加猜疑，並傳言說：「當時蔡邕只因得到董卓的禮遇，便慘死獄中。我們是董卓的舊日部屬，如今不但得不到可以保命的赦令，又要將軍隊解散。我看，只要今天解去了軍權，明天我們便成了別人桌上的魚肉了。」在沒有退路的情況下，董卓舊部將領之間相互結盟，率領殘軍數千名向首都長安挺進，準備孤注一擲，設法攻入京城爭取主控權。涼州軍團一面前進，一面集結失散的官兵，到達長安城時，人數竟已高達十餘萬。但由於牆高城峻，無法進攻，只得暫時將長安城團團圍住，看來一場惡戰恐將無法避免。

翻盤急轉 李傕郭汜控制中央
長安染血 王允棄市呂布逃亡

為數十幾萬的涼州軍團，在圍攻長安城行動的第八日，終於有了進展。呂布屬下的部分官兵叛變，打開城門讓敵人長驅直入。涼州軍聲勢之大，連善戰的呂布也無法應付，僅能帶領數百名騎兵，將董卓的人頭掛在馬鞍上，突圍逃走。董卓昔日部將李傕（音決）、郭汜（音四）進城之後展開瘋狂屠殺，政府官員與無辜的平民百姓被殺害的超過一萬人，長安街上堆滿屍體，有如煉獄墳場一般。第二天，皇帝劉協隨即下詔大赦天下，免除叛軍所有刑責，並擢升李傕為揚武將軍，郭汜為揚烈將軍。司徒王允及其妻兒也都在這場流血政變中被處決，王允的屍體更被丟棄在市街廣場示眾。

呂布在李傕、郭汜大軍進城時突圍而去

四處流亡 呂布投靠袁紹
人事異動 西涼小將掌權

李傕、樊稠、郭汜三人於皇宮前合影留念

呂布從長安城逃出之後，先往南陽（河南境內）投奔袁術。一開始袁術對其頗為禮遇，但呂布卻縱容軍兵恣意劫掠，引起袁術不滿。只好再轉而投靠河內太守張揚，但這時李傕等已掌控政府，遂將呂布列為十大通緝要犯之首，並高額懸賞。因情勢過於危急，呂布只好再狼狽的潛逃到冀州投靠袁紹。

自六月政變以來，中央政府高層人事異動頻繁。八月，車騎將軍皇甫嵩升任太尉（軍事首長）。九月，李傕升為車騎將軍（高級將領）兼司隸校尉（京城警備司令），假節（得到授權可為皇帝行使權力之代表）。郭汜升為後將軍（高級將領）、樊稠升為右將軍（高級將領）、張濟升為驃騎將軍（高級將領），四人皆封侯爵。並由李傕、郭汜、樊稠共同管理政府事務。十月，荊州刺史劉表因派使節到長安進貢示好，擢升為鎮南將軍（高級將領）兼領荊州牧，並封為侯爵。十二月，才上任不久的太尉皇甫嵩遭到免職，掃蕩黃巾不遺餘力的將軍，在此畫下其政治生涯的句點。

曹操竄起
青州精銳軍團加持

曹操獲得青州兵團加持後，戰鬥力大幅提升

在袞州站穩腳步，自任刺史的曹操又有驚人的突破。原本令人頭痛的青州黃巾賊，在曹操不斷的追擊之下，為數三十餘萬的武裝部隊竟然全數投降，連同一百多萬名的眷屬家人，一同併入曹操的勢力之中。曹操將為數眾多的人口安置之後，又從中挑選了精銳戰士組成「青州兵團」，加上本部原有軍隊，已形成一股強大的新興勢力。

第二部

官渡大戰　曹操稱雄

（西元一九三年～二〇〇年）

東漢・初平四年

自今年(一九三年)正月一日起,大赦天下。有關減刑及免罪細則,另由法務部門公告。

東漢帝國　第十四任帝劉協

初平四年正月

曹操勢不可擋 袁術轉進壽春

去年(一九二年)才剛增編三十萬精銳「青州軍團」的曹操陣營,不斷的擴張勢力範圍,目標直指袁術。袁術部隊雖然在日前得到黑山賊的一支以及匈奴人的加盟,但仍然不是曹軍的對手,幾次接觸,均以落敗收場。從封丘、襄邑,一直敗退至寧陵(均在河南境內),最後只得轉入九江、陰陵,在沒有退路的情況下,袁軍只好轉而對壽春(均在安徽境內)發動攻擊,奪取揚州刺史陳瑀的地盤。陳瑀自認不是對手,只好出逃,袁術便占領壽春。雖然在軍事方面沒有占到太多利基,但在政治資源上袁術卻頗有斬獲。日前中央政府方面已正式發布人事令,擢升袁術為左將軍(高級將領),封為陽翟(音宅)侯,並可持有符節代理皇帝行使部分權力。對於此項人事布局,傳聞是目前掌控中央政府的車騎將軍李傕,為了攏絡袁術而以皇帝之名所為。但評論家同時也認為此項示好,實質上並無太大意義,對雙方的合作仍不看好。

經年血戰 千里資源消耗殆盡
握手言和 袁紹公孫結為親家

近年來一直存在著利益衝突的袁紹與公孫瓚兩大陣營，彼此間征戰不休、血戰連年，幾乎已耗盡了所有可掠奪的資源，千里之內連野草都被啃食殆盡。而除了本部軍團的爭戰之外，袁紹所任命的青州（山東境內）刺史（州長），也就是自己的兒子袁譚，與公孫瓚任命的青州刺史田楷之間，不但互不承認，也爆發了激烈衝突。不過這混亂的局面日前似乎出現轉機，因中央派出使者前來調解紛爭，兩大陣營間竟握手言和，並且透過兒女間的聯姻結為親家，簽定停火協議，各自退兵。這對幽冀兩州的人民來說，可說是開春以來最大的好消息，相關各股也以翻紅收市。

公孫瓚和袁紹結束連年血戰，結為兒女親家

天氣異象

據相關部門所發布的訊息，今年（一九三年）六月份，光是陝西境內就傳出兩起天氣異象，令當地的百姓感到無比的驚慌失措。首先是扶風地區竟然從天降下為數不少的巨大冰雹，令許多人走避不及，在毫無防備的情況下造成意外傷害，已有多人頭部遭受嚴重的挫傷，目前仍在醫院觀察中。但所幸的是，在農業方面並沒有受到太大的影響。而另一件消息是，以武林人士論劍場所聞名的華山，竟然也驚傳崩裂走山的現象。據記者實地察看，該處地表已破碎不堪，至於原因則眾說紛云，有待更進一步查證。另外，連續二十天日夜不斷的超大豪雨，已對民眾生命及農作造成嚴重威脅，放眼望去，一片汪洋，損失難以估計。甚至有民眾指出，有人開始打造所謂的「方舟」，並收集兩兩成對的動物，以因應將出現之洪水。

呂布遇襲　質疑袁紹黑手操控

冀州牧袁紹掃蕩亂民的行動又有重大進展，大軍橫掃朝歌（河南境內）鹿腸山一帶，對其基地及山寨展開徹底屠滅，一連斬殺亂民數萬人。不過，在常山（河北境內）卻遭遇到黑山亂民的強烈抵抗，亂民頭目張燕會同匈奴人及烏桓部落數萬精兵及數千戰騎，與袁紹及呂布的聯合部隊展開會戰。血戰十餘日之後，雖然張燕的部隊傷亡慘重，但袁紹的軍隊也已疲憊不堪，於是雙方各自退兵，為戰事畫下休止符。不過，在袁紹及呂布的首度合作中，也出現了警訊。由於呂布的部將凶暴蠻橫，無法節制，引起袁紹的不滿。呂布發現苗頭不對，知道無法再於袁紹陣營久留，便請求返回洛陽。袁紹遂趁勢承制（以皇帝名義發布）呂布為司隸校尉（京城警備司令），並派遣隨扈部隊護送。但在途中卻傳出隨扈人員於半夜突擊呂布寢帳的消息，只是呂布似乎早已事先逃走，所以突擊行動並無所獲。袁紹陣營雖然極力與此次事件撇清關係，但各界均認為應是袁紹暗地操控。事發隔天，袁紹方面便下令關閉城門，以防止呂布的報復突擊。不過據了解，呂布在此次事件中也受到驚嚇，可能會往河內（河南境內）投靠張楊。

幽州風暴　公孫瓚逼死州牧劉虞

近來不論民調指數或施政滿意度，皆名列前矛的幽州（河北、遼寧境內）牧（州長）劉虞，由於和當地軍閥公孫瓚之間積怨已久，兩人不斷的向中央互相指控彼此的罪行。日前，劉虞因公孫瓚屢屢違令，又時常侵擾百姓，終於忍無可忍，決定發兵加以征討。不過因為州政府的部隊平常一向沒有嚴格的訓練，而劉虞本身又不想人民受到傷害，於是便下令要求軍隊作戰時不可縱火焚燒，也不要妄殺無辜，只要殺公孫瓚一人。但這樣的命令卻使得軍隊處處受限，完全無法發揮戰力，結果反而被公孫瓚給縱火反擊，並擊潰州政府軍，生擒了劉虞及其家眷。不過礙於劉虞乃是一州之牧，公孫瓚仍有所顧忌而未痛下殺手，便將他當成橡皮圖章，命令他乖乖的在公文上署名。一直等到中央政府派使者因別的事前來幽州時，才誣告劉虞叛國之罪，使得劉虞及其家人於鬧市中被斬，身首異處。這個消息傳開後，幽州各地的人民都感到十分的悲痛，認為司法不公，審判者已嚴重被政治惡勢力所操弄。

早就淪為橡皮圖章的劉虞終被公孫瓚害死

為報父仇 曹操血腥屠城 化身魔王 百姓無辜慘死

兗州（山東境內）刺史（州長）曹操的父親，也就是曾經擔任太尉（軍事首長）的曹嵩，在避難的途中慘遭殺害。據了解，曹嵩原本因為徐州（江蘇境內）治安良好，所以選在其境內的瑯邪一帶躲避兵災。但是後來曹操和徐州牧陶謙之間，產生了一些軍事上的摩擦。所以曹操便派部下前去將曹嵩接出來，而陶謙在道義上也派遣部將護送曹嵩出境。不過由於曹嵩生活實在是太過奢侈糜華了，連逃亡時也帶著他的億萬家產。其中光是裝載金銀珠寶、綾羅綢緞的車子，就超過一百多輛。如此高調的行徑，看在負責護送的陶謙部下眼裡，簡直就像是送上門的肥羊。於是便臨時起義，在途中奪財害命，然後逃之夭夭。曹操在聽聞父親的噩耗之後，把這筆帳全算到陶謙頭上，便發動大軍向徐州作報復性的攻擊。大軍一出，接連攻下十幾座城池。隨後在彭城（江蘇境內）與陶謙的主力部隊會戰，以優勢的騎兵武力，徹底的擊潰了以步兵為主的徐州兵團，而陶謙也只好逃回徐州政府所在地郯城躲避。這時，因為父親慘死而失去理智的曹操，竟然為了報仇，而把幾十萬的百姓趕到泗水邊展開大屠殺。據記者親眼所見，男女老幼的屍體堆積如山，泗水也因之堵塞。後來曹軍無法攻破郯城，便退兵轉而攻陷取慮、睢陵、夏丘等城。城破之後，再次大規模屠城，連雞犬牲畜都不放過，各城盡成廢墟，完全不見人蹤。曹操此舉已引起國際間強烈的譴責，而曹營也拒絕對外發表任何言論。

三國時報

3-KINGDOMS TIMES

西元一九四年

東漢．興平元年

東漢帝國
大赦令

自今年（一九四年）正月十三日起，年號由初平改元興平，本年度改稱興平元年。並大赦天下，有關減刑及免罪細則，另由法務部門公告。

東漢帝國　第十四任帝　劉協

興平元年正月

皇帝行成年元服大禮 生母終得正名安葬

正月十六日，帝國皇帝劉協年滿十四歲，依傳統舉行元服（成年加冠）之禮。二月時，皇帝劉協的生母王美人，終於在死後十幾年，得到正名，稱為懷靈皇后，並依禮改葬皇室墓園。一八一年時，王美人在產下劉協之後，即被善妒的何皇后下毒殺害，事後屍體被草草安葬在洛陽城外。這次，皇帝藉著相關單位奏立長秋宮（皇后）的機會，將生母正名安葬，可說是了卻一樁埋藏多年的心事。

馳援徐州升刺史 劉備躋身高官階層

由於徐州受到曹操瘋狂的報復攻擊，陶謙只能死守最後根據地郯城。在情勢十分危急的狀況下，便向公孫陣營的青州刺史田楷求援，田楷收到告急書信後，便帶著平原相劉備前往支援。劉備在得到陶謙撥給他協防的四千人之後，加上自己帶來的本部幾千兵馬，實力大為提升，於是便離開田楷歸附到陶謙陣營，陶謙也立即表奏劉備為豫州刺史。這項任命，雖然不是由中央政府發出，也沒有實質的領地，更不能對豫州行使任何統治權，但此一頭銜，已讓劉備晉升到高級官員的階層。一般認為，這對以賣草蓆出身的劉備來說，是非常關鍵的一步，其後續發展十分值得觀察與期待。而真正由中央政府任命的豫州刺史郭貢，則發表強烈聲明，質疑劉備擔任豫州刺史的合法性，並保留法律追訴權。

韓遂馬騰起兵反 中央竟下詔赦免

西方驚傳軍隊叛亂事件，馬騰與韓遂聯手出兵攻擊政府軍，發生嚴重衝突。據記者走訪，發現此事件的起因，乃是馬騰因私事有求於掌控政府的車騎將軍李傕，結果未能如意，於是便舉兵準備對中央發動攻擊。連皇帝派出使節，也無法調解二人之間的紛爭。韓遂聽到消息後，也領兵前來勸和，但結果卻被馬騰說服而一同起兵。不過，在第一波交鋒後，政府軍便取得優勢地位，叛軍只好退回涼州（甘肅境內）。而李傕在評估敵我實力之後，認為若叛軍捲土重來自己也將受到嚴重打擊。於是便以皇帝的名義赦免馬騰等人，再任命馬騰為安狄將軍，韓遂為安降將軍，暫時穩住西線局勢。

摯友的反叛
曹操後防空虛 張邈陳宮陰結呂布

就在曹操傾大軍血洗徐州之時，後方發生重大變故。一向信賴的摯友張邈與部屬陳宮，竟然背叛曹操，迎接呂布入主袞州。曹操得到消息後，已下令大軍火速撤回，希望能奪回失地，穩住袞州這塊得來不易的根據地。據不願透露身分的人士表示，張邈在年輕時便喜好行俠仗義，那時袁紹、曹操就已經和他有不錯的交情。後來袁紹擔任關東聯軍盟主時過於驕傲，被張邈嚴詞批評，袁紹便要曹操殺了張邈，但曹操決意不肯。後來曹操要出征時，也曾告訴家人，此去若無法生還，可以前往投靠張邈。戰事結束後，曹操與張邈相見時還相對而泣。交情如此深厚的朋友，如今竟然背叛，相信曹操心中應該受到極大的傷害。

張邈背叛摯友曹操，投向呂布懷抱

政府人事大混亂 三公權力遭架空

五月時，中央政府發布人事命令，升郭汜為後將軍（高級將領），樊稠為右將軍（高級將領），都開府儀同三司（官署編制及權力等同三公），與司徒、司空、太尉，及李傕的車騎將軍並稱為六府，同時都參與官員推薦與任免的會議。此舉大大的破壞了東漢帝國長久以來的官制，造成權力及人事上的極大混亂。李傕、郭汜、樊稠這批西涼軍團出身的將領，枉顧政治局勢及人事的適才適所，每次會議時都堅持任用自己提名的人選。稍不如意，便當場翻臉、威脅恐嚇，相關單位沒有辦法，最後只得依其提名來任命官員，司徒、司空及太尉所擬的人選，反而被擱置一旁。

乾旱特報

糧食飛漲 飢民相食 中央賑災驚傳官員舞弊

今年（一九四年）的旱季特別漫長，從四月一直到七月，天空未曾降下半滴雨。所有的農作物都嚴重的欠收，導致糧價飆漲，每一斛米已經漲到五十萬錢，遠非一般百姓能力可以購買。由於人民無糧可食，不但連樹皮野草都被啃光，在首都長安，更傳出烹食人肉的慘事。鑑於事態嚴重，皇帝下令打開皇室糧倉賑災，將穀倉中的米豆熬煮成稀飯供災民食用。但災民餓死的消息仍繼續傳出，皇帝懷疑中間有官員舞弊，便下令取米、豆各五升在御前熬煮，竟然只煮出兩碗稀粥。皇帝震怒之下，當場杖打負責官員五十大棍，並下令嚴加追究。在政府難得的大動作抓弊之下，災民終於全數得到賑濟，暫時得以保命，但如果老天仍繼續不下雨的話，可能就不是開倉賑災可以解決的了。

中央賑災傳出官員舞弊牟利，災民分到的食物少得可憐

典韋在此戰役中奮力衝殺，宛如電影「第一滴血」的情節再現

呂布曹操血戰 典韋勇如藍波

兗州（山東境內）根據地被奪的曹操，迅速回調大軍，向呂布占領的濮陽（河南境內）進兵。曹操一到濮陽，便親率一支為數不多的精銳為突擊隊，向呂布駐屯於城西的機動部隊發動夜襲，並成功的將其殲滅。呂布震驚之餘，也料定曹操必親自領軍，故率領大軍立即連夜追擊曹軍的突擊隊。到清晨時呂軍終於趕上，爆發了激烈的衝突戰，一直打到黃昏，雙方的死傷都非常慘重。曹操方面因為兵少無法脫困，便緊急募集敢死勇士以求突圍。司馬（一般軍官）典韋率領著只有數百人的敢死隊，全力向敵陣衝鋒，企圖殺出一條血路。但敵軍的強弓勁弩箭不斷襲來，將典韋部隊的去路截住，並逐步縮小包圍圈。典韋無視於敵軍的箭如雨下，下令全隊潛伏於地，等待呂布軍逼近。他告訴左右說：「等敵軍接近到十步的距離時再告訴我。」等到敵軍距離十步時，又說：「五步時告訴我。」當左右高喊只剩五步時，典韋便持戟大喊而起，有如天神戰將般向前衝殺，所到之處敵軍無不應聲倒地，未受波及的則是拔腿就跑。呂布軍被典韋這麼一搞，陣形大亂，包圍圈便出現了個大缺口，曹操便領軍趁著剛暗的夜色突圍而去。此役典韋表現勇猛無敵，立下大功，事後立刻受到拔擢，升為曹操的親衛隊長。

幸運之神眷顧 曹操死裡逃生

曹操被敵軍所擒卻意外逃過一劫

曹操在驚險突圍之後，立即重新整兵再攻濮陽。不過這次得到城中的大戶田氏作為內應，將東城門打開讓曹軍得以進入。據目擊者表示，曹操一入城後，便下令放火焚燒東門，以示不得此城不退出的決心。不過，呂布在智囊陳宮的建議下，似乎早有準備，就在城內對曹軍展開圍剿。曹操在事後接受專訪時表示，在混戰之中，他其實已經被呂布軍團中的一位軍官抓住，只不過這位天兵軍官，竟然不認得曹操，還反問他：「曹操在哪裡？」被逮的曹操急中生智，順口就答:「前面騎黃馬正要逃走的就是曹操。」於是這位軍官便放了真正的曹操，去追趕那個騎黃馬的人。意外逃過一劫後，曹操看情勢不對，便在大火中從東門縱騎而出，雖然得以脫身但左手也在過程中被燒傷。最令人感到驚訝的是，曹操在接連兩次挫敗之後，一回到大營便宣慰各部以穩定軍心。同時下令迅速製造攻城武器，馬上又對呂布展開攻擊，完全掌控了戰場上的主動權。目前兩軍正在對峙當中，記者也會針對戰況繼續做追蹤報導。至於傳聞中那位放走曹操的天兵軍官，呂布陣營中也正在追查，不過目前為止似乎沒有人承認。

天雷轟擊 全城大火 益州政府被迫搬遷

益州政府所在地綿竹（四川境內），因雷電引發大火，全城災後有如廢墟一般。益州刺史劉焉只好下令將政府搬遷到成都，不過就在遷移過程中，劉焉可能過於勞累，致使背瘡發作感染，最後竟不治死亡。益州政府官員認為劉焉的兒子劉璋性情溫和軟弱，容易操控，便共推劉璋接任益州刺史。雖然中央政府原本已正式任命別人接任益州刺史，但迫於現實考量，只好再重新任命劉璋為益州牧。

樂透開獎 劉備獨得徐州

甫加入陶謙陣營的劉備，意外得到大獎。徐州牧陶謙病重身亡，臨終前交代部屬麋竺說：「除了劉備，沒有人可以保全徐州了。」於是麋竺便率領州政府官員及仕紳大姓，前往迎接劉備。不過劉備對這突如其來的安排也頗感意外，一再推辭，謙虛的表示自己實在沒有能力可擔此任。在陳登及孔融強力的勸進之下，最後劉備終於答應接受這樣的安排。而劉備在短時間內竄升到領有十幾萬兵馬的州級實力，除了本身的努力之外，似乎也更得到老天的眷顧。但這樣的結果，在費盡心血想奪得徐州的曹操，和不費吹灰之力取得徐州的劉備之間，也投下了不可預知的震撼彈。兩人之間關係的變化，還有待觀察。

江東虎父無犬子 小霸王孫策表現亮眼
盡開空頭支票 袁術允諾未能兌現

江東猛虎孫堅之子孫策，在父親戰死後三年，隻身前往壽春拜見袁術，請求歸還孫堅死後所遺之舊部。但袁術並未答應這位年僅二十歲小將的請求，僅允許孫策在其舅父所轄之丹陽（安徽境內）一帶招兵買馬，重新出發。就在孫策召募了數百人時，意外遭到敵人襲擊，幾乎丟了性命。於是只好再重回壽春求見袁術，袁術也才把孫堅之前所遺下的的部隊約一千多人，交還給孫策，並表其為懷義校尉。孫策有了屬於自己的武力之後，以嚴明的管理，迅速建立起自己在軍中的威望。對於袁術所交付的許多軍事任務，都圓滿的達成，也贏得小霸王的稱號。雖然孫策已經在戰場上證明了自己的實力，但袁術似乎不打算讓他有太大發展的空間。幾次在作戰前答應讓孫策當九江太守、廬江太守，但一得勝便將職缺另任他人，孫策只能落得空歡喜一場。

為了避免雇主像袁術一樣不履行對勞工開出的承諾，政府將推動定型化契約

涼州軍團內鬨　情勢緊張
李傕挾持皇帝　郭汜扣押大臣

自李傕、郭汜、樊稠三人掌制中央政府以來，關中地區即陷入一片愁雲慘霧之中。由於李傕等人放任所屬的涼州軍團任意劫掠，加上作物欠收、饑饉頻傳，此一原本富裕的精華地區，竟傳出人民互相殺害烹食的駭人聽聞。而三人之間不斷的矜功奪權，緊張程度也隨之迅速提升。就在今年（一九五年）二月，李傕便下手在會議中刺殺樊稠。樊稠死後，餘下的李傕、郭汜二人仍是相互猜忌。郭汜在一次宴會中有嘔吐症狀，便懷疑是李傕從中下毒。於是雙方開戰，連皇帝都無法勸阻。根據記者的深入追查，發現郭汜之所以會懷疑李傕下毒，其因乃是郭、李二人尚未翻臉之前，郭汜常在李府飲酒過夜。郭汜的妻子聽說自己的丈夫和李府的侍女有曖昧關係，不願郭汜再前往李傕家中作客。便在某次李傕送來的禮物中，混入豆豉（豆類醱酵食物）冒充毒藥。從此以後，郭汜便開始提防李傕，而中毒事件也成為雙方火拚的導火線。原本郭汜打算將皇帝挾持到他的軍營中，但不慎消息走漏。便讓李傕捷足先登，在三月二十五日，派出數千人的武裝部隊強行進入皇宮，將皇帝以及宮廷的金銀珠寶，全都迎接到自己的營寨之中。而且皇帝才剛出宮門，士兵們便開始搶奪剩下的宮廷器物及宮女，又放火將皇宮、各級官府，以及附近民宅都燒成灰燼。郭汜見李傕搶了先機，便趁諸大臣前來調停時，將司空、太尉等數十名政府高級官員扣押下來當作人質。而昔日敉平黃巾亂的英雄朱儁，也在這批落難大臣之中，由於其個性剛烈、氣憤難忍，竟然病發去世。

大臣無端遭到郭汜扣押當成人質

東漢帝國 大赦令

自今年（一九五年）正月十一日起，大赦天下。有關減刑及免罪細則，另由法務部門公告。

東漢帝國　第十四任帝 劉協
興平二年正月

解毒小祕方

飲食中遭人下毒，如即時發現，可收集大量糞便，將其絞成汁液飲下，可達到催吐排毒的效果。有效喔！！

投稿人：郭汜

聯絡電話：0800-092-00000

［編輯部註記：根據毒物科權威醫師表示，郭汜的症狀應該不是中毒，只是單純的飲酒過量而已，所以其實沒有必要喝糞汁催吐。］

宮廷血戰 猶如黑道火拚 不給面子 皇帝調解無效

四月二十五日，李傕、郭汜雙方又發生激烈拚鬥。郭汜親率部隊乘夜色強攻大營門口。一時之間箭如雨下，不但射中皇帝御帳，還貫穿李傕的左耳，不過後來李傕的部下楊奉又率兵擊退郭汜。為免皇帝被搶走，李傕當天便把皇帝劉協遷移到北鄔（營寨）之中，命人嚴加把守，完全隔絕皇帝對外的聯繫。不久之後，隨侍皇帝的官員們因缺乏飲食而面有飢色，皇帝便要求李傕提供一些米及牛肉，但李傕卻故意只送來幾根發臭的牛骨頭。皇帝大怒之下原本要責問李傕，但在左右力勸之下，為顧及自身的安危，也只好忍氣吞聲就此作罷。後來，皇帝又派出使者前往調解二人，一開始郭汜打算接受調停，但李傕自認有皇帝這張王牌在手，堅持不肯停火，雙方只好再度陷入僵局。隨後，李傕便以皇帝的名義，任命自己為大司馬（全國最高指揮官），位階高於三公（司徒、司空、太尉，政府最高級官員）之上。

皇帝被李傕挾持，連飲食都受到嚴苛的控制

險中用兵 曹操奪回兗州
走投無路 呂布投靠劉備

呂布被曹操打敗，轉而投奔劉備

去年（一九四年）曹操與呂布兩軍，在濮陽（河南境內）對峙一百多天之後，剛好碰上嚴重的蝗災，附近的作物都被蝗蟲給啃食一空，民間饑荒四起。呂布軍因為糧草耗盡，又無法就地取得糧食補給，所以只好向東退至山陽（山東境內）。而曹操部隊也因該地蝗災肆虐，不適屯兵，索性下令退回甄城（山東境內）。事隔一年之後，已經養精蓄銳的曹操，再度起兵攻打屯駐鉅野（山東境內）的呂布部將。呂布聞訊率兵前往救援時，卻在中途遭到曹操的伏擊而敗走。不過呂布畢竟不是簡單人物，很快便會合了陳宮的兵士，重新整編成一萬多人的隊伍，然後立刻反擊已奪下鉅野的曹操。由於曹操沒有料到敵軍會來得如此突然，所以早已將大部分的部隊都派出去收割麥子，身邊所留下的兵馬不到千人，而且城寨並不牢固，根本沒有辦法據守。這時，曹操一面派人去把割麥的部隊緊急調回，一面觀察地勢。他發現城寨西邊有一座大堤，南邊則是一座茂密深廣的樹林。於是便故布疑兵，將手上一半的部隊隱藏在堤後，另一半則列陣於營寨之前。呂布率隊進到鉅野之後，一見曹操兵少，便下令輕裝備的兵馬立刻發動攻擊。只是兩軍才一接觸，曹操設於堤後的伏兵便從旁殺出。呂布的先鋒部隊兩面受敵，頓時自亂陣腳，慌亂後撤，也打亂了主力軍的部署。曹操則趁勢指揮步騎並進，一鼓作氣，奮力擊潰了敵軍，直追到呂布退入營寨才引兵而還。呂布遭此挫敗之後，自認不是曹操的對手，怕敵軍再度來襲，便連夜拔營帶著殘部逃走了。曹操召回收麥的部隊後，乘勝追擊，將呂布的勢力一一驅逐，並派兵屯駐各縣，重新奪回整個兗州的控制權。而走投無路的呂布，只好有如喪家之犬一般，可憐兮兮的前往徐州（江蘇境內）投靠劉備，暫時求得安身之所。

長安拚鬥數月終於停火 雙方送出女兒互為人質

李傕和郭汜在長安城中的火拚行動，在持續了數個月，造成一萬多人死亡之後，李傕的部下楊奉叛變，導致實力下滑，於是李傕才終於開始考慮和談。皇帝也趁機派出使者，往返兩邊不厭其煩的游說。在使者往返十數次之後，李郭雙方終於首肯停火，並交換兒子互為人質。不過李傕又捨不得交出他的寶貝兒子，使得和談一直無法生效。直到李傕陣營中的胡人傭兵離去，導至其力量更為衰弱，才肯改為互相交換女兒，達成停戰協議，並允許皇帝可以離開長安城。

意外脫身 皇帝離開京城 路線之爭 天子絕食抗議

七月時，大漢帝國皇帝劉協終於得到機會，離開西涼軍團相互火拚的血腥之城長安（陝西境內）。皇帝一行才剛出護城河，隨扈官兵們便興奮的高喊「萬歲」。皇帝也隨即發布新一波的人事令，擢升從弘農（河南境內）來調解鬥爭的張濟為驃騎將軍（高階將領）、開府儀同三司（官署編制及權力等同三公），郭汜升車騎將軍，楊定升後將軍，李傕的叛將楊奉升興義將軍，又任命已故董太后的姪子董承為安集將軍。皇帝車駕原本打算前往弘農（河南境內），但握有兵權的郭汜途中又改變主意，想要脅皇帝前往高陵（陝西境內）。皇帝劉協堅決不從，並採取絕食的方法抗議。郭汜在不得已的情況之下，只好暫時答應先前往最近的縣城，再做打算。到了新豐（陝西境內），郭汜仍然想要強迫皇帝依照自己規畫的路線前進。但消息意外走漏，楊定、董承、楊奉等各路兵馬都向新豐集結。郭汜發覺情勢已非自己所能掌控，便拋棄部隊，自行逃入山中了。

驚覺失策 李郭打算再挾至尊
狼狽不堪 皇帝偕臣千里奔逃

皇帝渡河展開逃亡，隨行人員大多無法跟上慘遭毒手

李傕、郭汜在皇帝脫離自己的掌握之後，忽然驚覺自己失策，於是便又相互聯手，打算搶回皇帝這張王牌。這時，張濟與楊奉、董承之間又發生摩擦，導致張濟加入李傕、郭汜陣營，共同追擊護送皇帝的楊奉、董承部隊。雙方最後在弘農（河南境內）東方的山澗中交戰，楊奉、董承等護駕軍團大敗，百官與士卒死傷不計其數，御用物品、符節、重要檔案也全都遺失不見。皇帝劉協只好狼狽逃亡，露宿於田野之間。董承、楊奉自知不敵，只好假意先與李傕、郭汜和解，再暗中派人召請白波亂民李樂、韓暹、胡才等部前來助陣。幾天後，數千名的白波援兵殺到，和楊奉、董承的部隊合擊李、郭聯軍，斬殺了數千人。於是皇帝在董承、李樂的保護下繼續逃亡，而由胡才、楊奉等部隊負責斷後。但李傕率軍追擊，擊潰了斷後部隊，造成遠比弘農東澗之役更多的死傷人數。而隨護在皇帝周圍的部隊，因為遭受重挫及兵士逃散，這時的總人數竟然只有不到一百人。晚上紮營的時候，李傕、郭汜的大軍圍繞著營寨鼓噪吶喊，所有官兵都嚇得面無人色，紛紛想各自逃散。皇帝趁著夜色，想要帶著皇后及高官等數十人偷偷的登船渡河，但被其他人發覺。於是所有的人都爭先恐後攀附渡船的船緣，使得船身幾乎傾覆翻船。董承、李樂等便不停的砍擊，所有扒在船緣的手瞬眼間都變成斷指，堆滿了整個船艙。岸邊不及登船的宮女及官員百姓，都遭到亂兵的瘋狂掠奪。不但衣物被搶奪，連頭髮也被扯掉，凍死溺斃的人不可計數。皇帝渡過河岸之後，逃到大陽（山西境內），御駕暫時進駐李樂的營寨之中。

囧…天子落難 破屋中開朝會

皇帝暫時安頓之後，河內太守張楊隨即派人背著米糧前來進貢，接著河東太守王邑也奉獻一批綢緞布匹。於是皇帝便下令擢升張楊為安國將軍、封王邑為列侯，拜救駕有功的胡才為征東將軍，三人皆假節（持有符節代理皇帝行使部分權力）、開府儀同三司（官署編制及權力等同三公）。於是一時之間利用各種名目，前來求官拜職的各路將領不計其數，連正式的官印都來不及刻，只能克難式的以鐵錐刻畫。據記者現場目擊，皇帝暫居的地方十分破敗，四周只有籬笆圍著，連大門也沒有。當朝天子和群臣只能露天召開會議，旁邊還會有不相關的士兵趴在圍籬上觀看，嬉笑打鬧，皇室尊嚴蕩然無存。皇帝不得已，只好派人向李傕、郭汜等講和，商請將俘擄的公卿百官及宮女侍從，與御用器具服裝等送還。但過了不久，各處先前進貢的糧食耗盡，無米可食，宮女們只好外出採摘野菜野果充飢，皇室呈現前所未見的淒涼景況。

大好時機　智囊提議迎奉天子
不為所動　袁紹否定沮授建議

根據本報派駐袁紹陣營的特約記者所傳回的最新消息，因目前皇帝落難在外，所以袁紹特別召開了參謀會議，以討論是否要迎奉天子。會議中，袁紹的智囊團隊為此一事爭論不休。其中，沮授認為目前正是天賜良機，應該將皇帝接到鄴城（河北境內），然後挾天子以令諸侯，畜士馬以討不庭，則霸業可成。不過郭圖、淳于瓊等人則持相反意見，認為一旦在天子腳下，必定動輒表聞，從之則權輕，違之則拒命，到時必定會受制於人。雖然沮授據理力爭，袁紹最後仍然決定再作觀望，暫時不採取任何行動。

所向無敵　孫郎威名遠播
軍紀嚴明　百姓熱烈擁戴

孫策得到老闆袁術的批准之後，僅帶領著一千多名步卒及數十名的騎兵，便從壽春南下，增援江南。等到達歷陽時，沿途號召的兵馬已增加到五六千人。於是便揮軍接連攻下橫江、當利（以上各地皆安徽境內）等地，將樊能、張英等據地為營的軍閥驅走。又順長江而下，沿途兵鋒所及，可謂是無人能擋。接著拔除揚州（江蘇境內）刺史（州長）劉繇手下的諸員大將、繳獲許多的軍械物資，並直指曲阿（江蘇境內）的劉繇大寨。不過，就在孫策只帶領十三名部將查探戰場時，卻意外遭遇了劉繇陣營的偵察小組。雖然這個小組只有兩人兩馬，但小組長面對孫策以及韓當、黃蓋等十三名猛將，竟毫無懼色，拍馬衝鋒，便要擒拿孫策。孫策也挺身迎戰，一鎗就刺中這個小組長的座騎，並奪取他掛在脖子上的手戟。不過在此同時，孫策的頭盔也被奪去。就在兩人纏鬥不已時，雙方的援軍趕到，才各自撤退。據隨軍記者深入了解，劉繇陣營中這一名英勇的偵察小組長，名叫太史慈，目前在軍中的職位雖低，但其未來的發展頗值得注意。孫策探清情勢之後回到營中，便立刻調兵遣將，對劉繇大寨發動攻勢。幾次衝殺之後，很快的擊潰了敵軍的主力部隊，逼得劉繇慌忙撤軍遁逃。孫策的部隊自出兵以來，一向以紀律嚴明著稱，所過之處絕不侵擾百姓。和其他軍隊動輒劫掠的情形完全不同，就連雞犬菜茹，都一無所犯，所以很得人民的歡迎。孫策進入曲阿後，又立刻開榜安民，對於敵軍舊部一律既往不咎，同時並召募兵馬。不像大部分的將領會強拉兵伕，布告中明白表示：「如有自願從軍者，可以免除家中所有的差役賦稅。不願從軍者，亦不勉強。」消息一宣布，不到十天的時間，孫策便集結了二萬多名兵士以及一千多匹戰馬，聲威震動江東。

孫策受到百姓熱烈歡迎，擁有大批粉絲

羅貫中專欄

太史慈酣鬥小霸王

孫策披挂綽鎗上馬，引程普、黃蓋等共十三騎，上嶺探看敵軍劉繇營寨。但伏路小軍早已飛報劉繇，太史慈便自告奮勇，偕同另一小將前來捉拿孫策。孫策探完正要回馬，只聽得嶺上叫：「孫策休走！」回頭見兩匹馬飛下嶺來。策將十三騎一齊擺開。太史慈高叫曰：「我乃太史慈，特來捉拿孫策。你們哪個是孫策？」策笑曰：「只我便是。你兩個來拚我一個，我不懼你。我若怕你，非孫伯也。」慈曰：「你便眾人都來，我亦不怕。」縱馬橫鎗，直取孫策。兩馬交鋒百多回合，戰到平川之地，離眾將已遠。此時策一鎗搠去，慈閃過，挾住鎗。慈也一鎗搠去，策亦閃過，挾住鎗。兩個用力一拖，都滾下馬來。兩人棄了鎗，揪住撕打，戰袍扯得粉碎。策手快，掣了太史慈背上短戟，慈亦掣了策頭上的兜鍪。策把戟來刺慈，慈把兜鍪遮架。忽然劉繇領一千兵馬殺到，程普等十二騎亦衝到，二人方才收手。劉繇大軍與程普十二騎混戰數回，幸得周瑜領軍來到，雙方衝殺一陣，各自收兵。

羊皮狼連續詐騙　佛面獸心殺人狂 笮融玩火終自焚

之前大肆興建佛寺，吸引了五千多戶信眾遷聚的宗教界名人笮（音責）融，其歹毒的行徑終於在日前曝光。每年浴佛節時，總是以天文數字的經費，擺出綿延十幾里流水席的笮融，已被檢調單位證實，在督導廣陵、下邳、彭城（皆江蘇境內）三郡的糧運作業時，將所繳得的物資全數據為己有，挪用為興建佛寺以及辦理相關佛教活動的經費。笮融在曹操攻擊徐州的時候，帶著跟隨他的一萬多名信眾前往廣陵（江蘇境內）避難。廣陵太守（郡長）趙昱將其奉為上賓，像活佛一樣的款待他，照顧的無微不至。但是笮融看到當地物豐民富之後，學佛之人竟起了貪念，便在宴席中設下埋伏，將趙昱給謀殺了。又下令士兵大肆劫掠，將廣陵的物資給洗劫一空。然後渡過長江，又以同樣的手段在秣陵（江蘇境內）殺了薛禮。後來揚州刺史（州長）劉繇命令笮融率兵支援豫章（江西境內）太守朱皓，笮融果然又使詐殺了朱皓，並奪取他太守的職位。不過這次東窗事發，被惹惱的大老闆劉繇，便出兵攻擊笮融。笮融潰敗之後逃入山中，結果被當地的人民所殺，結束了他宗教外皮之下陰險毒辣的一生。

宗教界名人笮融連續犯下多起詐騙殺人案件

行事怪異 公孫瓚離心離德
無敵堡壘 對外完全隔絕

公孫瓚在害死劉虞，完全掌控幽州（河北、遼寧境內）之後，就彷彿中了邪一般，開始做出許多不合常理的事情。整個人變得容易記過忘善，連只是不小心瞄他一眼，也必遭報復。對於名望高過他的一定以司法迫害，有才能的人一定加以打壓。不過，公孫瓚在接受本報專訪時對此做出解釋，他認為這些人自以為本來就應當大富大貴，所以就算給他們富貴，他們也不會有任何的感激之意。倒不如結交一些江湖術士、販夫走卒等義氣相挺之人來的實際。不過百姓們無奈的表示，這些公孫瓚的結拜兄弟、攀親附戚之人，都仗著公孫將軍的名號仗勢欺人，民怨已達臨界點。另外，公孫瓚在易城也如同董卓一般，修築了一座無敵堡壘。這座城堡外有十座深壕，內於五、六丈高的土丘上築起高樓，公孫瓚在城中自居的城樓土丘更是高達十丈。並以玄鐵製成堅不可破的大門，城內屯積了三百萬斛的糧食。所有的軍士侍衛及七歲以上的男子，都不准進入內城之中。所有公文簿冊的往返，都要靠繩子垂吊上下。公孫瓚則整天躲在城內，只和妻妾侍女廝混，也不再親自帶兵打仗。手下的部將、智囊及賓客們都完全被隔絕，無法見其一面，只能透過城內的侍女們拉開嗓門傳遞訊息。最近有消息傳出，公孫瓚門下的幕僚及部將，有大半已叛逃離散，剩下的則都瘋狂的開始找四〇一人力銀行投出履歷。

東漢·興平三年　建安元年

東漢帝國 大赦令

自今年（一九六年）正月七日起，年號由興平改元建安，本年度由興平三年改為建安元年。並大赦天下，有關減刑及免罪細則，另由法務部門公告。

東漢帝國　第十四任帝 劉協
建安元年正月

飼老鼠咬布袋 呂布劉備主客易位

徐州刺史劉備親自領軍與袁術的軍隊周旋，留下部將張飛屯守州政府下邳（音培）城（江蘇境內）。但張飛因為和下邳相（封國的最高行政長官）曹豹之間發生了衝突，一怒之下便將曹豹斬了，結果使得城中大亂。袁術得此消息，便祕密要求去年才投奔劉備的呂布，就近出兵襲取下邳，並答應提供他軍糧。素有謀反前科的呂布果然發動奪城，張飛不敵逃走，劉備的家眷全部都被俘擄。劉備知道後急忙回軍，但兵士們見家人在敵軍手中，紛紛棄械潰散。劉備只好收拾殘兵，轉進廣陵（江蘇境內），但不幸又被袁術打敗。軍糧耗盡的劉備部隊，飢餓到不斷傳出官兵相互殺害烹食的消息。後來劉備的參謀官麋竺，散盡家產資助軍費，才稍緩燃眉之急。極度困頓的劉備，只好選擇屈辱的向叛徒呂布投降。剛好這時袁術答應資助軍糧的支票未能兌現，自稱徐州牧的呂布盛怒之下準備對付袁術，便接受劉備的投降，給了劉備一個豫州刺史的空頭稱號，叫他去屯駐小沛城。

皇帝返回洛陽 不見各州進貢 竟傳官員餓死

歷經半年的千里跋涉，東漢帝國第十四任皇帝劉協終於在楊奉、韓暹等人的護送之下，於七月一日返抵故城洛陽（河南境內），暫時安頓在前中常侍趙忠（已於一八九年被袁紹格殺）的豪宅之中。八月時，皇帝移駕楊安殿（張楊認為自己在還都過程中，位居首功，故以此為名），並發布人事令，升安國將軍張楊為大司馬（全國最高指揮官）、楊奉為車騎將軍（高級將領）、韓暹為大將軍（軍事最高統帥）兼司隸校尉（京城警備司令），皆假節（持有符節代理皇帝行使部分權力）。不過中央政府仍是只有一個囧字可以形容，洛陽城內的宮室早已都被燒盡，所有人只能在斷垣殘壁間，自己拔除荊棘雜草，以求窩身。而各州郡自擁強兵，卻不見有人願意供輸糧食器物。官員們難忍飢餓，如流民般在郊外採食野菜以求裹腹。頽牆破壁間，隨處可見餓死或被兵士殺死的官員屍體。

強奪玉璽！！袁術做起皇帝大夢 孫策修書畫清界限

最近民間流傳的一句預言讖詩，在袁術陣營掀起一陣大風暴。據說袁術本人對於所謂「代漢者當塗高」的讖言，感到深信不疑。認為句中所言，將代替漢帝國而興起者，指的便是自己。於是便積極的做出許多展露野心的動作。一開始是聽說孫堅得到傳國玉璽，便逮捕孫堅的遺孀以強奪之。後來聽聞皇帝落魄，又召集部屬開會，商議有關登極稱帝的事宜。但據了解，與會者的重要幕僚都不表認同，現場氣氛十分尷尬。領軍在外的孫策，在得到大老闆袁術有意稱帝後，便立刻表明立場，請律師寄出一封堅決反對的存證信函，並和袁術陣營畫清界限，斷絕一切關係。

曹軍抵達洛陽 掌控中央政權

曹操進駐許縣（河南境內）後，接受參謀荀彧的建議，決定在御駕落難、皇權式微之際，掌握時機，前往迎接皇帝劉協，以扶助漢室、匡正天下。此舉得到車騎將軍楊奉的支持，遂與一些將領共同表奏曹操為鎮東將軍，並承襲父親費亭侯的爵位。這時，原本在進京路線布防以阻曹軍的董承，對於大將軍韓暹的恃功橫行無法忍受，於是便倒向曹營，讓曹操得以親率大軍進入洛陽。曹操一到洛陽便控制了整個局勢，韓暹、張楊被彈劾逃亡。隨後皇帝下詔任命曹操為司隸校尉（京城警備司令）錄尚書事（掌宮廷要事），董承等十三人晉封侯爵。

皇帝接受曹操的保護，脫離被霸凌的威脅

移駕許都 曹操挾天子以令諸侯

今年（一九六年）八月二十七日，皇帝劉協在曹操的護送下快閃東行。中央政府發言人日前也已證實傳言，將以曹操的大本營許縣（河南境內）為新的首都，並展開積極建設與開發。隨後皇帝駕臨曹操軍營，親自擢升曹操為大將軍（軍事最高統帥）、封武平侯。車騎將軍楊奉事後認為受到曹操誆騙，眼看皇帝即將落入別人手中，便出兵欲於中途攔截，但仍被曹軍所擊敗。十月時，楊奉的大寨被曹操攻破，只好前往投靠袁術。

袁紹官位喬不定 曹操讓出大將軍

在聖駕一行抵達許縣（河南境內）之後，皇帝劉協因不滿袁紹之前抱持觀望，不肯出兵勤王，因此下了一封詔書予以譴責。不過，在袁紹上書深表悔意之後，皇帝已表示不再追究，並發布新的人事令，任命袁紹為太尉（軍事首長）、封鄴侯。但一向瞧不起曹操的袁紹，在收到命令之後並沒有因為升官而有任何愉悅之情，還認為此官職位在曹操之下，於是便上書辭拒。據聞袁紹為此還震怒狂飆：「曹操這傢伙，要不是我救他，都不知道已經死幾次了。如今還敢挾持天子，反過來想命令我！ @%#&……」曹操發現袁紹的反應如此激烈，便請皇帝劉協把大將軍（軍事最高統帥）的職位讓給袁紹，自己改任司空（監察首長）並代理車騎將軍（高級將領），以圖安撫袁紹不滿之情緒。

荀彧引薦

荀攸郭嘉成為曹營智囊

在參謀荀彧的推薦下，曹操的智囊團又加入兩名生力軍。其中一位是荀彧的姪子荀攸，在通過曹操的面談後，已擔任重要的軍師（軍事參謀長）一職。另一位原本極受袁紹禮遇，但仍堅持跳槽另謀明主的郭嘉，也是在面談後立刻獲得重用，並被曹操評為是能幫助完成大業之人。至於重要的首都縣令（縣長）人選，曹操則任用了一向嚴謹負責的滿寵為許縣縣令，希望能為新都的治安及建設帶來一番新氣象。

屯田政策大成功 曹操地盤糧倉全滿

曹操對軍隊屯田的成效十分滿意，將擴大實施

由於數十年來兵事不斷，百姓棄耕，糧食成了軍隊決勝、黎民安居的最重要問題。有鑑於最近又有袁紹的士兵餓到以桑椹果腹、袁術的部隊撿螺蚌充飢的消息傳出。棗祗向曹操建議應實施屯田政策，由軍隊在駐地開墾荒地、種植作物。此提案獲得曹操極大之讚賞，並命棗祗為屯田都尉、任峻為典農中郎將，立即在首都附近試辦。經過一年的期間，試辦區便收穫了一百萬斛的稻穀，證明屯田政策的方向是正確的。於是曹操便下令，各地方政府均設置田官，全面推行屯田政策。根據農經學者表示，此政策一旦推行，中下階層的農家百姓將直接受惠，不必再隨時擔心軍隊強行徵糧，對於曹操之後的征戰也將更為有利。

政治婚姻

袁術呂布將結親家

亂世局勢詭譎多變，之前因軍糧問題結怨的袁術與呂布，又準備再度聯合。基於政治考量，袁術為其子向呂布提親，而呂布也答應將女兒嫁到袁家，雙方目前正為婚事做進一步的籌畫。

劉備受困求援 呂布神技解圍

袁術雖然和呂布表面上暫時握手言和，但私底下仍然小動作不斷。日前又派出大將紀靈，率領三萬兵馬進攻屯駐小沛（江蘇境內）的劉備。劉備自知實力懸殊，便趕緊向呂布求救。呂布為了避免袁術擊敗劉備後，自己反而陷於不利的地位，於是便率領一千名步騎前往小沛調停。紀靈聽說呂布軍隊開到，便暫時停火，並邀呂布及劉備到營中飲宴談判。呂布在席中以劉備的老大哥自居，執意商停，便命令軍官把一枝戰戟遠遠插在大營門口，搭箭彎弓，說：「如果我這一箭正中戟旁小支，則你們雙方各自解兵，不得再戰。如果不中，就任憑你們廝殺。」話一說完，矢箭飛快射出，果然正中目標。紀靈等吃了一驚，第二天果然依約各自領兵退去。

呂布突擊 劉備敗走投曹操

擁有神技的戰將呂布，行事果然反覆無常。在剛解了劉備之危後，見其擁兵竟已有一萬多人，心中很不是滋味，便出兵突襲劉備。劉備沒有料到老大哥呂布翻臉如翻書，在沒有防備的情況之下，全軍被呂布擊潰，於是只好投奔曹操。據了解，曹營中原本有人認為劉備心懷大志，應當趁機剷除。但郭嘉認為應以劉備為活廣告，如此才能廣納天下賢士。曹操對郭嘉的看法完全認同，便撥給劉備一支軍隊及糧食，並要他去收聚散兵，以準備對付呂布。

3-KINGDOMS TIMES

西元一九七年

丁丑

東漢・建安二年（仲家皇帝袁術元年）

貪戀女色　曹操被襲長子身亡

今年（一九七年）正月，曹操發兵攻擊屯駐在宛城（河南境內）的張繡，前進到淯水時，張繡自知不敵，便全軍投降加入曹操陣營。但不久之後，張繡卻忽然背棄盟約，向曹操發動突擊。而張繡此舉，極可能與近日沸沸揚揚的曹操緋聞有關。據聞，曹操入城後，見張濟的遺孀具有沉魚落雁之姿，便將其納為小妾。但這位絕色美女正是張繡嬸母，張繡因為無法接受這種屈辱，才決定舉兵反叛。而曹操則為此次的貪戀女色，付出非常慘痛的代價。長子曹昂在這次的奇襲中被叛軍斬殺，曹操本身也被流箭射中，在親衛隊長典韋的掩護之下，勉強逃出。典韋此役為了替曹操爭取逃走的時間，率領親衛隊擋在營門，與張繡的軍隊死戰。最後，所有的親衛隊都壯烈成仁，典韋自己也在身受數十處創傷後，仍然力搏千軍。拚到最後，還使盡最後的力氣，用雙手挾住兩個敵人奮戰，終於傷勢過重，在怒目大罵之後慷慨犧牲。死命逃出的曹操，立刻收聚散兵，退駐舞陰城，並親自領兵擊敗前來追擊的張繡部隊。張繡攻勢受阻，便退回穰城（河南境內）固守，曹操也率兵退回首都許縣。

曹操因貪戀女色遭到張繡部隊襲擊，造成長子曹昂及部將典韋身亡，損失慘重

袁紹曹操領導風格大評比

在維基解密網站最新公布的一批文件中，發現一份針對曹操與袁紹兩人的領導風格，所做的詳細分析報告。相關資料顯示，報告人應該是曹操重要的智囊荀彧及郭嘉。經過本報記者整理，此項評比共細分為十個項目，而曹操則以壓倒性的優勢贏得所有分項。雖然此為曹營內部的分析報告，難免有立場上的疑慮。但學界一般認為，這份報告還算客觀，十分具有參考價值。

項目	袁紹	曹操
道	繁禮多疑	體任自然 勝
義	以逆動	奉順以率天下 勝
治	以寬濟寬，故不攝	糾之以猛，上下知制 勝
度	外寬內忌，用人而疑之，所任唯親戚子弟	外易簡而內機明，用人無疑，唯才所宜，不間遠近 勝
謀	多謀少決，失在後事	得策輒行，應變無窮 勝
德	高議揖讓以收名譽，士之好言飾外者多歸之	以至心待人，不為虛美，士之忠正遠見而有實者皆願為用 勝
仁	見人飢寒，恤念之，形於顏色，其所不見，慮或不及	於目前小事，時有所忽，至於大事，與四海接，恩之所加，皆過其望，雖所不見，慮無不周 勝
明	大臣爭權，讒言惑亂	御下以道，浸潤不行 勝
文	是非不可知	所是進之以禮，所不是正之以法 勝
武	好為虛勢，不知兵要	以少克眾，用兵如神，軍人恃之，敵人畏之 勝

製表：荀彧、郭嘉

袁術登極 自立仲家帝國
不被看好 多人拒絕入夥

最近一直做著天子夢的袁術，終於按耐不住，於壽春（安徽境內）稱帝，號稱仲家帝國。國家成立之後，袁術開始任命中央政府官員。不過並非所有的人都樂於被仲家帝國徵召，例如沛國（安徽境內）相（封國的最高行政長官）陳珪，雖然是袁術少年時的舊識，兒子又被袁術挾為人質，但仍斷然拒絕任官。就連之前官職和曹操鬧雙胞而被打跑的金尚，也因拒絕擔任仲家帝國的太尉（軍事首長）而棄官逃亡，只不過後來仍被袁術捕獲斬首。幾乎所有的政治觀察家都不看好此一新興帝國，認為袁術目前的實力離稱帝根本還太遠，相信不用多久便會被其他軍閥圍剿，迅速瓦解。

婚事生變
呂布追回女兒 袁術惱羞成怒

袁術稱帝後，派出使者通知親家呂布登基的消息，並順便為兒子迎娶其女兒。呂布為女兒準備好嫁妝之後，便讓女兒隨同仲家帝國的大使啟程返回壽春。陳珪為了阻止袁術和呂布聯合，便親自面見呂布，分析利害關係來說服他。而呂布也想起了袁術多年前曾排擠他的舊怨，於是便派出部隊，把已經在途中的女兒追回。至於仲家帝國派出的大使，則被加上刑具，押送到首都許縣斬首示眾。對於呂布的正式決裂與悔婚，袁術十分的憤怒，除了透過外交管道嚴正譴責外，也表示一定會以軍事行動對呂布實施制裁。

呂布派陳登向曹操求官，結果事與願違

曹操不允 呂布求官被拒

中央政府日前發布人事令，擢升呂布為左將軍（高級將領）。隨著人事令而來的，則是司空（監察首長）曹操示好的私人書信。呂布收到信後十分高興，認為自己飛黃騰達的機會來了。於是便派陳珪的兒子陳登，帶著謝恩奏章及答覆曹操的書信前往許都，希望可以正式被中央任命為徐州牧。但後來中央政府並沒有答應呂布的請求，反倒是擔任使者的陳登，意外獲得曹操的賞識，被任命為廣陵太守（郡長），連其父陳珪也得到大幅度的加薪。對於這樣的結果，呂布對加官升俸的陳珪父子十分不諒解，但在陳登提出解釋後，呂布也不再繼續追究此事。不過首都方面熟悉內情的人表示，當初陳登面見曹操時，不但未替呂布美言，卻反而說呂布僅是一個有勇無謀的匹夫，應該早點把他處理掉。曹操也認為呂布狼子野心，誠難久養。遂把暗中對付呂布的任務，交託給陳珪、陳登父子。

仲家帝國大軍壓境 呂布策反重挫袁術

原本講好要和呂布結成親家，卻又迎親被拒的仲家帝國皇帝袁術，終於派出大將張勳，聯合韓暹、楊奉的部隊共數萬人，對呂布展開復仇之戰。由於對手來勢洶洶，使得身邊只有三千步兵加上五百匹戰馬的呂布非常恐慌，便請智囊陳珪幫忙拿定主意。陳珪分析了情勢之後，認為袁術與韓暹、楊奉之間是倉促形成的組合，只要從中稍加策動，便可使其離散。於是呂布便暗中派人聯絡韓暹、楊奉二人，以袁術大軍的所有輜重糧草為交換條件，換取二人的支持以共擊袁術。韓、楊一聽有這麼好康的事情，二話不說，馬上和呂布握手談定。呂布吃了定心丸之後，便主動出擊，使出全力對敵軍發動正面攻擊。在呂布軍前進到僅距離張勳大營百步之遠時，韓暹、楊奉的軍隊也同時吶喊，從兩側對張勳的部隊展開襲擊。張勳沒料到同陣營的部隊竟被策反，一時應變不及而全軍覆沒。呂布遂與韓、楊合軍，乘勝追擊，直逼仲家帝國的首都壽春（安徽境內）。沿途大肆擄掠，最後還故意留下一封極具羞辱的書信給袁術，才在大聲嗤笑中渡河北還。

小霸王升將軍 揮兵北上

中央政府日前派出使者，正式任命孫策為騎都尉（騎兵隊指揮）、承襲孫堅烏程侯的爵位，並兼領會稽（江蘇境內）太守（郡長），同時命令孫策討伐叛賊袁術。不過，反應一向很快的孫策，當場便向使者表示希望能有一個將軍的稱號，以提升自己的地位，於是使者便承制（以皇帝名義發布）孫策為明漢將軍。如願以償升任將軍的孫策，隨即揮軍北上，對袁術施壓。

司空曹操親征 大破仲家袁術

今年（一九七年）九月，曹操親率大軍東征袁術。不過身為堂堂仲家帝國皇帝的袁術，竟然一聽到曹操親征的消息，便丟下軍隊自己逃走。隨後曹操率領的東漢帝國軍隊，果然輕易的一舉擊潰仲家帝國軍隊，並將其大將盡皆斬殺。可憐的仲家帝國皇帝袁術只好帶著殘部餘兵渡過淮河，狼狽的逃到天旱歲荒之地。跟隨的官士百姓受凍挨餓，生活無以為繼。政治圈名嘴更已毒舌的表示，袁術應該算是已經玩完，沒有機會與能力東山再起了。

怪力許褚加盟 任曹操侍衛長

曹操在典韋壯烈戰死後，一直找不到適當的侍衛長人選。正好沛國（安徽境內）一帶，以勇力超乎常人而聞名的許褚，帶著部眾前來歸附，曹操便任命許褚為他的侍衛長。而追隨許褚的俠客們，也都擔任虎賁武士，負責曹操的隨扈護衛任務。

昔日風光軍閥 如今相繼慘死
楊奉 韓暹 胡才 郭汜 魂・歸・西・天

去年（一九六年）陣前倒戈，投入呂布陣營的韓暹及楊奉，將部隊駐紮在下邳（江蘇境內），並放任兵眾四出洗劫百姓。不過雖然已盡其所能的燒殺擄掠，但仍無法餵飽大批軍士。韓暹、楊奉幾經考慮，終於打算離開呂布，另到荊州謀求發展。不過呂布並不打算讓兩人離去，於是楊奉便想暗合劉備共擊呂布。談定之後，楊奉便率軍前往沛縣，並應劉備之邀入城赴宴。不過這又是另一次的鴻門宴，楊奉正在宴席中開懷暢飲時，便被劉備拿下斬首。韓暹得到這個消息，嚇得面無血色，便丟下軍隊不管，只帶著十幾名衛士展開逃亡。不過韓暹最後仍然難逃厄運，也在途中被殺。與楊奉、韓暹同時活躍的幾個軍閥，當時意氣風發，但如今也都相繼傳出不幸的消息。胡才死於仇人之手，郭汜被自己的部將所殺，李樂也因病而死。世事變化之快，令人不勝唏噓。

三國時報

3-KINGDOMS TIMES

西元一九八年

東漢・建安三年（仲家皇帝袁術二年）

政府軍右圍張繡左打李傕

一月份曹操班師回到許都（河南境內）之後，只做了短暫的整頓與休息，便想再度出兵攻擊張繡。據軍方流出的文件顯示，軍師（軍事參謀長）荀攸認為，張繡部隊所需要的糧草全賴劉表供應，時間一久，彼此之間一定會猜忌衝突。所以只要靜待時機再稍加運作，一定可以解決這個問題。如果以軍隊強攻的話，則張繡、劉表二人則必互相救援，反而會變得更加難以對付。不過對於長子曹昂之死一直耿耿於懷的曹操，這次並沒有接受荀攸的建議，在會議結束之前，還是決定於三月的時候發兵，派出重軍把駐守穰城（河南境內）的張繡團團圍住。另一方面，中央政府也派出使者，命令關中（陝西境內）地帶所有將領，出兵征討當初曾挾持皇帝的李傕，並將其三族一同誅殺。

太可惜了！

呼…還好袁紹沒聽田豐的話，不然我就死定了…

心臟狂跳

田豐襲擊許都的計畫未獲袁紹採用，失去除掉曹操的大好機會

大將軍建議遷都 司空斷然拒絕
擔心許都被襲 曹操急行退兵

大將軍（軍事最高統帥）袁紹苦於皇帝身在司空（監察首長）曹操的地盤中，時常發出一些對自己不利的命令。於是便派人向曹操游說，以新都許縣地勢低窪潮濕、舊都洛陽過於殘舊破敗為由，希望可以遷都到距自己較近的鄄城（山東境內），但此構想已被曹操一口回絕。不久，曹操便收到一份珍貴情報。內容顯示，袁紹的重要參謀田豐，在曹操拒絕遷都後，便建議袁紹應以武力襲取許都，然後將皇帝迎接到鄴州以號令天下。不過袁紹似乎不重視這項提議，而並未採取任何動作。倒是曹操在得到這個消息之後，流了一身冷汗，便立刻放棄穰城的軍事行動，下令全軍班師，回防首都許縣。

曹操與賈詡角逐198年最佳「兵法奇謀獎」，競爭激烈

兵法奇謀
曹操置之死地而後生　賈詡料敵神準助張繡

曹操前腳剛從穰城（河南境內）撤軍，張繡後腳便想出城追擊曹軍。聽說在張繡陣營所召開的軍事會議上，參謀賈詡對此行動強力表示反對，認為張繡雖然善於用兵，不過實際上並非曹操的對手。而此次大軍後撤，曹操必然親自斷後，若貿然追擊必定遭受挫敗。但張繡並未採納賈詡的看法，仍舊決定率兵尾追曹軍。五月時，劉表的援軍開到，堵住曹軍的退路，與張繡軍前後夾擊曹操。曹操腹背受敵，只好下令全軍連夜開鑿險道逃走。張繡、劉表聯軍見機不可失，便大軍傾巢而出，結果受到曹軍的伏兵襲擊，才知誤中曹操計謀。正在進退兩難時，曹操又派出步兵與騎兵夾攻，張繡軍果然大敗而回。不過，這時賈詡卻又認為，曹操在大勝之後，必定迅速趕回許縣處理危機，而留下其他將領斷後。這些將領雖然勇猛，但絕非張繡敵手。所以要張繡立刻集結殘兵，再次追擊曹操。上次不聽賈詡勸阻的張繡，這次可是學乖了，便依賈詡之計，馬上發兵追擊曹軍，果然取得勝利。而在另一陣營的軍事檢討會上，曹操也與參謀荀彧分享心得，表示致勝關鍵在於兵法上的「歸師勿遏」四個字。當時張繡、劉表聯軍阻斷曹軍退路，欲將其置於死地。所以曹操根據「置之死地而後生」的理論，早就料到此戰必定獲勝。

呂布袁術大復合 劉備出逃妻兒被俘

政治界的局勢真是瞬息萬變，之前才剛鬧翻的呂布及袁術，居然又大搞復合戲碼，簽下合作協定。呂布隨後並派遣部將高順及張遼，向劉備發動攻擊。中央政府聞訊後，立即派夏侯惇率兵前往沛縣（江蘇境內）救援劉備。但高順、張遼二人皆非等閒之輩，夏侯惇的攻勢受阻，救援任務也宣告失敗。據軍醫表示，夏侯惇在奮戰時，自己也身受箭傷，左眼有失明的可能。而久等不到援軍的小沛城，終於在九月被攻陷。城破之後，劉備的妻子兒女皆被高順等所俘擄，而劉備本人則隻身逃逸無蹤。

曹孟德親征下邳 呂奉先無法脫身

在呂布和袁術聯手後，中央政府為免呂布趁機坐大，便決定由曹操親率大軍加以征討。曹操在梁國（河南境內）遇到被呂布打跑的劉備，便將其留在軍中，一同進軍彭城（江蘇境內）。根據呂軍陣營來的第一手消息，呂布的首席參謀陳宮曾建議，稱曹軍未站穩腳步時就先施以逆襲。不過呂布並未同意此一方案，而是決定待曹軍到達後，再發動猛攻，將之驅趕到泗水中淹死。只是事情的發展似乎與呂布的預期相差甚遠，等到十月的時候，曹操大軍血洗彭城，並與呂布軍隊數度激戰。幾經交手，呂布都慘敗於曹操之手，最後只好退守城內不再出戰。接連受挫的呂布，在收到來自曹營的勸降文書之後，信心逐漸鬆動，開始有投降的打算。不過在陳宮的一番心理建設之後，呂布又重新振奮起來。打算依照陳宮的建議，自領一支軍隊屯駐城外，把下邳城（江蘇境內）交由陳宮守衛。如此一來，頭尾便可相互支援，使曹操疲於奔命，最後再俟機擊破。不過原本擬定好的作戰計畫，事隔一夜，竟又全盤推翻。第二天一早，呂布便又對陳宮說這樣行不通，希望他再另謀可行的對策。雖然呂布並未解釋其中的緣由，但據了解，原因可能是呂布的妻子不信任陳宮，認為將全城及家眷都交託於他並不妥當，所以才極力反對。呂布又想起和袁術之間仍有未完成的婚約，便想將女兒送到袁術陣營以重修舊好。於是便把女兒全身以綢緞纏裹，綁到馬上，趁著夜色親自騎馬護送出城。但曹操的軍隊圍困的實在太緊，箭矢如雨般不斷落下，呂布根本無法前進，於是只好又放棄這項計畫，仍舊困守下邳。

驚天兵變 呂布命喪
陳宮慷慨赴刑場 張遼臧霸歸曹營

曾先後殺死丁原及董卓兩位義父的
呂布終於被曹操斬首

由於下邳（江蘇境內）的圍城之戰陷入膠著，攻城的軍士疲態漸露，對曹軍生理與心理雙方面形成終極考驗。為此，曹操首次在作戰會議上透露了想要退兵的想法，不過參謀荀攸和郭嘉，都極力主張不該放棄，反而應加強對下邳城的攻勢。曹操經此鼓勵後，決定重新振奮精神，便下令引沂、泗兩河的水灌城，繼續與呂布僵持下去。而呂布在苦撐了一個多月後，形勢果然更為窘迫。在無計可施的情形之下，只好親自登上城樓大聲向圍城軍求饒：「（原音）各位大哥不要再逼困我了，我會向曹公（曹操）自首的。」不過接著呂布身後又有人說：「#@$ 嗶……（消音）曹什麼公！曹操只不過是個逆賊，今天我們向他投降，就有如以卵擊石，自取滅亡罷了。#@$ 嗶……（消音）」根據聲紋比對，已經證實說話的正是陳宮，不過曹操並沒有控告他公然汙辱的打算。不久後，呂布的部將叛變，陳宮及高順等主戰派被叛軍逮捕，呂布本人也被綁了起來。叛軍開城獻降後，曹操率領大軍進入下邳城中接管所有軍務，並接見被五花大綁的呂布。呂布見了曹操之後，之前的英雄氣概都沒了，只是一味的向曹操示好，表示自己願意成為曹營中最強力的戰將，以幫助曹操平定天下。曹操原本心動，有意替呂布鬆綁，但一向被呂布稱作老弟的劉備警告說：「曹公（曹操）難道忘了呂布怎麼對待舊主丁原及董卓的嗎？」曹操才驚覺自己差點就步上丁、董二人的後塵。於是呂布就在咒罵聲中被押赴刑場，斬首示眾。曹操原本有意留用和他有過革命情感的陳宮，不過陳宮反而要求慷慨赴義，遂和高順一起被絞死。不過同時，曹操也下令提撥優厚的撫卹金給陳宮家人，並由政府負責終身照顧其母親。至於張遼及臧霸，則都收入曹操本部軍團重用。

南北串連
劉表袁紹往來密切

最近荊州劉表與冀州袁紹之間，往來頻繁。據推測，雙方可能已達成某些程度上的結合，形成南北串連之勢。如此一來，夾在中間的曹操，必將承受更大的壓力。不過曹營也釋出利多消息，表示長沙、零陵、桂陽（皆湖南境內）三郡，皆已唾棄劉表，轉而歸附中央。

仲家帝國南任命 周瑜魯肅立棄官

小霸王孫策日前由司空（監察首長）曹操表奏為討逆將軍、封吳侯，與中央的關係可說又更進一步。而孫策的摯友周瑜，也在莫名其妙收到仲家帝國發出的任官令後，拋棄官職，投奔孫策陣營。周瑜隨後被任命為建威中郎將（部隊指揮官），為孫策的江東集團軍注入一股新的力量。對於仲家帝國皇帝袁術的前途，同樣不看好而棄官潛逃的還有地方知名人士魯肅，據聞魯肅全家目前也已遷居到孫策的地盤之中。

周瑜、魯肅等人拋棄袁術帝國授與的官職，舉家遷移到孫策的領地之中

不打不相識 祖郎太史慈歸服小霸王

之前曾率軍襲擊孫策，並一刀砍中孫策馬鞍的祖郎，在陵陽（安徽境內）被孫軍擊敗生擒。不過孫策隨即親自解開祖郎的綑綁，化敵為友，將其納入麾下重用。接著孫策又在會戰中生擒太史慈，也同樣親解其縛，並賦予重職。凱旋班師時，孫策還特別讓祖郎及太史慈擔任前導軍在前開道，全軍士氣被激勵到最高點。孫策領導下的江東集團，在周瑜、祖郎、太史慈等人的加盟後，已成為本年度最火紅的新興軍事力量。

大將軍再攻幽州 公孫瓚坐困愁城

大將軍袁紹對公孫瓚的用兵已連續數年，但都不能取得決定性的勝利，便寫信給公孫瓚，希望雙方和談。但公孫瓚自恃手下兵多將廣，不但拒不回應，還加強防禦工事，擺出力拚到底的姿態。袁紹見談和無望，便大舉增兵，加強攻勢。由於公孫瓚認為一旦增援友軍會養成將領依賴的習慣，所以對各地守軍的求援始終置之不理。結果在袁紹大舉進攻時，公孫陣營各地的守將自知不敵，且求援無望，於是潰散的潰散，投降的投降，袁紹大軍竟直抵公孫瓚大本營易城（河北境內）門下。

公孫瓚城堡遭到袁紹大軍團團圍住，束手無策

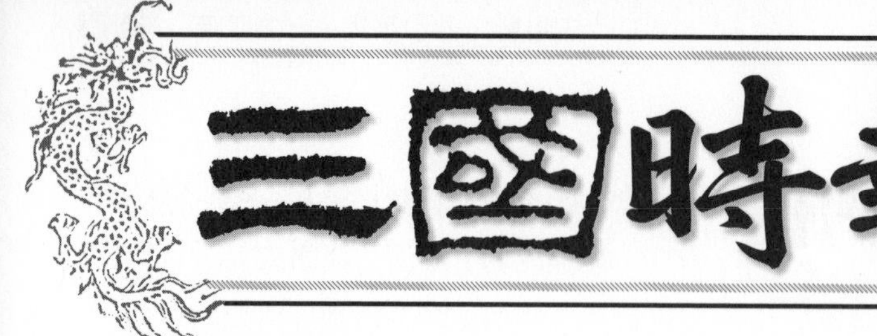

東漢·建安四年（仲家皇帝袁術三年）

人倫慘劇……
公孫瓚絞死妻兒引火自焚

公孫瓚兵敗後竟然引火自焚
※珍惜生命，請撥打1995專線。內政部關心您

今年（一九九年）春天，公孫瓚所盼望的黑山援軍（張燕的黑山賊）終於來到，並依照密約舉火為號。於是公孫瓚便率軍出城，打算與黑山軍夾擊袁紹的軍隊。不料才剛出城，袁紹的伏兵便突然出現，而黑山援軍則不見蹤影。受到猛烈攻擊的公孫瓚大敗後倉皇退回易城，這時才知道求援密信原來早被敵軍的哨兵所截獲，一切都在袁紹的設計之中。袁紹接著又發動地道戰，把易城整個地下幾乎都挖空了。袁軍一開始挖掘的時候，先以木頭撐住，最後再放火焚燒柱子，於是整座無敵堡壘瞬間倒塌。公孫瓚自知無法脫身，便把自己的妻子兒女都用繩子絞死，然後引火自焚。

帝國末路
袁術讓出寶座

駐仲家帝國特派記者報導，袁術自從稱帝之後，便開始了荒淫無度的生活，其誇張的程度實非一般庶民所能想像。光是後宮妻妾就高達數百人，而且都身著錦衣羅紈、享用醇酒美食，極盡奢華之能事。但對於部下飢餓困苦、人民相食之狀，卻反都視而不見，毫不憐恤。直至最近終於坐吃山空，耗盡府庫倉廩，沒有辦法再繼續維持帝國的龐大開銷。袁術苦無對策，只好放火焚毀壽春（安徽境內）的皇宮，然後前往投靠屯駐在外的部將。不過令袁術為之氣結的是，竟然沒有人願意收容接納他這個堂堂仲家帝國的皇帝。窮途末路的袁術，眾叛親離，連本部兵眾也紛紛逃離散去。憂悶至極，不知所措的袁術，只好派人到袁紹陣營，表示願意把皇帝的寶座讓給袁紹，以求自己能有一棲身之地。

劉備奉命出擊 阻斷袁氏兄弟合併

袁紹在接到老弟袁術顛沛求援的訊息之後，便派其長子袁譚南下，打算從下邳（江蘇境內）的北邊通過以迎接袁術。但曹操為免袁氏兄弟合體，便立刻派劉備及朱靈於半途攔截。袁術無法突破劉備等人的封鎖，只好再折回壽春（安徽境內）。

劉備於半路截擊，使袁術無法順利北上與袁紹合體

袁術吐血身亡 寶璽重歸中央

在六月盛夏時，袁術折返到距離壽春（安徽境內）八十里的地方。因天氣酷熱難當，袁術便叫屬下準備蜜水給他解渴。不久，部下把碗遞給袁術，他喝了一口便吐掉再也不肯喝，不高興的說：「怎麼只有水，蜜呢？」他的屬下有點不耐煩的回答：「我們現在全部的存糧只剩三十斛麥屑，哪來的蜜啊！」袁術只能枯坐在連一張草蓆都沒有的床板上，歎息說：「想我袁術，怎麼會落到今天這種山窮水盡的地步。」氣憤難平的袁術，就這樣吐血而死。事後地方官員在附近找到從一八九年便流失的傳國玉璽，立即繳回中央。代表皇權的玉璽，在輾轉多年後，終於重回東漢帝國第十四任帝劉協手中。

曾經貴為皇帝的袁術如今窮途末路，困苦潦倒

各界懷疑被袁紹處決的幕僚其實只是代罪羔羊

大將軍府驚傳稱帝之說 斬殺主簿緊急滅火

近日政治圈傳聞大將軍（軍事最高統帥）袁紹有意稱帝，已引起中央政府高度的關切。據了解，袁紹滅了公孫瓚之後，聲勢日盛。不但對皇帝的進貢越來越少，還竟然在府會時，公開討論稱帝的議題，不過此議案已被所有與會者一致否決。大將軍府發言人則是再度重申，此事件為主簿（主任祕書）耿包的個人意見，和袁紹本人無關，而耿包則已經依叛國罪斬首。

袁紹意圖滅曹　沮授被削軍權

袁紹陣營在是否進兵許都這件事上，內部爆發嚴重的意見分歧。沮授、崔琰等人認為：「曹操奉天子以令天下，軍隊號令嚴明。如果貿然出兵，不但師出無名，也沒有必勝把握。應當先讓百姓休養生息，再派出游擊隊不斷騷擾曹操邊境。如此以逸待勞，坐著就可以統一全天下。」而郭圖、審配則認為：「討伐曹操易如反掌，只要大軍盡出即可掃平，何必那麼麻煩。」最後袁紹則是決定動員精兵十萬、騎兵一萬，準備對曹操發動攻擊。會議之後，郭圖等又警告袁紹要留意沮授，當心他的兵權過大，恐有後患。於是袁紹又將沮授的部隊一分為三，讓沮授、郭圖、淳于瓊各領一軍。

袁紹不聽沮授勸阻，執意發兵攻打曹操

許都驚恐戒備 緊急動員布防

在獲知袁紹即將大舉興兵來攻的消息後，許都（河南境內）的官員及將領們，都感受到前所未有的壓力與恐懼。孔融在開會時表示：「袁紹領地廣懋兵馬強盛，內有田豐、許攸等智囊，外有顏良、文醜等猛將。如今精銳盡出，其力量恐怕不是我們所能抵抗的。不如……」這時曹操一向倚重的參謀荀彧大聲反駁說：「袁紹的兵馬雖多但毫無紀律，田豐等人彼此勢不相容，日久一定生變。至於顏良、文醜只不過匹夫之勇罷了，一戰就可擒獲，有何可懼。」而曹操也為了穩定軍心，特別對大家信心喊話說：「我太了解袁紹了，他這個人從以前就是這樣，志氣大而智慧小，聲色嚴厲而膽識輕薄，又聽不進別人的勸告。兵馬雖多而分畫不明，將領驕縱而政令不一。他的土地雖廣，糧食雖豐，卻剛好等著被我們接收。所以不用驚慌，他絕對不是我們的對手。」不過話雖如此，曹操還是緊急動員軍隊開始布防。他下令臧霸等率領精兵進入青州捍衛東方，命于禁屯兵黃河沿岸。曹操率本部軍團返回許都之後，又分兵駐守官渡，完成初步的調動。

賈詡怒斥袁紹使者　張繡決意歸入曹營

袁紹準備對曹操用兵之際，打算先行攏絡張繡以壯大自己的陣營，於是便派出使者前往穰城（河南境內），準備建立合作關係。剛好張繡也想接受合作的提議，便設宴款待袁紹的使者。但在飲宴之際，賈詡突然怒斥使者：「你回去告訴袁紹，兄弟間都不能相容的人，天下豪傑豈肯歸附。」滿懷驚懼的張繡問說：「我看這合作案被你這麼一罵，是一定破局的了。接下來該怎麼辦？」賈詡便建議歸入曹操陣營。不過張繡認為袁強曹弱，而且曹操和他又有殺子之仇，如何能歸附曹營。但賈詡又提出三大順服曹操的理由「其一是曹操奉天子以令天下，此乃名正而言順之舉；其二是袁紹如此強盛，必不把我們這一點力量看在眼裡。而曹操兵少，若得到我們的支援，一定會十分珍視；其三是有霸王之志者，必定會故釋私怨以明德於四海。」於是張繡便轉而加盟曹營，受命為揚武將軍，並將女兒嫁與曹操之子。促成合作的賈詡則被任命為執金吾（皇城警衛官）、封都亭侯。

賈詡在宴會上怒斥袁紹使者，使得張繡與袁紹雙方的合作破局

重設食鹽專賣 關中情勢回穩

之前因戰亂逃離關中地區（陝西境內）的十幾萬戶百姓，最近陸續回到故土，但返鄉之後的高失業率，卻引發另一股隱憂。由於生活無以為繼，這些流民紛紛被地方軍閥所吸收，過度膨脹的地方武力，已成為一顆不定時炸彈。中央政府為解決這個問題，特別恢復廢置已久的食鹽專賣制度，重設監鹽官。將賣鹽所得的龐大利潤，用來購買耕牛及農具，提供給返鄉難民，讓他們立即投入生產。這樣的做法，已經有效的降低了失業率，並且穩定了整個關中的局勢。

袁曹大戰在即 荊州劉表搖擺不定

原本已經答應袁紹出兵相助的荊州劉表，態度開始鬆動。目前的狀況是既不出兵攻打曹操，也不派兵援助曹操，只是在原地採觀望的態度，希望從中謀得一些好處。而劉表搖擺不定的立場，也讓這場無可避免的袁曹大戰，更加添了詭譎難測的氣氛。

小霸王橫掃江東 連破劉薰黃祖

有江東小霸王之稱的孫策，在得到周瑜的加盟後，於江東的戰事又有了新的進展。先後大破劉勳、黃祖的部隊，一口氣將皖城（安徽境內）、豫章（江西境內）等地都歸入版圖之中。而孫策陣營日前也發布的一份新聞稿，表示幾次戰役加總起來，共斬殺了數萬名的敵人，俘擄及歸降者多達三萬二千人，同時繳獲了戰艦七千艘。另外，根據一份以全國士大夫為訪問對象的民調顯示，由於孫策在擊敗對手之後，都能善待敵人的家眷，所以各界對孫策的支持度非常的高。看來這位年輕小將，已經闖出了一片天地，頗有明日之星的架勢。

孫策在擊敗敵人之後，都能善待其家眷

曹操的侍衛長許褚於千鈞一髮時擊殺刺客

金臂勾爆發 許褚擊殺刺客

曹操在短暫離開之後，再度進駐官渡（河南境內），親自督導前線的作戰準備。不過，日前曹營中竟然傳出暗殺事件。曹操的隨扈徐他等人，俟機侵入主帥寢帳，企圖刺殺曹操。但曹操的侍衛長，人稱「怪力虎痴」的許褚剛好在場，一發現苗頭不對，便當場擊斃刺客。目前警方正深入偵辦中，並高度懷疑大將軍袁紹可能介入此事。

劉備藉故脫離曹操的勢力範圍

縱虎歸山 劉備脫離中央監控

原本在曹操控制之下的劉備，終於逮到機會，以截擊袁術為藉口，帶著武裝部隊，脫離中央政府的控制。在斬殺了曹操手下的徐州刺史（州長）車冑之後，劉備讓關羽駐守下邳（江蘇境內）並代行太守的職責，自己則帶兵還駐小沛城之內。由於附近又有許多人前來歸附，使得劉備的軍事實力很快便得以增加到數萬人之多。如歸山之虎的劉備，日前已經派出代表和袁紹陣營結盟，並正式宣布與曹操決裂。

羅貫中專欄

曹阿瞞許田打圍 董國舅內閣受詔

曹操請天子田獵，帝隨即上逍遙馬，帶寶雕弓、金鈚箭，排鑾駕出城。玄德與關、張引數十騎隨駕出許昌。曹操騎爪黃飛電馬，與天子並馬而行。轉過土坡，忽見荊棘中趕出一隻大鹿。帝連射三箭不中，顧謂操曰：「卿射之。」操就討天子寶雕弓、金鈚箭，扣滿一射，正中鹿背。群臣將校，見了金鈚箭，只道天子射中，都踴躍向帝呼萬歲。曹操縱馬直出，遮於天子之前以迎受之。玄德背後雲長大怒，剔起臥蠶眉，睜開丹鳳眼，提刀拍馬便要斬曹操。玄德見了，慌忙搖手送目，向操稱賀曰：「丞相神射，世所罕及！」操笑曰：「此天子洪福耳。」乃回馬向天子稱賀，竟不獻還寶雕弓，親自懸帶。獻帝回宮，泣謂伏皇后曰：「曹操今日在圍場上，身迎呼賀，無禮已極，早晚必有異謀。吾夫婦不知死所也！」伏皇后曰：「滿朝公卿，俱食漢祿，竟無一人能救國難乎？」伏皇后之父伏完曰：「車騎將軍國舅董承可託也。陛下可製衣一領，取玉帶一條，密賜董承；卻於帶襯內縫一密詔以賜之。」帝然之，乃自作一密詔，咬破指尖，以血寫之，暗令伏皇后縫於玉帶紫錦襯內，令內史宣董承入。帝解袍帶賜承，密語曰：「卿歸可細視之，勿負朕意。」承歸家將袍仔細反覆看了，隨又取玉帶檢看，忽然燈花落於帶上，燒著背襯。承驚拭之，已燒破一處，微露素絹，隱見血跡。急取刀拆開視之，乃天子手書血字密詔也。詔曰：「近日操賊弄權，欺壓君父，恐天下將危。卿乃國之大臣，朕之至戚，當糾合忠義兩全之烈士，殄滅奸黨，復安社稷！破指灑血，書詔付卿，再四慎之，勿負朕意！建安四年春三月詔。」

3-KINGDOMS TIMES

西元二〇〇年

東漢・建安五年

車騎董承謀反事敗
抄家滅族　司空征討餘黨劉備

去年（一九九年）才剛升任車騎將軍（高級將領）的董承，因刺殺曹操的陰謀洩漏慘遭逮捕。同案牽連的還有王服、种輯等政府官員。據了解，董承自稱握有皇帝藏在衣帶中的密詔，奉旨密謀殺害司空（監察首長）曹操，以發動政變奪取政權。在偵訊後，中央政府迅速宣布破案，表示所謂的衣帶詔乃子虛烏有之事，皇帝和司空之間的關係並未生變。至於犯案的董承、王服、种輯三人，則以叛國罪處以死刑，三族之內的關係人也一併誅殺。對於同案潛逃的共犯劉備，中央政府不但已發出通緝令，曹操還打算親率武裝部隊前往征討。

董承密謀叛變失敗，被依叛國罪逮捕處決

袁紹因子患病 錯失襲曹良機

由於曹操東征劉備，導致後防空虛，袁紹陣營的重要智囊田豐，便建議應立即出兵以襲其後路。但袁紹因為幼子正患重病，所以不願於此時發兵。久說不成的田豐，因感嘆錯失滅曹良機，氣得以手杖猛擊地板，許久不能平復。而從之前曹營流出的一份資料顯示，其實早在曹操決定出發攻打劉備時，內部就已對袁紹是否會出兵做過評估。雖然大部分將領都怕袁紹會從背後偷襲，但郭嘉獨排眾議，認為袁紹個性遲而多疑，就算出兵的話也不可能太快。當時曹操就認同郭嘉的看法，如今證明袁紹的反應果然正如所料。

劉備大敗逃逸 關羽被俘投降

屯兵小沛城的劉備，原本料定曹操此時正忙著對付袁紹，所以並沒有積極備戰。直到哨兵突然回報曹操大軍即將兵臨城下的消息，才匆忙的帶著一些隨扈出城察看。一出城，果然見到曹操戰旗飄揚，軍威浩大。驚惶不已的劉備無心應戰，便拋棄軍隊及城中一切，迅速逃亡。曹操果然很快的揮軍破城，擊潰了小沛城的守軍，並捉住了劉備的妻子及兒女。接著兵鋒一轉，攻陷下邳，俘擄了劉備重要的部將關羽。對於劉備多次棄妻兒於不顧而逃亡的行為，社會局表示已派社工人員深入了解，必要時可能要強制上親職輔導課程。不過目前並沒有劉備確實的下落，據目擊者表示，有看見一個耳朵很大，疑似劉備的人，往鄴城（河北境內）方向逃竄，極有可能打算前往投奔曹操的對手袁紹。

劉備重要部將關羽被曹操俘擄，在協議之後投降

田豐獻策竟入獄 袁紹執意急出兵

曹操大破劉備，回師屯駐於官渡（河南境內）之後，袁紹才開始召開軍事會議，討論攻擊許都（河南境內）的計畫。在會議上，田豐持反對的意見，認為攻擊的黃金時機已失，目前應據守山川，外結英雄，內修農戰，再派出游擊隊採騷擾戰，使敵人疲於奔命，如此不到三年，則曹操必敗。但袁紹完全不理會田豐的意見，執意要傾軍壓制曹操，一決勝負。過程中，田豐一再勸阻，言辭往返間終於激怒袁紹而被械繫入獄。在田豐被押出議場之後，不再有人持反對意見，袁紹於是傳令各軍備戰，定於二月時出兵攻曹。

GUTZ !! 程昱膽識過人 七百壯士守鄄城

袁紹大軍南下，已到黃河北岸的黎陽（河南境內），曹操打算增加南岸各據點的防守兵力。評估之後，認為程昱守衛的鄄城（山東境內）僅有七百名士兵，應再增加二千名士兵以增強防衛力量。但程昱卻別有見解，認為：「袁紹見鄄城兵少，必定不把此城當一回事。但如果增兵於此，袁紹反而會當作目標而發兵攻擊，到時一定會被攻陷而造成更大的損失。」袁紹果然派出大將顏良，渡河攻擊白馬城（河南境內），而捨棄了兵力薄弱、沒有威脅性的鄄城。

程昱無懼袁紹大軍，僅以七百名人守城

關羽於萬軍之中取下顏良首級,立下大功

一戰成名　關羽萬軍之中斬顏良

四月時,曹操從官渡北上馳援白馬城,並依照軍師荀攸的計策,先在延津(皆河南境內)擺出要渡河北上的姿態。袁紹見此態勢,判斷曹操必定是要截擊其後,於是便立刻調動兵力往西準備迎戰曹軍主力。但其實曹操早已率領輕騎兵部隊,連夜趕往白馬,並以張遼、關羽為前鋒,對顏良展開奇襲。顏良見兩將來到,大驚之餘,匆忙回軍迎戰。關羽遠遠見到顏良旗號車駕,二話不說,便策馬直入敵陣之中,於萬軍之中一刀砍死顏良。然後神色從容的下馬,取出佩劍將其首級給割了下來。顏良軍團的兵士見此劇變,竟驚嚇得不知如何反應,任由關羽如入無人之境般將顏良首級帶走。而顏良軍失了主帥之後,也瞬間瓦解崩潰,白馬之危即下解除,隨後曹操下令全城居民往西遷徙。此役立下首功的關羽也一戰成名,不但獲得曹操極大的讚賞,也在高手如雲的曹營中占有一席之地。

諫阻大軍渡河 沮授被奪兵權
冀州軍團強渡延津

袁紹在聽聞白馬一役敗兵折將的消息後，心情十分不快，便下令全軍渡河，準備給曹操來個迎頭痛擊。不過，之前就認為顏良難當大任的沮授，又在此時表示反對意見。認為應先將大軍留屯延津（河南境內），只分一部分兵力前往官渡做試探性的攻擊，以免情勢有變而全無退路。但袁紹仍一貫的堅持己見，不肯接受沮授的看法。沮授三番兩次提出的建議都遭到打槍，在失望之餘，便稱病向袁紹請辭。袁紹雖然沒有批准沮授的辭呈，但已對他懷恨在心，於是便剝奪其軍權，將所轄部隊全都劃歸郭圖統領。

輜重誘敵 曹操奇計破文醜

將部隊屯駐南阪（河南境內） 的曹操，派哨兵在築起的高台上，嚴密監視著袁紹大軍的渡河行動。不久，哨兵先是回報：「已有五、六百名騎兵出現。」過一會又報：「騎兵持續增加中，但步兵數量極多，無法計算。」根據隨軍記者的觀察，在這麼緊張的狀況下，曹操居然還神色輕鬆的下令不用再報，並要所有騎兵解鞍下馬，讓馬匹就地吃草休息。這時雖然有些曹營的部將開始坐立難安，但曹操仍舊坐在青草地上，悠悠哉哉的與幕僚人員談笑著。忽然之間，有將領想起來，之前從白馬撤回的輜重車隊，現在正好就在袁軍前鋒部隊的路徑之中，極有可能會遭到敵軍襲擊，請曹操立即下令讓車隊退回白馬城中躲避。但軍師荀攸鎮定的說：「這是用來誘敵的餌，怎麼能退呢？」曹操也沒有做任何表示，只是看了看荀攸，然後發出會心的一笑。不久之後，哨兵便又回報說，發現袁軍的騎兵統帥文醜，與劉備先後率領了五、六千名的騎兵出現在戰場上。曹營的將領們聽到此一訊息之後，都感到十分的緊張，一再的請求上馬備戰，但曹操仍然不為所動的表示：「有什麼好緊張的，來來來，都坐著坐著，再休息一下吧，還不到時候。」另一方面，袁軍的騎兵部隊持續集結，文醜見從白馬來的輜重車隊沒有重兵防守，又遠遠見曹軍的騎兵都尚未整裝備馬。所以一時興起了貪念，便決定分軍先行搶奪車隊的物資。當曹操看到文醜的部隊開始襲擊輜重車隊時，便下令以最快的速度備鞍上馬。然後親自帶領著為數不到六百名的精銳騎兵，向文醜的騎兵軍團發動突擊。文醜發現曹操襲來，便下令全體就戰鬥位置迎戰。不過這時袁軍的兵士們正忙著搶奪珍貴的物資，根本無法指揮，而文醜也就因此喪命於亂軍之中。開頭兩次戰役，袁紹便折損了顏良、文醜兩大名將，對整個集團的士氣造成極大的打擊，目前全軍都處於低迷的氣氛之中。

關羽叛逃!?

曹操陣營驚傳大將關羽叛逃事件？經記者查證後，發現關羽果然離開曹營，投奔舊主劉備，只不過並非陣前叛逃，而是獲得曹操的默許放行。關羽在斬殺顏良，立了大功之後，曹操給關羽極大的賞賜。但關羽後來知道舊主劉備的下落後，便決定回去追隨劉備。於是把曹操送給他的所有賞賜，全部封存歸還，只留下拜別信函便動身前往敵營投奔劉備。消息傳出後，曹營的部將都十分憤怒，認為應當前去攔截狙殺。但曹操卻出乎眾人意料的表示：「人各有志，就讓他追隨自己的主人吧，不用追了。」於是關羽得以安然離開曹營。

關羽將曹操所贈與的賞賜全數封還，返回劉備身邊

羅貫中專欄

關雲長過五關斬六將

關公領二夫人前至東嶺關，把關將孔秀，引五百軍兵在嶺上把守。曰：「汝要過去，留下老小為質。」關公大怒，縱馬提刀，直取孔秀。秀挺鎗來迎。兩馬相交，只一合，鋼刀起處，孔秀屍橫馬下，眾軍俱拜於馬前。關公即請二夫人車仗出關，望洛陽進發。洛陽太守韓福，引一千人馬，令孟坦出馬，輪雙刀來取關公。關公約退車仗，拍馬來迎。孟坦戰不三合，撥回馬便走。關公趕來。孟坦只指望引誘關公，不想關公馬快，早已趕上，只一刀砍為兩段。關公勒馬回來，韓福閃在門首，盡力放了一箭，正射中關公左臂。公用口拔出箭，血流不住，飛馬徑奔韓福，衝散眾軍。韓福急閃不及，關公手起刀落，帶頭連肩，斬於馬下，殺散眾軍，保護車仗。關公割帛束住箭傷，連夜投沂水關來。把關將卞喜，聞知關公將到，就關前鎮國寺中，埋伏下刀斧手二百餘人，誘關公至寺，欲圖相害。鎮國寺內有一僧普淨，以手舉所佩戒刀，以目視關公。公會意，命左右持刀緊隨。卞喜請關公於法堂筵席，關公曰：「卞君請關某，是好意？還是歹意？」卞喜知事洩，大叫：「左右下手！」左右方欲動手，皆被關公拔劍砍之。卞喜遶廊而走，暗取飛鎚擲打關公，關公用刀隔開鎚，一刀劈卞喜為兩段。隨後護送車仗，望滎陽進發。滎陽太守王植，卻與韓福是兩親家。聞得關公殺了韓福，便欲暗害關公，乃出關喜笑相迎，請入館驛中。王植密喚胡班曰：「汝今晚點一千軍圍住館驛，一人一個火把，待三更時分，一齊放火；不問是誰，盡皆燒死！吾亦自引軍接應。」胡班遂密告關公。關公催車仗急急出城，行不到數里，背後火把照耀，人馬趕來。當先王植大叫：「關某休走！」關公勒馬，大罵：「匹夫！我與你無讎，如何令人放火燒我？」攔腰一刀，砍為兩段。到黃河渡口，秦琪引軍出問：「來者何人？今欲何往？」關公曰：「漢壽亭侯關某也，欲投河北去尋兄長劉玄德。」琪曰：「吾奉令把守關隘，你便插翅，也飛不過去！」秦琪縱馬提刀，直取關公。二馬相交，只一合，關公刀起，秦琪頭落。關公曰：「當吾者已死，餘人不必驚走。速備船隻，送我渡河。」軍士急撐舟傍岸。關公請二嫂上船渡河。渡過黃河，便是袁紹地方。關公所歷關隘五處，斬將六員。

霸王殞落！！
孫策打獵遇刺身亡
小弟孫權接管江東集團

本報江東分部傳回消息，素有小霸王之稱的孫策，在狩獵途中不幸遇襲，已於四月四日不治身亡。據了解，行凶的殺手共有三人，應是之前被孫策所殺的吳郡太守許貢之家奴。由於孫策的隨扈騎兵在打獵時，跟不上其座騎的速度，使得防護出現漏洞，讓刺客有機會以暗箭射中孫策臉頰。孫策中箭後，護衛的騎兵隊隨即趕至，將三名刺客當場格殺。被襲的孫策因傷勢嚴重，在緊急救治後仍無法脫離險境，便在加護病房中召集張昭等重要官員，將江東集團的印綬交付給其弟孫權。孫策一方面請求部眾能夠繼續支持孫權，另一方面告訴孫權：「兩軍決戰、爭衡天下，你不如我；但舉賢任能、以保江東，我不如你。」於是年僅二十六歲，原本被看好為明日之星的江東小霸王孫策，就這樣意外的結束一生。劇變發生後，鎮守巴丘（江西境內）的周瑜立刻率軍回來參加喪禮，並留在吳郡（江蘇境內），與張昭一同主持政務，鞏固孫權在江東的領導地位。

奉命前往汝南　劉備擺脫袁紹

之前不斷騷擾首都南方的汝水、潁水一帶，對中央政府造成極大困擾的劉備，終於被曹仁的騎兵隊擊敗。劉備退回袁紹在延津（河南境內）的本營後，不久便奉袁紹的命令，率領直屬部隊前往汝南（河南境內）。曹操得知後，曾試圖派部將蔡陽前往截擊，但已被劉備所斬殺。據跑政治軍事新聞多年的資深記者分析，劉備此次以鞏固與劉表之關係為由，說服袁紹讓自己前往汝南，其動機並不單純。可能是想藉此脫離袁紹集團的控制，重新建立自己的勢力範圍。

沮授建議長期耗戰 袁紹不聽意欲強攻

袁紹大軍開抵陽武（河南境內），距離曹操屯兵的官渡十分接近。在軍事會議上，沮授認為曹操軍團的戰鬥力雖然較強，但糧草的貯備量卻不如袁紹軍團。應該盡量拖延時間，打持久戰消耗對手的的存糧及力量。但對自己的作戰力很有自信的袁紹，並不同意這樣的看法，仍然決議對曹操發動猛攻。

本報記者獨家取得袁紹親手繪製的作戰圖影本

一觸即發

箭雨地道 袁紹發動猛攻 實力懸殊 曹操吃盡苦頭

今年（二〇〇年）八月時，袁紹下令全軍拔營，再向南繼續推進，並緊依著沙丘構築東西橫亙數十里的軍營大寨，在官渡（河南境內）一帶與曹操的軍團展開對峙。到了九月時，在各界的期待之下，雙方終於爆發了激烈的攻防戰。第一波的攻擊由曹操方面先發動，但由於袁軍實力堅強，所以曹軍未能占到丁點的便宜，只好退回營寨中堅守不出。接著，袁紹陣營在極短的時間內，於陣前堆起了土丘，又在土丘上搭建起數層樓高的塔樓，然後以遮天蔽日般的箭雨，向曹營發動第二回合的攻擊。由於袁軍具有居高臨下的優勢，使得曹操全營都暴露在敵人的射程之內，所有官兵都必須手拿盾牌掩護才能行動，因此苦不堪言。後來，曹操陣營的研發團隊，終於推出了可以發射巨石的「霹靂車」，才總算把袁軍的箭塔高樓全都摧毀。接著袁紹又使出當時擊潰公孫瓚時用的方法，下令祕密挖掘地道，企圖由地底對曹營發動突擊。但此計又被曹操所識破，便在營內事先挖掘不少橫溝，破解了第三波的攻擊。但是連番對戰下來，兵力糧秣皆處於劣勢的曹軍，逐漸顯出疲態。不但士兵們體力開始透支，連人民也不堪重稅，紛紛投向袁紹陣營，曹操軍團目前正陷入前所未有的危機之中。

【軍事科技】

霹靂車

由曹操陣營所研發的最新科技「霹靂車」，是一種利用槓桿原理的投石機。藉由人力的操作，可將數十公斤重的石塊，很準確的擲向數十公尺遠的目標。十分具有殺傷力，可用來摧毀敵人的高塔、箭樓等攻城設施。

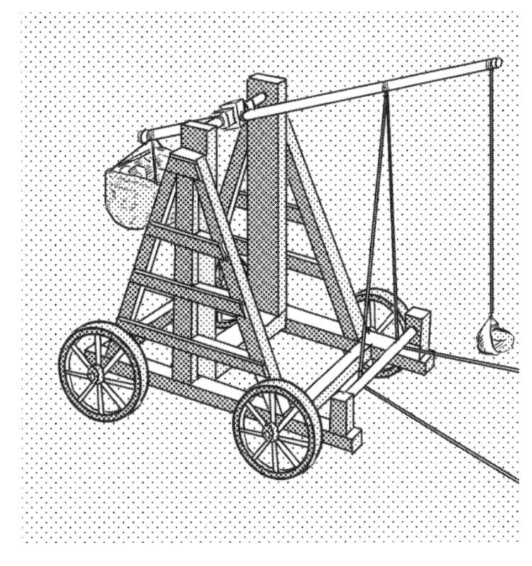

徐晃燒毀袁軍輜重

據首都方面傳來的消息，曹操因前線戰況吃緊，一度萌生棄守官渡、回防許都的想法。留守京師的荀彧一獲知這訊息後，便立刻回信給曹操，表示曹軍目前以弱敵強，若無法制敵，一定會被敵人宰制，應當堅持下去，等待適當的時機必可出奇致勝。曹操隨後接納了荀彧的建議，下令加強防禦工事，繼續與袁紹僵持下去。不久之後，曹營截獲情資，知道袁軍有幾千輛的運糧車隊即將抵達官渡。軍師荀攸認為押糧官韓猛雖然武勇，但過於輕敵，可以派部將徐晃前去攻擊。於是徐晃等得令出兵襲擊，果然大破韓猛的護糧部隊，把袁軍所有的糧草車隊都放火焚燒一空。袁紹陣營這次雖然損失慘重，但糧食供給並未出現太大的危機，後勤單位表示將迅速補撥更充沛的物資到前線。看來徐晃這次的燒糧行動，並未如預期般給袁軍致命的一擊，雙方的對峙可能還要繼續下去，而目前的情勢仍是對曹軍大大不利。

時勢所逼　許攸改投曹操

袁曹兩軍對峙的情勢出現重大轉變，由於袁紹的重要參謀許攸日前已經叛投曹操，關於軍事布置、後勤糧草等機密情報極有可能外洩，對袁軍將造成無可彌補的傷害，而袁紹陣營的發言人對此並不願表示任何意見。據記者私下探訪發現，許攸之所以叛逃，極有可能是因為家中有人在鄴城（河北境內）觸犯了法條，而被留守的官員審配逮捕下獄。袁紹陣營的內部原本就存在著不和的問題，許攸擔心自己會因此案受到牽連，便連夜投奔曹操陣營。而曹操一聽到許攸到來的消息，則是興奮的連鞋子都沒穿就跑出去迎接。軍事觀察家一致認為，許攸的叛逃，可能會為這場戰爭投下一顆震撼彈。

曹操親騎夜襲 火燒烏巢

本報駐前線記者傳回最新消息，袁紹大軍的屯糧重地烏巢（河南境內）驚傳被襲，目前正陷入一片火海之中。據聞偷襲的部隊大約有五千名左右，可能由曹操親自率領，並偽裝成袁紹陣營的部隊，沿途成功的騙過巡邏哨兵及檢查站，在夜色中直抵烏巢，與負責護糧的一萬多名淳于瓊部隊發生激戰。此次的行動，應該是由剛投奔曹營的謀士許攸，提供重要情報及負責策畫。袁紹方面獲得消息後，正緊急召開應變會議，但是否能立即做出正確反應，將傷害降到最低，正考驗著袁紹的領導智慧。

曹操高明的偽裝騙過袁紹沿途的守軍，直抵烏巢

袁紹囤糧重地烏巢，目前已陷入一片火海

袁紹反擊曹營 無法攻克

對於烏巢（河南境內）被襲一事，袁紹在開會之後，決定派遣部將高覽、張郃率軍直接攻擊曹操的大本營，要讓曹操無家可歸並自解烏巢之危。雖然張郃認為淳于瓊的部隊一定會被曹操攻破，若不先派兵救援的話，必定會造成無法挽回的傷害。但最後袁紹仍是批准了郭圖先攻曹操大營的作戰計畫，只派出一隊輕騎兵前往援救淳于瓊。而曹營方面對於袁軍的攻擊，早就有了萬全的防護準備，高覽、張郃的部隊在幾番強攻之後，毫無所獲，至今仍無法攻克。

心理戰
敗軍割鼻逐回 袁軍心驚膽顫

曹操殘忍的將所有戰俘的鼻子都割掉再放回去

由曹操所親自帶領的突擊隊，在和淳于瓊的烏巢守軍激戰時，遭到袁軍本營派來的援軍夾擊。腹背受敵的曹操，率領兵士浴血奮戰，以寡擊眾，竟然在劣勢中大破袁軍。不但斬殺了守將淳于瓊，燒盡了袁軍在烏巢所有的屯糧，更俘擄了一千多名戰犯。不過這次曹操決定採用殘酷血腥的心理戰，將戰俘的鼻子以及牛馬的脣舌割下，逐回袁紹大營。袁紹陣營的官兵，果然受到驚嚇，陷入前所未有的恐慌之中。心理學家表示，目睹慘狀的士兵，可能會出現作戰受創症候群，應盡快的給予心理輔導及治療。不過目前軍隊中，並無心理諮商師的編制，看來袁紹陣營似乎只能任由此問題繼續醱酵。而國際人道組織對於曹操凌虐戰犯的行為，已表示強烈的譴責。

受人誣陷 張郃高覽無奈叛變

依前線傳回的最新消息顯示，奉命對曹操大營發起攻擊的袁軍大將張郃及高覽，已經於陣前倒戈，並將所有攻城器具盡皆燒毀，然後向留守大營的曹洪投降。從隨後張郃所發表的聲明稿中可以看出，兩人之所以會叛變，是因為情報顯示，袁紹身邊的重臣郭圖，想要推卸謀略錯誤的責任，竟向袁紹誣陷二人有謀反之心。而袁紹竟然也信以為真，準備下令將張郃及高覽逮捕監禁。兩人為求自保，只能無奈的選擇投向曹營，以尋求庇護。分析家表示，高覽、張郃兩位大將的叛變，可說給了袁紹軍團致命的打擊。目前袁紹軍中可說是耳語四起，士氣極度低迷，人心惶惶而不知所措，部隊隨時有瓦解的危險。

曹操官渡獲全勝 袁紹敗逃渡黃河

袁紹軍團最近連續遭逢重大挫敗，又未能適時的安撫人心，在種種因素交互發酵之後，終於造成了整個軍團的崩潰。一時之間，兵馬四散，人畜驚走，情況完全失去控制。曹操見袁軍潰散，便發動大軍全力直取袁紹本營。袁紹在軍隊已經土崩瓦解的情況之下，只能與其子袁譚，在倉皇中以布巾包著頭，在八百名隨扈騎兵的護衛下渡河逃走。曹操引兵追殺不及，只好暫時任其渡河而去，並回頭繼續掃蕩主戰場。那些來不及逃走的袁軍殘部則是全部投降，曹軍便順勢接收了袁軍所留下的龐大物資、圖書檔案及金銀珍寶。但是，對於那些投降的士卒，曹操則是下令將其全數坑殺，被殺害者總計竟然多達七萬餘人。官渡之戰在此宣告結束，曹操以寡擊眾，獲得空前的勝利。

羽量級的曹操於官渡之役中，徹底擊敗重量級實力的袁紹

既往不咎 曹操下令焚毀官員通敵信件

曹操在袁紹本營繳獲的機密檔案中，發現有許多中央政府官員以及軍中將領，私底下和袁紹來往的書信。於是曹操便公開發表聲明：「面對軍隊實力如此強大之袁紹，連我都幾乎不能自保了，何況是別人呢。」並隨即下令，將所有書信檔案即刻焚毀，不再追究此事。分析家認為，由於這批檔案牽涉極廣，又涉及叛國重罪，若嚴查究辦的話，涉案者為求自保，可能會掀起一連串的反叛潮，而使情況難以收拾。曹操焚毀物證的舉動，對於安輔戰後人心，極具正面的效果及意義。

智囊之死 沮授田豐雙赴陰曹

遭受慘敗的袁紹渡河之後，開始收聚殘餘兵士，準備捲土重來。但旗下的重要幹部沮授，卻在亂軍之中被曹軍所俘。與沮授原是舊識的曹操，一聽到沮授被綁，便馬上親自為其解開綑縛，並希望他可以歸降。但沮授卻以親族都在袁紹手中，投降將危害族人為由堅持不降。曹操嘆息說：「我若早一點得到你的幫助，就不用憂心天下事了。」特別下令赦免沮授，並給予優厚的禮遇，希望沮授能回心轉意。只是不久後，沮授一逮到機會，便又想趁機脫逃。再度被捕後，曹操只好忍痛下令將其處決。另一方面，在袁軍出發前就被囚禁在獄中的田豐，則是被袁紹親自下令，斬殺於鄴城（河北境內）大牢之內。據聞，袁紹兵敗後，曾有人在牢中告訴田豐，說：「這戰況果然如你所料的一般，被曹操給打敗了。袁紹在驗證了你的先知灼見之後，相信今後你必定會得到重用。」但田豐卻無奈的回答說：「袁紹外貌寬和但內心卻充滿猜忌，如果贏了這仗，我或許還有救，今日戰敗必定惱羞成怒，我命必休矣。」果然袁紹在逢紀等人的煽弄下，深覺必被田豐所恥笑，便下令將其處死。政治評論家們一致認為，袁紹雖然重新集結部隊，企圖東山再起，但官渡一役對其殺傷力實在太大，應該已確定提早出局。而北方由曹操獨霸的態勢已然成形，未來極有可能統一全國，稱雄天下。

相見恨晚
孫權魯肅促膝長談

之前舉家遷居曲阿（江蘇境內）的魯肅，在周瑜的引薦下，終於獲得與江東集團負責人孫權面談的機會。結果孫權一與魯肅見面便相談甚歡，在宴席散去後，還特地將魯肅留下。然後兩人合榻對飲，暢談天下大事，直到三更半夜都還意猶未盡。政治評論家預測，魯肅必定是繼周瑜之後，將在孫權集團中扮演重要角色的另一人。

沃野千里 精兵十萬 劉表自命不凡

荊州牧劉表趁著之前曹袁兩軍在官渡相持時，加強對長沙、零陵、桂陽等郡（均在湖南境內）的攻勢，終於成功的擴大地盤，成為一個擁有沃野千里、帶甲精兵十萬的大軍閥。在自我感覺良好的心態驅使下，劉表近來不再對中央政府進行朝貢，甚至開始像天子般祭祀天地，連服裝、居所的規格，都自動升成和皇帝相同的等級。

第三部

赤壁鏖兵　孫權東踞

（西元二〇一年～二〇八年）

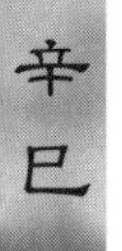

東漢・建安六年

政府軍終止南進計畫

在官渡一戰獲得決定性勝利之後，政府軍為了應付龐大的軍糧支出，在司空（監察首長）曹操的命令下，將大軍移駐到今年糧產豐收的安民（山東境內）。據本報記者採訪到的獨家消息顯示，曹操在本部參謀會議上提出了所謂的「南進計畫」，認為應趁袁紹新敗之際，對荊州劉表發動攻擊。但在會議上，荀彧則持相反意見，認為正因袁紹剛被擊敗，所以應在其人心尚未收攏、軍隊不及整編之時，給予致命一擊。否則給了袁紹喘息的機會，他極有可能趁大軍南進遠征、後防空虛的時候重新收拾殘部，發動奇襲。曹操在聽過荀彧的分析之後，決定暫時終止自己所提出的南進計畫，全力掃蕩北方勢力，不讓袁紹有任何苟延殘喘的機會。

曹操絲毫不讓袁紹有任何喘息的機會

欲振乏力 袁紹再度敗北

今年（二〇一年）四月，前線傳回最新戰報，由曹操所率領的政府軍，沿黃河一路挺進，再度擊敗了駐守在倉亭（山東境內）的袁紹部隊。這次的軍事行動，無疑讓日益窘迫的袁紹，在形勢上更為雪上加霜。

劉備投奔劉表 駐軍新野

今年（二〇一年）九月，曹操返抵首都許縣（河南境內）後不久，便又親自率軍攻擊在汝南（河南境內）一帶活動的劉備。在政府軍強大的壓力下，兵力有限的劉備只能轉往荊州投靠劉表，而原本和劉備一起行動的龔都所率領的民兵部隊，則已被政府軍所擊潰。劉備到了荊州之後，不但得到極度的禮遇，還獲得了兵員上的補充，目前已被劉表安排駐屯在新野（河南境內）。

益州內亂 刺史劉璋拒絕解任

由劉璋掌控的益州（四川、雲南境內）日前傳出動亂，中郎將（部隊指揮官）趙韙（音委）率領數萬名的民兵部隊，突然包圍州政府的所在地成都（四川境內），並發動猛烈攻擊。根據深入了解，在現任益州牧劉璋的父親劉焉掌政時期，收編了一批由外地逃亡到益州的難民，稱為「東州兵團」。但是由於劉璋的性情過於寬柔而沒有威信，無法有效的管理這支部隊，以致於不時發生當地百姓遭到東州兵團燒殺搶奪、姦淫擄掠的暴行。趙韙屢次請求州政府重視並處理此一問題，但劉璋卻始終再三推托、相應不理。最後民怨有如滾雪球一般，到了不可收拾的地步，趙韙便收聚當地民眾，並與荊州劉表相結盟，正式與州政府宣戰，出兵包圍東州兵團。但遭逢絕境的東州兵團，反而拚死力敵，擊敗了趙韙部隊，並將其斬殺。中央政府得知益州內亂的消息之後，便另行任命五官中郎將（部隊指揮官）牛亶為益州刺史，並下令徵召劉璋回中央為卿（部長級官員），但此一任命已被劉璋正式拒絕。

益州刺史劉璋考績不佳，被中央下令解除職務

張天師嫡孫布道
張魯進據漢中

五斗米道創始人張陵的嫡孫張魯，挾著父親張衡所傳下的劍符及廣大信眾，在併吞了同僚張脩的部眾之後，聲勢日漸壯大。由於益州牧（益州全權州長）劉璋後來，又藉故把張魯的母親與弟弟給下令處死，使得張魯終於下定決心，正式宣布與益州政府脫離關係，並占領漢中（陝西境內）與劉璋對抗。劉璋雖然立即派兵加以討伐，但幾次對陣之下卻遲遲不能取勝，導致張魯趁機穩據漢中，然後又出兵奪取巴郡（四川境內）。中央政府在經過評估之後認為目前暫時沒有能力處理，於是只好決定加以安撫，順勢將張魯任命為鎮民中郎將（部隊指揮官）、兼漢寧（陝西境內）太守（郡長）。

【專題報導】

五斗米道

「五斗米道」為張陵（亦稱為張道陵）於漢順帝時，在鶴鳴山所創建。張陵自稱太上老君「授以三天正法，命為天師，為三天法師正一真人」，並造二十四篇道書。凡入道者須出五斗米，故稱「五斗米道」，世人亦稱為「米賊」。道中以鬼神教化，凡有病痛者，皆應坦承己過，並飲符水治病。初入道者稱為「鬼卒」，其上為「祭酒」，再上為「大祭酒」。被稱為張天師的張陵在一百二十三歲高齡辭世後，將教義及信眾傳予其子張衡，張衡死後，又傳子張魯。張魯脫離劉璋自行占據漢中後，建立了政教合一的政權。對於犯錯的人，會給予三次原諒的機會，若有再犯者才施以刑罰。在他勢力範圍中不論是漢人或蠻族，都因制度簡單容易了解及遵守，而樂於奉行。

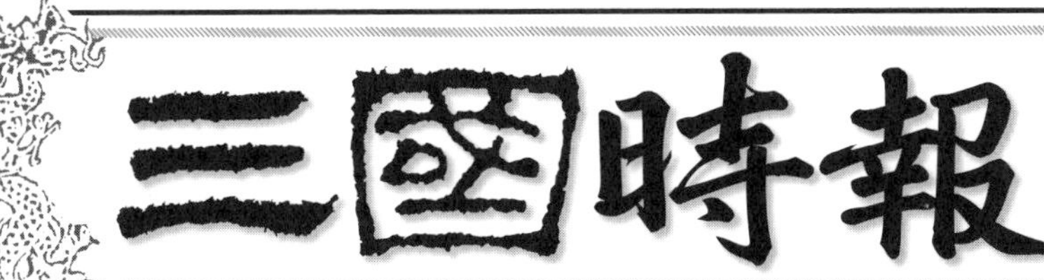

3-KINGDOMS TIMES

西元二〇二年

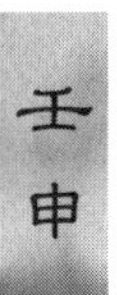

東漢・建安七年

袁紹悲憤辭世
二代恐爆繼承風波

大將軍（軍事最高統帥）兼冀州牧袁紹，自從官渡兵敗之後，一直陷於極度憂鬱及悲憤之中，而嚴重影響生理健康，終於吐血不止，於今年（二〇二年）五月辭世。袁紹出身名門，自高祖父以下，四代皆任三公（司徒、司空、太尉，政府最高級官員）。在大將軍何進掌權時期，袁紹曾獻策建議密召董卓入京，造成了日後董卓獨霸朝政的亂象。在何進被宦官所殺後，也是由袁紹率領軍隊強行進入皇宮，對宦官展開血腥屠殺。西元一九〇年，被推舉為反董卓聯盟的領袖，但在各軍團相互觀望、互相猜忌的狀況下，後來聯盟自行瓦解。在一連串的爭戰中，袁紹擊敗公孫瓚，控制範圍遍及冀、幽、并、青四州，成為北方最具實力的軍閥。不過在與曹操爭霸的過程中，由於一開始就錯失了迎奉天子的先機，又在決策的過程中喪失理智的判斷，接連的否絕了可以致勝的關鍵性建議。以致於在官渡一役中遭受挫敗，從此一蹶不振，步向敗亡之路。袁紹有三子，袁譚、袁熙、袁尚，但由於寵愛繼妻的緣故，所以也特別寵愛幼子袁尚。根據熟悉袁氏內部事務的人士表示，袁紹之所以將長子過繼給其兄長並外派為青州刺史，次子袁熙也被外派為幽州刺史，就是為了準備讓袁尚得以順利接班所做的準備。不過由於袁紹生前並未正式宣布繼任者人選，預料袁氏二代將爆發嚴重的繼位之爭。

長子袁譚奔喪不及 幼子袁尚繼袁紹位

袁紹長子袁譚奔喪不及，被幼子袁尚搶得先機，繼承大位

袁紹集團日前發出了正式聲明，確定第二代由幼子袁尚出線，繼承該集團的所有事業及權利。這份依據袁紹遺命所傳達的聲明，在集團內部已引起軒然大波，讓原本擁護長子袁譚的人感到錯愕不已。甚至有傳言指出所謂的袁紹遺命根本是假造的，因為負責發布的幕僚審配，原本就被長子袁譚所厭惡，又和擁長子派的辛評、郭圖等幕僚極度不和。審配為免袁譚掌權之後，自己受到迫害，於是便假傳遺命由幼子繼承。但袁尚方面則極力駁斥此一說法，認為散布這些言論是極端不負責且惡毒的行為，並強調繼承的合法性。而派駐在外的長子袁譚，雖在聞訊後立即趕回奔喪，但已失去先機，只能眼睜睜的看著老弟袁尚坐上集團大位。不過政治評論家一致認為，袁氏集團的內部繼承權爭奪戰，不僅尚未落幕，相反的，才剛開始要邁向白熱化的階段。

曹操再度擊敗袁氏二代

袁譚在奪位之爭失利後，便自稱車騎將軍（高級將領），暫時屯兵黎陽（河南境內），並向袁尚要求增加部隊以對抗曹操。但袁尚只願意增補一小部分的兵源，並派參謀逢紀隨軍前往監控。隨後袁譚再度要求增派更多的兵力，但在審配等人商議後已被正式拒絕。袁譚收到消息後立即斬殺逢紀，並表達強烈的不滿。九月時，由於曹操率軍渡河展開攻擊，兵力不足的袁譚只能向袁尚緊急求援。袁尚在評估情勢之後，命令審配留守，親自領兵前往救援。不過聯手出擊的袁氏二代，戰鬥力依然不敵曹操，在接連遭受敗績之後，袁譚及袁尚已退回陣地固守，另圖他策。

袁軍會同匈奴 強攻河東

根據最新消息，由袁尚任命的河東太守（郡長）郭援，與袁紹的外甥并州刺史（州長）高幹，聯合了南匈奴的部隊，已強行攻克河東郡（山西境內）。沿途連下數城的這支袁氏外圍軍團，與青、幽、冀三州的袁氏二代主力兵團，再加上荊州的劉表，已對曹操陣營逐漸形成包圍的態勢。分析家指出，未來需要注意的是關中（陝西境內）一帶的動向，因為關中地區的馬騰等將領，原本就和曹營的淵源不深，一旦態度鬆動，極有可能使以曹操為首的政府軍陷入前所未有的困境。

南匈奴王國加入袁軍陣營，對曹操形成極大威脅

馬騰密結袁軍 曹軍腹背受敵

為了解除背後的威脅，曹操下令司隸校尉（京城警備司令）鍾繇，率軍圍攻南匈奴的王都平陽（山西境內）。但由於袁軍之前已和關中地區馬騰等將領密結同盟，所以在平陽尚未攻陷之前，馬騰的援軍便已開到，使鍾繇的部隊被包夾其中。照目前的發展看來，除非有意外的轉折，不然進退失據、腹背受敵的鍾繇，潰敗或投降應該是遲早的事。而如此一來，也將對曹操在北方戰線的布局造成重大的影響與打擊。

陣前倒戈!!馬騰棄袁投曹

根據平陽(山西境內)傳回的戰地報導,原本陷入困境、被四面包圍的鍾繇,竟然只靠著派出密使前往馬騰陣營游說,就讓馬騰的部隊陣前倒戈,轉而支持曹軍。馬騰在使者的勸說之下,立即派兒子馬超率領著一萬餘人的部隊,加入鍾繇陣營,以共同對抗袁系的郭援部隊。重獲新生的曹軍,不但趁郭援部隊渡河時將之擊潰,並取下郭援本人的首級以外,也展現了驚人的戰鬥力,讓南匈奴俯首投降。馬騰、馬超父子倆的實際行動,已經完全粉碎了袁氏集團包圍曹操的全盤計畫,將苟延殘喘的袁氏第二代,更進一步推向敗亡的邊緣。

劉備燒營遁走 夏侯中計大敗

劉備奉荊州牧(擁有行政、軍事、財政完整統轄權之州長)劉表之命,率兵北侵葉縣(河南境內),以和袁軍南北呼應。曹操方面則派遣夏侯惇、于禁等將領南下截擊。兩軍才一接觸,劉備便放火焚燒自己的營寨,然後撤兵退去。夏侯惇見狀便下令全軍追擊,雖然曹軍另一將領李典持反對意見,認為劉備無故燒營撤退,且前方路狹草深,必有埋伏,不應追趕。但是夏侯惇並未接受建議,仍命李典留守,而親自領軍追擊劉備,後來果然遭到劉備的伏擊而大敗。幸而留守的李典即時率兵來救,劉備才領兵退去。

劉備下令焚燒自己的營寨,以誘騙敵軍追擊

曹操要求**送子為質** 孫權聽計**相應不理**

孫權收到司空（監察首長）曹操要求「任子」（原意是高官可推薦自己的兒子到首都任官，但在此戰亂之時，已演變成送出兒子當人質以表忠誠）的要求後，便召集核心幕僚共同商議對策，只是在會議之中，張昭等人猶豫不決，所以最後未能達成共識。於是孫權便邀周瑜，一同前往謁見母親吳太夫人以定議此事。周瑜認為一旦送出人質，便會受制於人，目前不如靜觀其變。吳太夫人對此也持相同的看法，並對孫權說：「公瑾（周瑜）的話十分有理，他與你的兄長孫策同年，只小一個月，我把他當作自己的兒子，你也應當如兄長般看待他。」於是孫權便決定聽從周瑜的意見，不送子為質。

孫權與周瑜一同拜見吳太夫人，終於決定不送子為質

東漢・建安八年

袁氏二代退守鄴城　郭嘉靜待自相殘殺

今年（二〇三年）二月，曹操於黎陽（河南境內）發動攻勢，與袁譚、袁尚的聯軍，在城下大戰。袁氏兄弟再度大敗，逃回大本營鄴城（河北境內）固守。到了四月，曹軍追至鄴城，時值小麥成熟，便將其田間的小麥盡皆收割據為己用。隨後曹操召開軍事會議討論後續行動，眾將領皆主張應乘勝攻城，唯獨重要智囊郭嘉提出相反意見。郭嘉認為兩袁之間因繼承問題早有嫌隙，若攻之太急，則只能合作以求自保。如果暫停攻勢，一段時間之後必定會爆發內鬥而自相殘殺。於是曹操決定採取郭嘉的策略，退兵返回首都許縣（河南境內），只留下一部分軍隊鎮守黎陽，暫時將目標轉向南邊的荊州，等到袁氏自爆內亂時，再回頭一舉殲滅。

袁譚、袁尚兄弟果然如郭嘉所料內鬥不已

兄弟鬩牆
袁譚袁尚武力相向

袁譚日前以鎧甲不夠精良為由，向袁尚提出增補兵員及更新裝備，以便趁曹軍南撤渡河之際發動攻擊的要求。但袁尚可能對袁譚仍有所顧忌，深怕其藉機壯大並對自己不利，所以冀州大本營已正式拒絕袁譚的要求，既不撥補兵員，也不允許更換鎧甲裝備。袁譚得到回覆後，以實際行動來表達他的震怒，立即出兵攻擊袁尚。目前雙方的部隊正在鄴城（河北境內）門外，進行激烈的交戰。

政府軍調動頻繁
目標為荊州劉表

政府軍自五月由鄴城（河北境內）撤回後，經過三個月的休養整備，最近又調動頻繁，大軍陸續於西平（河南境內）集結。軍事觀察家指出，根據這些跡象判斷，此次的行動目標應是荊州（湖南、湖北境內）的劉表，而且應該在短時間之內便會採取必要的軍事行動。

袁譚退無可退 竟向曹操求援

在鄴城（河北境內）城下的袁氏二代會戰，最終由袁尚獲得勝利，袁譚則率兵退回南皮（河北境內）。但極欲斬草除根的袁尚並不打算讓大哥袁譚有喘息的機會，隨即又親率大軍追擊。兩軍再度交鋒，袁譚仍以落敗收場，只好再逃到平原（山東境內）城內固守。袁尚同時也下令將平原緊密包圍，並發動猛烈的攻擊，企圖迫使袁譚屈服。已無退路的袁譚，在不得已的情形下，只好派人向宿敵曹操求援，希望盼得一線生機。而與袁氏集團關係良好的荊州牧劉表，也分別致信給袁譚及袁尚，希望能扮演和事佬的角色，讓彼此容忍合作以共禦曹操。但據了解，袁譚及袁尚雙方面都不願接受調停。如此一來，曹操是否願意出兵介入，則必將成為袁氏二代鬥爭中的決定性關鍵。

袁譚轉向宿敵曹操求援

江東新銳霸主孫權 西打黃祖南平山越

江東集團的新銳領袖孫權，日前發兵西進攻擊黃祖，大破其水軍，並展開圍城之戰。不過就在攻城的同時，南方卻傳來山越部落叛變的消息，於是孫權只好放棄攻城，迅速回軍以穩固後方。隨後孫權下令由呂範、程普、太史慈、黃蓋、韓當、周泰、呂蒙，以及賀齊等將領，分別率領所部軍馬，立即出兵討伐各地集結的亂民團體，迅速敉平了動亂。

大軍北進 曹操捨劉表救袁譚

在袁譚派出的使者，抵達政府軍駐紮在西平（河南境內）的大本營，並急切的表達請求援助之意後，曹操立即為此召開參謀會議。雖然與會者大多表示仍應照原定計畫，先一舉拿下劉表的地盤，但核心智囊荀攸卻力排眾議，認為應趁二袁內鬥紛亂之際，一口氣將袁氏勢力消滅，否則一但袁尚吞併了袁譚，力量便又重新集中，到時反而不易對付。曹操最後同意荀攸的觀點，決定暫時擱置對劉表陣營的軍事計畫，先行發兵拯救已陷生死邊緣的袁譚，大軍遂於十月時開抵黎陽（河南境內）。袁尚對曹軍有所顧忌，便立刻解除在平原（山東境內）對袁譚的圍困，退返大本營鄴城（河北境內）。曹操為了安撫袁譚，特別替兒子曹整下聘，迎娶袁譚的女兒，企圖以政治聯姻來穩固雙方的關係。一切就續之後，曹操隨即班師。

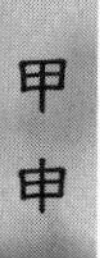

東漢・建安九年

未來輸糧利器 人造運河開工

由司空（監察首長）曹操規畫的重點水利工程，於元月正式開工，將淇水堵塞使其流入白溝，並開鑿人造運河，連通黃河。未來軍糧的輸運效率，將向前跨越一大步，更有利於政府軍的作戰補給。

曹操巡視重要的運河工程

螳螂捕蟬 黃雀在後 袁尚領兵擊兄 曹操大軍攻鄴

去年（二〇三年）才剛因曹操大軍抵黎陽（河南境內）而撤平原（山東境內）之圍回到鄴城（河北境內）的袁尚，今年（二〇四年）二月不知何故，竟無視曹軍的存在，令審配留守鄴城，再度領兵對據守平原的袁譚發動攻擊。曹操見袁尚大軍盡出、後防空虛，便立即下令將大軍推進到鄴城城下，堆土山掘地道，猛烈攻城。四月時，曹操留下曹洪繼續攻城，而自己則親率另一支部隊先後攻陷毛城、邯鄲兩地，切斷袁軍西方與北方的援軍及糧道，徹底孤立鄴城。

收攏人心 降將封侯

袁氏集團轄下的易陽、涉縣兩地（皆在河北境內），舉縣向政府軍獻城投降。曹操的部將徐晃建議應予以厚賞，以作為其他諸城的樣版，達到招攬人心的效果。曹操接受此項建言，授予二城縣令韓範、梁岐關內侯的爵位。之後，黑山賊首領張燕亦派出使者，表示順服並請求援助，曹操也隨即任命張燕為平北將軍。

掘壕灌水 鄴城斷糧

正在圍困鄴城（河北境內）的政府軍又有進一步的動作，司空（監察首長）曹操放棄原本擬定的攻城計畫，將已構築的土山剷平、地道填實，改以壕溝圍城。此次挖掘的壕溝雖然長達四十餘里，但所掘的深度太淺，甚至可以涉水而過。連留守鄴城的審配見到曹軍挖了這麼條不像樣的壕溝，都不禁放聲大笑，也懶得在曹軍挖溝時派兵破壞。不過，整個戰況卻突然發生戲劇性的變化，第二天天亮時，守城的士兵駭然驚覺，曹操已派人在一夜之間，將壕溝加大成寬、深各二丈的巨形水道，並引漳河的水流灌其中。這項行動，成功的阻絕了鄴城對外的所有往來，不久城中便因缺糧產生重大危機，有超過一半的民眾因之餓死。目前鄴城管理當局尚無法提出有效的因應對策。

Mission: Impossible I
不可能的任務 I ……

被曹軍圍困的鄴城（河北境內），日前傳出宛若電影情節般的精彩諜報戲碼。主角是袁尚陣營的主簿（主任祕書）李孚，他奉袁尚之命欲潛入鄴城通報大軍即將回救的消息。但因鄴城早已被曹軍圍得水洩不通，李孚便率領三名衛士，身著軍官服裝、馬鞍旁掛著自製的問事杖，在傍晚時分，大剌剌的騎著馬，假冒曹軍的都督（司令官），由北邊進入曹軍營區。李孚一路向東巡視，沿途不但高調的糾正及苛責圍城的軍士，更依犯規輕重分別加以處罰。到了南邊，又以失職為由怒斥負責包圍鄴城南門的軍士，並將之綑綁。接著便打開曹軍營門，策馬狂奔到鄴城城下，向守軍呼喊。守軍見狀，迅速垂下繩索，將李孚等人吊上城中。負責圍城的曹軍發現被騙後，立即向曹操回報此事，但據聞曹操也只笑著回答說：「這個人不但入城，待會兒還會再出城呢。」似乎也不以為意。果然到了夜晚，鄴城從南面三個門，同時逐出數千名老弱，手持白旗向曹軍投降。而李孚等人又換穿成和這些投降者相同的服裝，趁亂混在人群中，突圍離去。

袁尚歸師救鄴　曹操擬定對策

今年（二〇四年）七月，曹操陣營得到袁尚即將率領大軍一萬餘人回救鄴城（河北境內）的消息後，便召開軍事會議以商討對策。據可靠的消息來源指出，與會的大部分將領均認為，依據《孫子兵法》中「歸師勿遏」的說法，應該避開袁尚這支人人必拚死戰的「歸師」，不要與其硬碰才是上策。但在學術界《孫子兵法》的研究領域中，堪稱執牛耳地位的曹操，卻提出了更深入的觀點。他認為兩軍對戰，局勢瞬息多變，必須視實際的情況做出必要的調整。如果袁軍從大道而來，就表示其不顧一切，有必死的決心，那麼便該躲開。如果袁軍沿西山山道而來，表示其倚險自保，沒有誓死之心，便可以一舉成擒。最後曹軍陣營形成共識，將視袁尚部隊的未來動向，做出必要的反應。

內外夾擊失效
袁尚急奔中山國

袁尚軍隊沿西山回救，在離鄴城（河北境內）約十七里處紮營。到了夜間，袁尚軍舉火以為暗號，城中也舉火相互呼應。守城的審配遂率軍由北門出戰，企圖與援軍內外夾擊曹軍。但曹操立刻下令強力攻擊審配軍，審配無法抵擋曹軍激烈的攻擊，只好再退回城中固守。曹操兵鋒一轉，又馬上回擊袁尚部隊。袁尚大敗，撤退到漳河曲流之處紮營，曹軍隨即展開包圍。袁尚驚魂未定，不敢再戰，立即派出使者請降。但曹操不但拒絕，還發動更猛烈的攻勢，袁尚只好乘夜遁走，退據祁山（河南境內）。勢如破竹的曹軍，再度包圍逼迫，強大的壓力終於迫使袁營部將馬延等人陣前投降，整個袁氏軍團也在一瞬間土崩瓦解，而袁尚本人則在亂軍之中逃往中山（河北境內）。

曹操陣前巡視
險遭狙擊

曹軍在擊潰袁尚之後，收繳了敵營的所有輜重物資，當中除了數萬件的頭盔戰甲、刀劍槍戟、以及弓弩箭簇等軍械用品外，還得到了袁尚繼承而來的大將軍及祁鄉侯印信、斧鉞符節等物品。曹軍隨後將這些東西拿來向城中展示，此舉果然使枯守鄴城的軍士受到重大打擊，士氣逐漸潰散不振。但守城將領審配仍不放棄，繼續對守城士卒施以精神喊話，只是效果似乎並不如預期，城中各處防守開始出現鬆動的現象。另外，曾有目擊者指出，曹操在陣前巡視時，被審配所埋伏的弓箭手射中。但事後已證實是誤傳，該名狙擊手並未得手，曹操目前仍在大營中指揮若定。

三兄弟恩仇錄

袁譚強襲　袁尚敗投二哥袁熙

原本已經歸降曹操的袁譚，在曹操兵圍鄴城（河北境內）的時候，竟然又乘機背叛，出兵掠取甘陵（山東境內）、安平、勃海、河間（皆河北境內）等地。不僅如此，袁譚還對他的同胞兄弟窮追猛打，隨後又向袁尚退守的中山（河北境內）發動攻擊。袁尚無法抵擋，只好轉往故安（河北境內）投奔袁氏兄弟中排行第二的袁熙。

政府軍攻陷鄴城

鄴城的防守果然出現大漏洞，東門守將，也就是審配的姪子審榮，私自打開東門讓曹軍入城，而審配也在隨後發生的戰鬥中被生擒。曹操見到審配時，有意寬恕他，還笑著對他說：「前幾天我在陣前巡視時，你的弓箭可真多啊。」但審配對答：「我還恨太少呢。」由於審配一直不肯歸降，曹操最後也下令將其斬殺。

司空親奠大將軍　痛哭流涕

司空（監察首長）曹操在進入鄴城（河北境內）後，隨即親自前往已故大將軍（軍事最高統帥）袁紹的墓前祭奠。整個典禮莊嚴肅穆，曹操在墳前痛哭流涕，極盡哀悼之情。曹操表示，兩人雖然在戰場上針鋒相對，誓不兩立，但實為幼時舊識。還記得有一次，兩人一同起兵反董卓時，袁紹就問曹操：「若大事不成，那你有何處可以據守？」曹操回答說：「那你認為如何呢？」袁紹說：「我可以南據黃河之險，北依燕代之地，收併戎狄蠻族的兵力，南進爭奪天下。」曹操則說：「我只要招納天下的智囊及勇將，以正道來領導這些人才，無論在什麼地方都沒有關係。」奠祭儀式結束之後，曹操還特別前往安慰袁紹遺孀，並發還袁家的珍寶財物，致送布匹等物品，並承諾提供撫卹，由政府負責照顧餘生。

曹操親自到故友袁紹的墓前痛哭祭奠

曹操本營 鄴城落腳

今年（二〇四年）九月，由東漢帝國第十四任皇帝劉協下詔，任命曹操兼任冀州（河北境內）牧（擁有行政、軍事、財政完整統轄權之州長）。隨後曹操亦正式辭去兗州（山東境內）牧一職，正式將集團大本營搬遷到鄴城。

許攸恃功而驕 慘遭誅殺 高幹并州獻降 續任刺史

在官渡之戰中，在最關鍵時刻由袁紹陣營投奔曹營，促成烏巢燒糧，為曹操立下首功的謀士許攸，日前證實已被曹操下令誅殺。雖然詳細情形政府尚未出面說明，但已知應和許攸恃功而驕的傲慢態度有直接的關係。據傳許攸曾在公開場合，大聲呼喊說：「阿瞞（曹操的小名），今天如果不是我的話，你是得不到冀州的啊。」曹操聽到後雖然笑著回答：「是啊，你說的對極了。」但許攸的這句話，極有可能已為自己引來殺機。另外，袁紹的外甥并州（山西境內）刺史高幹，在評估整體情勢後也放棄抵抗，開城獻降，仍被曹操留用為并州刺史。

政府軍下一目標——袁譚

政府軍在攻克鄴城後，將矛頭指向袁譚，在大軍出發之前，曹操還特地發函譴責其背叛的行為，並將袁譚所嫁的女兒送回。十二月時，袁譚因曹軍進逼而放棄平原（山東境內）退守南皮（河北境內），並沿清河屯兵布陣。曹軍則順勢開進平原，略定附近諸縣，準備對袁譚展開總攻擊。

曹操因袁譚背叛憤而取消婚約，準備動武

孫權親弟被刺身亡 遺孀竟與仇人訂下婚約

江東集團轄下的丹陽郡（安徽境內）發生叛變，太守（郡長）孫翊，也就是集團領袖孫權之弟，遭到丹陽大都督（司令官）媯覽等人刺殺身亡。媯覽隨後發現孫翊的妻子徐氏頗有姿色，便想要逼娶徐氏為妻。徐氏在不得已的情況之下，也只能答應媯覽，待孫翊喪奠之期結束再與其成婚。消息一傳出，丹陽人士均深感錯愕，因為在孫翊生前，夫妻兩人的感情一直為人稱羨，沒想到孫翊屍骨未寒，徐氏便答應改嫁，而且是嫁給殺死自己丈夫的仇人。不過也有熟識徐氏的友人指出，此事可能並不如外界所想的那麼單純。

烏桓王搖擺不定 國宴爆發全武行

烏桓國宴上爆發曹營使者毆打遼東使者的暴力事件

一向親袁氏的烏桓部落在收到袁譚的求援後，打算派出五千名騎兵部隊南下協助作戰。正好代表中央政府的曹操以及自稱遼東侯兼平州牧（遼寧境內）的公孫康，雙方都派出使者前往烏桓安撫及游說，並各自開出封烏桓王為單于或代理單于的條件，希望能拉攏其力量引為己用。而舉棋不定的烏桓王因無法審度虛實及利害，便召集各部落的酋長及臣屬部下商議此事，同時也邀請曹營及遼東雙方的使者一同與會，並就各自的論點加以陳述。忽然之間，曹營代表首先發難，不但大聲斥責遼東代表，抓住他的頭猛撞地面，更拔出佩刀當場就要將其斬殺。在座的所有人全都被這突如其來的舉動嚇得驚恐顫抖，烏桓王情急之下連鞋子都來不及穿，就衝向前抱住曹營使者，請求赦免遼東代表以免事態變得更為複雜。代表中央政府的曹營使者，在烏桓王的調解下，才回到自己的座位，再次向烏桓王分析成敗之效、禍福所歸。而所有與會者在此震撼教育之後，一致離開座席跪伏於地，表明願意接受中央政府命令及指揮以示忠誠。會後烏桓王隨即下令遣回遼東使者，並取消出兵援助袁譚的計畫。

犀利人妻 徐氏報殺夫之仇

在丹陽（安徽境內）沸揚一時的孫翊妻改嫁仇人案，於日前出現重大轉折。在徐氏喪滿除服之後，竟不顧旁人的眼光，立即換上華服、薰香沐浴，言笑歡悅的期待婚期的來到。而刺殺徐氏先夫孫翊的元凶媯覽，不久便應徐氏之邀，興高采烈的進入其臥房之中，準備渡過他愉快的新婚之夜。只不過媯覽才一進入臥室，便隨即遭到格殺，連隨行的同夥黨羽，也一併在庭院被就地正法。原來徐氏早在一開始，便祕與孫翊的心腹部將商議復仇大計，先假裝答應媯覽的要求，鬆懈其戒心。同時讓心腹部將躲藏在臥室及庭院之中，等媯覽自投羅網。事成之後，徐氏又換回喪服，並以媯覽等凶手的人頭祭拜孫翊之墳。徐氏的忍辱負仇終於真相大白，全軍皆感震駭。

東漢・建安十年

曹操斬擊袁譚　掌控北方　重用在地名士　收攏人心

元月，曹操對據守南皮（河北境內）的袁譚發動總攻擊，烏桓來援無望且已無退路的袁譚只好拚死作戰。過程中雙方爆發激烈戰鬥，曹營的兵士死傷亦非常慘重，據說曹操還一度打算暫時減緩攻勢，稍微後撤以重新整頓。但曹純認為孤軍深入難以持久，若不能立即克敵而撤退，必使全軍士氣潰散。曹操接受了曹純的建議，便親播戰鼓加強攻勢，終於破城斬殺袁譚。曹操隨即著手穩定新版圖，依照郭嘉的建議，大量啟用青、冀、幽、并四州的名士為當地政府官員，以穩定政治局勢，收攏人心。對於袁營舊屬有才能者，如李孚、王脩、管統、陳琳等人也加以重用，不過當時引發袁氏內鬥的郭圖等人，曹操並不屑採用，早在城破之時就已被下令誅殺，以絕後患。

涉及公然侮辱
陳琳道歉　曹操不予追究

官渡之戰時，幫袁紹撰寫討伐曹操檄文的主筆人物陳琳，在歸降曹營後不久，便被司空（監察首長）曹操召見。由於陳琳在文告中，不但細數曹操的罪惡，稱曹操為狡猾奸惡、虛仁假義的盜墓賊，還醜化並詆毀其祖父中常侍曹騰為饕餮放橫、傷化虐民的妖孽，父親曹嵩是個由宦官領養、輸貨權門的贓官。所以曹操特別質問陳琳，兩軍相爭，檄文應該只攻擊曹操本人，為何連祖先也加以辱罵。陳琳回答說：「箭在弦上，不得不發。」並當場認罪請求寬恕。曹操聽了之後只是大笑，不但對於陳琳公然侮辱毀謗的刑責不予追究，還將其任命為司空府的文書官。

袁熙、袁尚兩兄弟時運不濟，相偕逃往烏桓避難

難兄難弟 袁熙遭部下叛變 偕袁尚投靠烏桓

袁紹的次子幽州（河北境內）刺史袁熙，在他弟弟袁尚前來投靠之後就衰事連連，不但遭到背叛部將的攻擊，還把整個領地給弄丟了。於是，原本的天之驕子，一下子變成了喪家之犬，難兄難弟只好一同逃往遼西（遼寧境內）的烏桓部落避難。而原屬袁熙地盤中的各郡縣首長，也是見風轉舵，在第一時間便向曹操陣營表達歸順之意，而連同率領十餘萬部隊來降的黑山賊首領張燕，都一起被中央政府封為侯爵。

善變高幹反覆無常

去年（二〇四年）年底才對曹操表示忠誠的袁紹外甥，并州（山西境內）刺史高幹，得到曹操於今年（二〇五年）八月出兵討伐烏桓部落的消息，便趁此機會背叛曹操，生擒上黨（山西境內）太守，並舉兵扼守壺關口（山西境內）。曹操聞訊後，派部將樂進、李典前往迎擊。

高幹投靠曹操陣營不到一年的時間，便又傳出反叛的消息

東漢・建安十一年

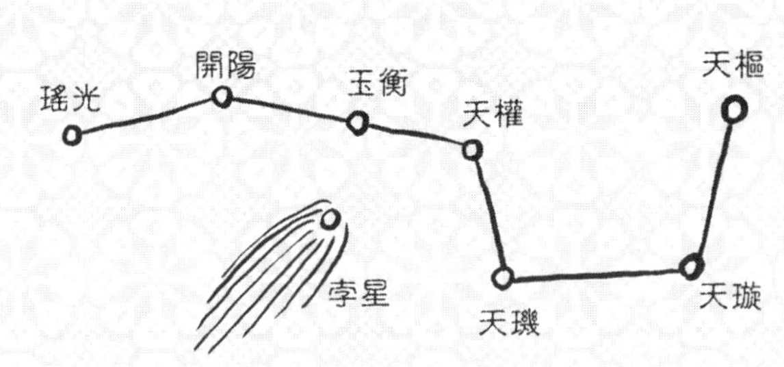

北斗七星異象

元月，由天樞、天璇、天璣、天權、玉衡、開陽、瑤光所組成的北斗七星旁，出現孛星（彗星），相傳將會引起災禍，天文單位正密切的注意中。

曹操親擊并州 高幹被捕斬首

曹操命世子（法定繼承人）曹丕留守大本營鄴城（河北境內），親自率兵包圍屯兵壺關（山西境內）的高幹。不久，壺關投降，高幹則隻身逃往匈奴王國向其單于（匈奴部落聯盟首領）求救，但被斷然拒絕。高幹隨即向南展開逃亡，企圖到荊州（湖南、湖北境內）投靠劉表，但中途就被捕獲，難逃斬首的命運。

立已故琅邪王劉容之子劉熙為琅邪王。齊、北海、阜陵、下邳、常山、甘陵、濟陰、平原等八個封國，予以撤除。

東漢帝國　第十四任帝劉協
建安十一年

海盜現身 樂進李典擊退

八月，沿海地區屢傳海盜騷擾，司空（監察首長）曹操率領大軍前往淳于（山東境內）一帶圍剿。曹操派樂進、李典發動攻擊，大破海賊，逼使海賊頭目逃往海島。

政府再次開鑿輸糧運河 積極準備征討烏桓

去年（二〇五年）袁熙、袁尚兄弟前往遼西（遼寧境內）的烏桓部落，投奔部落中擁有強大武力的酋長蹋頓。因蹋頓在袁紹時期就與袁氏有不錯的交情，所以這次打算出兵幫助袁尚收復失去的領土，於是便不斷的派兵侵入邊關，掠劫百姓。中央政府為徹底根絕此一大患，下令開挖南北向的平虜渠及泉州渠，以便在發兵征討烏桓蹋頓時，能更有效的運輸軍需糧食。

3-KINGDOMS TIMES

西元二〇七年

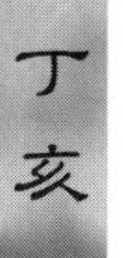

東漢・建安十二年

中央大封功臣

司空（監察首長）曹操二月自淳于（山東境內）返回鄴城（河北境內）後，便奏請皇帝大封功臣。這次受封侯爵的二十餘人當中，又以萬歲亭侯荀彧最受表彰。據說原本曹操還想授與荀彧三公（司徒、司空、太尉，政府最高級官員）之位，但在荀彧請其姪荀攸代為辭讓十幾次後，曹操才打消這個念頭。

大軍啟動 捨輜重 輕裝急行軍

曹操大軍在完成整補後出發，北行至易縣（河北境內）時，依郭嘉的建議，將輜重裝備留在原地，改以輕裝急行軍的方式挺進。企圖以出乎敵人意料之外的速度，使其不及防備。

獨排眾議 郭嘉定計攻烏桓

據鄴城特派記者傳回的獨家消息，日前曹操已針對是否對烏桓用兵，召開了軍事協調會。會中將領們大多採反對的立場，認為一旦遠征烏桓，南方的劉備一定會說服劉表，出兵襲擊首都許縣（河南境內）。但郭嘉卻認為一旦袁尚舉烏桓之資，號召舊部展開大反撲，必將造成骨牌效應，到時候可能青、冀兩州都將回到袁尚的手中。而劉表只是個坐談高論的傢伙，他自知無法駕馭劉備，重任劉備則深恐無法控制，輕任則劉備必不為所用。所以就算我們舉全國兵力遠征烏桓，也不必擔心劉表會從後襲擊。最後曹操採納郭嘉的看法，決定北征烏桓，並開始積極調動軍隊。不過有軍事分析家指出，北伐並非易事，因為征途遙遠，一旦烏桓部落得到消息，必定會加強戒備，沿邊關據險而守，看來遠征之途將是困難重重。

曹操在征討烏桓的議案中，最終採用了郭嘉的意見，決定發兵

大雨泥濘 北伐受阻

由曹操親自率領的政府軍，在北征烏桓的途中，因受天候影響而使整個計畫嚴重受阻。根據隨軍記者傳回的消息，由於幽州、遼西一帶正值盛夏雨季，連續不斷的大雨，使得沿途泥濘不堪，變成淺不通車馬、深不載舟船的沼澤，軍隊根本無法行進。加上烏桓部落已經沿邊防布下重兵防守，想要突破其防線可以說是難上加難。而指揮中心雖然力圖找出解決的方法，但到目前為止似乎仍苦無對策。

政府軍受到大雨影響，深陷泥淖，苦不堪言

放棄遠征 政府軍開始撤退

由於天候嚴峻超過預期想像，政府軍不得不放棄遠征烏桓的計畫，正式公開宣告放棄此一計畫，並將大軍撤回。到處積水、泥濘難行的沿海一帶，目前已看不到政府軍的蹤跡，現場只剩遺留下的告示木牌，上面寫著：「方今夏暑，道路不通，且俟秋冬，乃復進軍。」消息傳回烏桓，部落還特別派出偵察兵確認，在證實政府大軍已經撤退之後，部落內已經開始慶功。

政府軍正式放棄北伐烏桓的計畫，遠征途上已空無一人，只遺留撤軍告示牌

鑿山開道攀險途 政府大軍突現身

原本各界以為已經放棄北伐計畫而撤退的曹操軍隊，突然在距離柳城（遼寧境內）不到二百里的地方現身，直指烏桓蹋頓的部落中心遼西（遼寧境內），而蹋頓也已緊急下令調動各部落的聯合軍隊應戰。政府軍這次保密到家的行動，據說是由剛受徵召的蓨縣（河北境內）縣令（縣長）田疇所規畫。根據人事資料顯示，田疇在袁紹時期，曾連續五次回絕袁紹的禮聘，這次一聽到曹操徵召卻立即答應。當指揮部因大軍阻滯無法前進而傷透腦筋時，田疇表示還有一條早已無人行走的百年古道，可以先佯裝撤軍，鬆懈烏桓的戒心，再由此徑發動突擊。於是曹操便以田疇為嚮導，率大軍登上徐無山（河北境內），繞過盧龍口（河北境內），攀山填谷、涉水搭橋，歷經五百里的險途。再向北穿過白檀（河北境內），繞過平岡（內蒙古境內），進入烏桓空虛的後防，向東直撲柳城。

曹操部隊繞過百年古道，從背後直撲烏桓心臟地帶

輕裝精銳以寡擊眾 曹操擊垮烏桓聯軍

曹操軍隊以寡擊眾，有如虎入羊群

八月，曹操登上白狼山（遼寧境內）時，意外遭遇烏桓聯軍主力。相對於為數眾多的敵軍，曹操身邊的部隊不但人數居於劣勢，連重裝備也都還沒跟上，只有少數軍士身著鎧甲，兩軍懸殊的實力令左右感到驚恐不安。曹操迅速登上高處詳細觀察，發現烏桓聯軍雖然眾多，但是列陣卻十分凌亂，行動毫無秩序。於是便下令由張遼為先鋒，主動發起攻擊。曹軍精銳騎兵直驅陣中，烏桓聯軍根本無法抵擋，為數眾多的兵將亂成一團。曹操部隊隨即展開追擊，烏桓大軍於是在瞬間崩潰，只能任人宰割，最後投降的人數高達二十餘萬人之多。烏桓聯軍領袖蹋頓及其他部落酋長，都在這波的攻擊行動中遭到斬殺。但目前並未發現袁熙及袁尚的蹤跡，為免袁氏兄弟變裝藏匿，政府軍已開始過濾投降的戰俘，同時也派出部隊進行搜捕。

神機妙算 曹操坐待二袁首級

根據最新情報證實，袁熙、袁尚兩兄弟，已在之前政府軍與烏桓部隊的混戰中，帶領數千名騎兵，趁亂逃出，前往遼東（遼寧境內）投奔太守（郡長）公孫康。得到確實的情報之後，曹操陣營的部將中有人便建議，應當趁勢追擊二人，以杜絕其後患。但曹操卻氣定神閒的表示：「大家不用緊張，這件事根本不需要我親自出手。你們看著好了，不用多久的時間，公孫康必定會將袁熙、袁尚二人的首級送回來給我們。」曹操於是下令展開戰區的鞏固安置作業，預定於九月時全軍班師回朝。

水鏡先生向劉備推薦了臥龍、鳳雛兩位頂尖人才

劉備與人力銀行司馬徽接頭 伏龍鳳雛成為口袋名單

劉備投靠荊州（湖南、湖北境內）之後，發現自己身邊雖有關羽、張飛、趙雲等猛將，但卻缺乏擅長分析規畫的幕僚參謀人才，故難以成就大事。於是便拜訪襄陽（湖北境內）地區的人力仲介龍頭，業界素有水鏡先生之稱的司馬徽，表達企業徵才的需求。司馬徽在面談之後，當場提供了「伏龍」諸葛亮、「鳳雛」龐統的履歷表給劉備參考。劉備在得到推薦名單之後，已經積極的準備與兩人接觸。

袁氏勢力畫上句點　公孫康獻熙尚人頭

曹操陣營收到一份遠從平州（遼寧境內）送來的禮物，內容物是袁熙、袁尚的項上人頭，並署名為遼東太守公孫康為國家發展與人民福祇而致送。曹操隨後答覆記者詢問時表示：「公孫康一向對袁尚、袁熙的勢力有所顧忌，一旦我們逼得急了，那公孫康沒有選擇，必將聯合二袁的力量與我們對抗。所以我並不急著進攻，留一點空間和時間給他們，讓必然的形勢發酵，最後一定會互相殘殺以求自保。」曹操如此神準無比的預測，已讓各界對於其政治軍事方面的專業能力，給予高度的肯定。

曹操部隊缺糧，只好宰殺戰馬讓士兵充飢

天寒地凍 政府軍宰殺戰馬充飢

正在班師的政府大軍，由於正值嚴冬，又遭逢大旱，造成後勤運補上極大的困難，除了缺糧之外，方圓二百里之內也不見水源。不過，指揮部已緊急下令各營團，立即宰殺總計數千匹的戰馬讓兵士充飢。同時也動員工兵部隊，向下挖鑿三十餘丈的深度，終於取得珍貴的水源。一般認為，指揮部的緊急應變措失，應該足以讓大軍渡過此一困境並安然返國。

秋後算帳!? 北伐異議者剉著等

政府軍在脫離缺乏糧食飲水的窘境之後，曹操突然下令調查當初勸阻北伐者的名單，引發一陣驚恐懷疑，甚至有人以為是要秋後算帳，清算異議者。不過指揮部卻隨即依照名單，對當初反對大軍遠征烏桓的人，一一給予非常豐厚的獎賞。曹操在頒獎典禮時表示：「此次大軍遠征烏桓的行動，如今檢討起來，實在是異常的危險並全憑僥倖，如今能獲得成功可以說是上天的保佑。當初各位所提出的看法，才真的是萬全之策，所以今日特別重賞嘉勉。希望今後大家仍能盡其所當言，勿因意見與我相左而不敢發聲。」

未聽劉備之言 劉表失襲曹良機

荊州（湖南、湖北境內）牧劉表在得到政府軍凱旋回師的消息之後，對於當初沒有聽從劉備的建議，趁曹操北伐烏桓之時襲擊首都許縣（河南境內），感到懊悔不已，深自感嘆失去一次大好的機會。據說兩人私下會面時，劉備還為此安慰劉表說：「當今天下分裂騷亂，每天都有戰事發生，機會總是會再度來臨的。只要能緊抓住接下來的機會，這一次失誤也不足引以為恨。」話雖如此，但事實上一向缺乏果斷行動力的劉表，是否還會再得到像這次一樣的天賜良機，答案恐怕是令人懷疑的。

孫權西打黃祖 甘寧射死凌操

江東集團領導人孫權，領兵西進，攻擊江夏（湖北境內）太守（郡長）黃祖。此役中，孫權雖然獲得勝利並俘擄了大批人民，不過也付出了相當的代價。部將凌操在追擊黃祖時，受到黃祖手下素有神射手之稱的甘寧阻擋，在戰鬥中被一箭射死。而凌操之子凌統，在聞知噩耗之後，已經憤怒的表示一定要報此殺父之仇。

甘寧一箭射死孫權愛將凌操

徐庶加入劉備陣營 強力推薦諸葛孔明

名士徐庶確定加入劉備陣營，並極力推薦諸葛亮入夥

劉備的荊州（湖南、湖北境內）招攬人才之路，最近有了新的斬獲。名士徐庶不但已經確定加入其陣營，同時也強力向劉備推薦諸葛亮入夥。而原本就從水鏡先生司馬徽那裡聞得伏龍大名，並將之視為口袋人選的劉備，在徐庶的建議下，已準備在關羽、張飛的陪同下親自登門拜訪，希望展現最大的誠意來打動這位傳說中的伏龍。

訃聞
孫權母吳太夫人辭世

根據江東集團所發出的訃聞，孫權之母，也就是在集團中極具影響力的吳太夫人，於日前在病榻上召喚張昭等重要官員囑咐完後事，已因病重辭世。

三顧廬 劉備親訪臥龍諸葛
隆中對 孔明規畫三分天下

劉備求賢若渴，親自前往隆中（湖北境內）拜訪極受司馬徽及徐庶推崇的人才諸葛亮。不過由於並沒有事先聯繫，所以前兩次的拜訪並不順利。直到第三次親訪，劉備才順利見到這位傳說中的臥龍先生。據不願透露身分的目擊者表示，兩人在會面之後，隨即遣開隨從人員闢室密談。相對於劉備所展現三顧茅廬的最大誠意，諸葛亮也針對天下大勢做出驚人的分析與規畫。諸葛亮認為，應該先圖謀極具戰略價值的荊州（湖南、湖北境內），以及物產豐饒的益州（四川、雲南境內）當作根本。對外聯合江東集團的孫權共同抵禦即將統一北方的曹操，對內修明政治以增強國力。如此天下三分、鼎足而立，便可以等待機會，完成統一天下的霸業。雙方會談之後，諸葛亮已同意接受劉備的延聘，正式成為其陣營中最重要的核心參謀。

劉備三顧茅廬親訪諸葛亮，展現最大誠意

三國時報

3-KINGDOMS TIMES

西元二〇八年

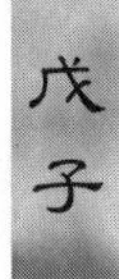

東漢・建安十三年

郭嘉病死軍中　曹操痛失智囊

曹操陣營中舉足輕重的參謀郭嘉，隨軍遠征烏桓時，因水土不服感染重病，已於日前不治辭世，得年僅三十八歲。曹操在喪禮上對荀攸等人表示，原本有意在平定天下之後，將大業交託於郭嘉，無奈世事無常，如今只能對郭嘉的死表達無限哀痛。而參謀本部痛失重要智囊，對曹操來說，無疑是一記重大的打擊，預料也將對未來的局勢發展造成一定程度的影響。

曹操重要智囊郭嘉因病去世

劉備出現管理危機
關羽張飛極度不滿

劉備陣營自從諸葛亮加入後，內部氣氛已經起了微妙的變化。自西元一八四年開始就已經追隨劉備的關羽、張飛等部將，認為劉備最近過於重視諸葛亮等文職參謀，而領兵血戰的武將相形之下則受到冷落。關羽、張飛二人為此十分不悅，並有諸多抱怨。據了解，劉備還因此特地向他們解釋：「我能得到諸葛亮，就好像魚得到水一般，希望大家以後同心協力，不要再亂放話了。」雖然事後關羽及張飛已不再對此發表任何意見，但手持羽扇紙上談兵的諸葛亮，能否讓披甲執戟身先士卒的武將們心服，著實考驗著劉備的管理與領導智慧。

關羽、張飛等人對於劉備極度禮遇諸葛亮有頗多怨言

用人不公遭彈劾 司徒趙溫被免職

今年（二〇八年）正月，司徒（行政首長）趙溫，因任用曹操之子為官，遭到司空（監察首長）曹操上章彈劾。曹操認為趙溫身為政府首長，任人不以才能品性為考量，反而藉職務之便將官職授與其子，以公職換取私惠，未能公正的為國家據實選拔人才。趙溫原本想要藉此討好曹操，沒想到反而卻因此遭到彈劾而下台。

玄武池培訓水軍 政府軍準備南征

由司空（監察首長）曹操率領的政府軍完成遠征烏桓的任務，返回大本營鄴城（河北境內）後，已開始進行一項名為「玄武池」的軍事工程。據相關資料顯示，「玄武池」計畫是要挖掘一口巨大的人工湖，主要目的是用來做為水軍的訓練。但由於北方多陸少水，又已全納入曹操的統轄範圍，似乎沒有水軍發揮的空間。所以玄武池的開挖，似乎已經表明了曹操南征的決心，看來荊州劉表及江東孫權，已成為政府軍下一個極欲剷除的目標了。

猛將甘寧 棄黃祖投孫權

之前黃祖被孫權攻擊而命在旦夕時，挺身而出一箭射死孫權部將凌操，使黃祖免於劫難的猛將甘寧，已經證實投奔江東陣營，並獲得孫權的重用。據熟知內情者轉述，甘寧自從投靠黃祖，便一直不受重視，甚至連立下救主大功後，黃祖都沒有做任何的表示與嘉勉。甘寧發現自己身處一個毫無未來的環境，於是下定決心跳槽，利用機會轉投江東集團，希望能有所發揮。不過，由於甘寧之前在戰場上，射死了孫權部將凌統的父親，兩人之間的心結如何化解，也考驗著孫權的智慧。

大規模水戰 黃祖一命嗚呼

孫權接受甘寧的建議，打算搶在曹操之前，從劉表手中奪得荊州。於是便發動大軍，再次對黃祖發動攻擊，以打開西進的通路。不過黃祖早有防備，事先以兩艘艨衝艦橫守沔口（湖北境內），並用橫亙江心的棕櫚大纜綁上巨石沉於水中，阻止敵船前進。孫權水軍逼近時，黃祖陣營艦上的千名士兵，弩箭交叉發射，使得江東艦隊無法前進。孫權軍的先鋒董襲及凌統，便各自率領百名的敢死隊，每人身穿兩副鎧甲，乘坐大舸，冒著箭雨前進，斬斷兩條橫江大纜。使得黃祖的艨衝艦因而失控，在江心打轉，無法再做有效的防守，而孫權艦隊也才能繼續向前挺進。黃祖在第一道防線被攻破之後，立刻派出都督（司令官）陳就率水軍應戰。孫權方面則由呂蒙領兵，與陳就在江上展開激戰。雙方在江上互以軍艦衝撞，並登上敵艦展開肉搏戰。最後呂蒙親手斬殺陳就，並將其首級懸於船首示眾。於是孫權大軍水陸並進，精銳盡出，對黃祖據守的城池發動猛烈攻擊。城破之後，孫權下令屠城，而黃祖也在兵敗逃亡途中被殺。

【軍事科技】

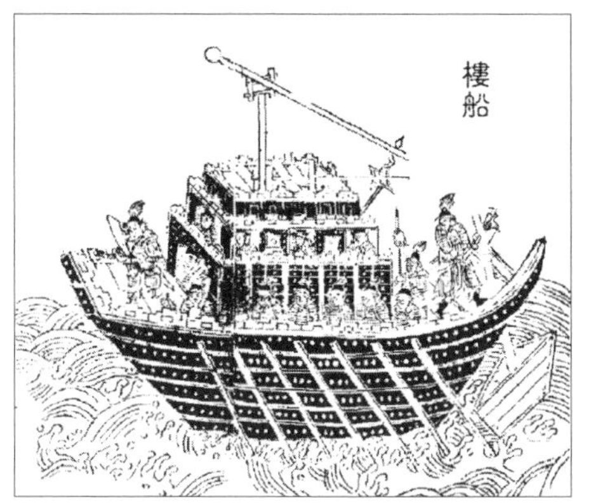

樓船：船上建樓三重，外施氈革禦火，置砲車檑石鐵汁。狀如小壘，張形勢也。

鬥艦：舷上設女牆，船內五尺建棚與女牆二層，重列將士。上無覆背，豎牙旗金鼓。

遊艇：無女牆，左右隨艇子。大小長短四尺，回軍轉陣，其疾如風，虞候用之。

艨衝：以生牛革蒙戰船背，前後左右有弩窗矛亢，務在捷速，乘人之不備。

走舸：棹夫多戰卒，皆選勇力精銳者充。往返如飛鷗，乘人之所不及。

海鶻：頭低尾高，前大後小，置浮板，雖風濤怒漲而無側傾覆。

諸亮葛在高樓上提醒劉琦爭取外派以避禍

諸葛亮即時點醒 劉表長子外派避禍

黃祖被孫權擊殺之後，荊州牧劉表任命自己的長子劉琦為江夏（湖北境內）太守（郡長），接替黃祖的守備位置。不過此次劉琦的外派並不單純，據了解內幕者指出，劉表有兩個兒子，長子劉琦，幼子劉琮。但由於劉表後妻蔡氏的姪女嫁給幼子劉琮，所以蔡氏便特別喜愛劉琮，成天設法想除去長子劉琦，以讓幼子得以繼承荊州事業。加上劉表極信任的外甥張允及蔡氏之弟蔡瑁兩人，不斷的詆毀劉琦並讚譽劉琮，使得長子劉琦的處境十分危險。劉琦為此深感不安，便求助於劉備的智囊諸葛亮。不過諸葛亮並不打算捲入荊州的奪嫡風暴之中，所以便拒絕回答此一問題。後來，劉琦邀請諸葛亮共登高樓，並命令手下撤去樓梯，對諸葛亮說：「現在上不至天，下不至地，話從您口中說出，只入我的耳中，可以告訴我怎麼辦嗎？」諸葛亮才說：「你忘記了春秋時期，晉國太子姬申生留在國內遭到殺害，而姬重耳在外反而得以存活的事了嗎。」於是劉琦才積極的爭取外派，以求自保。

殺父之仇不共戴天 凌統盯上甘寧

同樣投在江東陣營的甘寧與凌統，二人之間的恩怨至今仍無法化解。據聞，兩人已在公開場合中，多次爆發激烈衝突，到了幾乎拿刀互砍的地步。由於凌統對於甘寧的殺父之仇，無論如何都無法釋懷，所以集團領袖孫權已經正式的警告凌統，要以大局為先，不准對甘寧採取任何的報復手段。同時也將甘寧的駐防區調到別處，遠離凌統，以免滋生不必要的事端。

中央政府大改制 廢除三公另設丞相

今年（二〇八年）六月，中央發布新的組織章程，對政府體制做出百年來最重大的改變。此次的改制，撤除最高權力的三公（司徒、司空、太尉，政府最高級官員），恢復西漢時代所設置的丞相（總理）及御史大夫（監察首長）的編制。中央政府同時宣布，以曹操出任改制後第一任的丞相，綜理全國事務。

天上雜誌調查 中央政府效率廉能雙上榜

丞相（總理）曹操在中央政府改制以後，任命崔琰、毛玠分別擔任丞相西、東曹掾（丞相府人事主管），共同掌理全國文官的任免與升遷。由於兩人所任用者盡是清正敦實之士，那些虛華巧言而行為不端者，都被排除於公門之外。同時拔擢謙遜廉能者，抑制逢迎結黨之徒。政府官員上下重視清廉與操守，天下之士莫不以廉潔而自勵，而社會風氣也隨之轉正。根據最近一期天上雜誌所做的施政滿意度調查，中央政府改制後的效率及廉能，雙雙上榜，滿意度表現亮眼。

司馬懿佯病險入獄

丞相府主簿（主任祕書）司馬朗之弟司馬懿，因才能出眾，得到丞相西曹掾（丞相府人事主管）崔琰的推薦，被任命為丞相府文學掾（文史教育官員）。但有消息指出，一開始司馬懿並不打算就任，甚至以患有風痹（風濕痲痺）為由加以推辭。後來得知丞相（總理）曹操因此大怒，並打算將其逮捕入獄後，才改口接受徵召。

部隊夜半叛變 張遼鎮定敉平

丞相（總理）曹操命令部將張遼率軍移駐長社（河南境內），在臨出發前，部隊中突然有人叛變，在夜裡縱火滋事，一時間全軍驚擾混亂。張遼料定只是少數人企圖製造混亂，便立即帶領數十名衛士，於營寨中央站定，大聲宣布：「凡是沒有參與叛變的，立即安靜原地坐下。」於是在很短的時間內，全營便恢復平靜，也輕易的逮捕了叛亂分子，當場予以誅殺。此次事件，所幸張遼能冷靜處理，迅速敉平叛變，才不致於釀成大災。

馬騰中央任職 二代馬超接掌原部

關中地區的將領馬騰，因與異姓兄弟韓遂反目成仇，在中央政府的調解下，答應放棄軍權，轉任中央官員。馬騰在接受徵召後，舉家遷往曹操的大本營，也就是東漢帝國目前實際上的行政中心鄴城（河北境內），擔任衛尉（警衛指揮官）一職，原屬部隊則交棒到第二代馬超的手上。

政府軍南進荊州

繼孫權開始對荊州（湖南、湖北境內）有所動作之後，丞相（總理）曹操也已在七月對劉表發動攻擊。政府軍此次行動除了想取得荊州之外，也可能是要一併消滅流竄多時的劉備勢力，以杜後患。

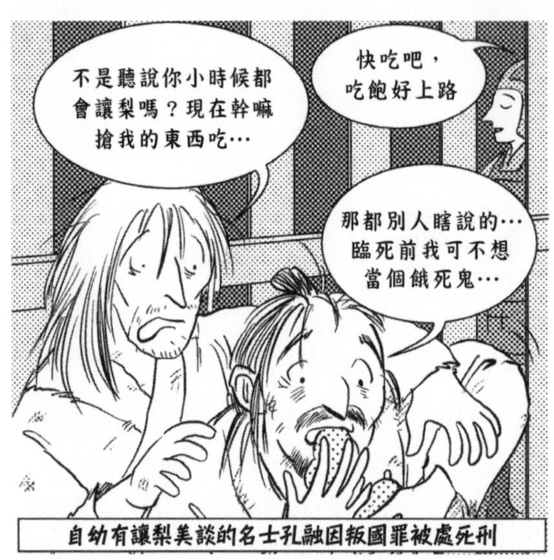

自幼有讓梨美談的名士孔融因叛國罪被處死刑

孔融被控叛國 生前未嘗讓梨

受到丞相（總理）曹操重用，於中央政府擔任太中大夫（中級官員）的孔融，八月底被控叛國重罪，全家於市街中被斬首。根據傳言，孔融自恃其才能及名望，數度以偏宕歪理戲侮丞相，終於令曹操開始感到嫌惡。最近，孔融又上書皇帝，建議應比照古代「王畿」制度，千里之內不得設封建諸侯。此項企圖將曹操驅離皇權核心的舉動，也使得曹操大為惱火。五天前才剛上任的御史大夫（監察首長）郗慮，知道曹操的心意，便命部屬提出彈劾，指控孔融任北海（山東境內）相（封國的最高行政長官）時，曾意圖不軌，應處重刑。孔融在行刑前，也對相傳已久的讓梨一事做了最後的澄清，表示所謂的「孔融讓梨」是別人杜撰的，與他沒有任何關係。

劉表去世 荊州掀繼承風波 幼子劉琮接父位

根據荊州發布的官方消息，日前病故的劉表所遺下的荊州牧一職，確定由幼子劉琮接任，長子劉琦則在這一場繼承權爭奪戰中宣告出局。據了解，當劉表病重時，長子劉琦特別從駐地趕回襄陽（湖北境內）探病。但支持幼子的蔡瑁、張允深恐萬一劉琦父子見面後，原本安排好讓幼子劉琮繼位的戲碼會發生變化，於是便編出一大堆擅離職守非孝道的理由，把劉琦擋在門外，拒絕讓他探望病危的父親。劉琦沒有辦法，只好痛哭流涕的離去。不久，劉表病故，蔡瑁、張允等人便擁護幼子劉琮繼承荊州牧一職，而劉琦只得到劉表所遺留下的空頭爵位。據聞劉琦在收到侯爵印信之後，還氣得把印信摔到地上，表示將以奔喪之名，帶領軍隊和劉琮火拚。

江東集團 有意聯劉抗曹

本報派駐江東集團的記者，日前傳回獨家消息，該集團的重要人物魯肅，在得知劉表病故的消息之後，已經取得孫權的同意，打算搶在曹操行動之前，趕往荊州（湖北、湖南境內）說服劉備及劉琮，組成防禦聯盟以共同抵抗曹操。魯肅在報告中指出，劉備可說是當今梟雄，雖然目前暫居於荊州，但劉表也對其防之甚嚴。應藉著此次弔喪的機會，前去試探及游說。如果劉備願意和劉琮齊心同力，江東集團便可與之結盟。若他們彼此心違意離，則可以發動軍事攻擊，奪取荊州以當作江東集團稱霸天下的資本。

劉琮歸降曹操 劉備未獲告知

今年（二〇八年）九月，當曹操大軍開抵新野（河南境內）時，荊州（湖南、湖北境內）少主劉琮便派人前往曹營，以表達其歸降之意，同時獻上之前皇帝所賜與的符節，並準備迎接政府軍進入荊州。不過劉琮的這個決定，似乎有意瞞著劉備。因為到目前為止，劉備方面似乎完全沒有被告知此一消息，還一直認為荊州大軍可以做為他可靠的後盾。

劉備對於劉琮早已投降曹操之事渾然不知，完全沒有任何防備

劉備快閃 追隨軍民十餘萬人

駐防在樊城（湖北境內）的劉備，發覺近日荊州與曹操之間的互動詭異，料想情勢可能生變，於是便派人前往襄陽（湖北境內）詢問劉琮。劉琮知道紙終究包不住火，便命令部下，將已投降曹操的正式公文送到樊城。當劉備收到通知時，曹操大軍已經推進到宛城（河南境內）。這晴天霹靂的消息讓劉備根本來不及反應，當下決定保全實力快閃，帶領所有部眾向南逃亡。當劉備行至襄陽，在城下呼喊劉琮時，劉琮怕得不敢現身，但其左右親信及許多荊州人都出城追隨劉備。劉備在轉往劉表的墳前致哀辭行之後，便令關羽率領水軍船艦數百艘先沿江撤走，自己則帶領部眾及隨行百姓由陸路前進，並約在江陵（湖北境內）會合。劉備一行人快到當陽（湖北境內）時，追隨的群眾已達十餘萬人、車輛則有數千輛之多。但是這浩浩蕩蕩的隊伍，每天只能以十餘里的龜速前進。行進中有人建議應捨棄無戰力者，只率領帶甲武士，快速行軍至江陵與關羽會師布防。但劉備卻認為人民是建立大業的基礎，堅持不忍捨棄這些前來跟隨他的百姓，看來劉備已經失去擺脫曹軍尾隨的最佳時機。

劉備部隊受到大批追隨的百姓拖累，只能以龜速前進

江東密使魯肅抵長阪 商談結盟事宜

江東集團的密使魯肅，本來奉了孫權之命，欲前往荊州（湖南、湖北境內）與劉備、劉琮商談結盟的相關事宜。但沒想到的是，魯肅才剛踏入江陵（湖北境內），便已聞得劉琮歸降曹操，而劉備也開始南撤的消息。雖然整個計畫都被打亂了，但魯肅還是立即趕緊北上，到當陽（湖北境內）北邊的長阪一帶，和劉備展開會面。魯肅詳細的分析了當前的局勢，並建議劉備移防到樊口（湖北境內）和孫權集團聯合，以共同抵禦曹操南襲。雙方在會談許久之後，劉備已同意魯肅的計畫，準備轉由沔水（漢水）而下與東吳合盟。不過，拖著十幾萬百姓的龜速行軍，可能將為此次行動投下不小的變數。

曹操輕騎急行軍 閃電出擊

曹操在得知劉備已經向南撤遷的消息後，為了避免劉備部隊奪取江陵（湖北境內）所儲存的大量軍糧武器，於是便留下輜重補給，親自率領只有輕裝備的部隊火速趕到襄陽（湖北境內）。只是當曹操到達時，滑溜的劉備又早已走脫。於是曹操便又從輕騎部隊中，親自率領了精挑的五千名精銳，準備以日夜強行軍的方式，趕在劉備到達江陵之前，就予以截擊殲滅。

劉備兵敗當陽 張飛長阪斷後

跟隨劉備的十餘萬名部眾，由於行進速度太慢，在當陽（湖北境內）北邊的長阪，被突然出現的曹操騎兵團攻擊，當場潰散無法指揮，劉備等人則趁亂逃走。劉備沒有料想到原本還相距三百餘里的曹操大軍，竟然只用了一天一夜的時間就趕上。在毫無準備的情況之下，武裝軍隊竟潰不成軍。所有跟隨的部眾及車輛軍資，全部落入曹操手中。劉備甚至連應變的時間都沒有，只能拋下妻兒，在十幾名的騎兵護衛之下，與諸葛亮等人狼狽逃走。不過，這次劉備之所以能險中脫困，要歸功於張飛的毅然斷後。負責斷後的張飛，只率領二十名騎兵，據河斷橋，騎在馬上瞋目橫矛，大聲叫吼：「我就是張益德，哪個有膽量的就上前來和我一決生死。」曹軍為張飛的氣勢所震懾，竟沒有人敢接近，劉備也才有時間可以安全離開。

張飛在長阪獨自阻斷曹操的追擊，讓劉備得以安全脫身

奮不顧身　趙子龍單騎救主

劉備在倉皇逃命的時候，忽然有人回報趙雲叛逃的消息。劉備聽到後二話不說，拿起手戟就往那人丟過去，斥責道：「不准亂說，趙雲絕對不可能背叛我。」果然過了不久，趙雲便懷抱著劉備之子劉禪，從敵陣中突圍而出，將嬰兒交給劉備。據目擊者表示，趙雲為了保護劉禪脫險，單槍匹馬與曹軍精銳部隊血戰，左衝右突，才終於得以衝出重圍。不過根據傳言，劉備在接過趙雲搶救回來的嬰兒之後，竟然把自己的小孩給摔在地上，表示為了兒子竟險些失去一員大將。雖然劉備讓趙雲聽到後感動得痛哭流涕，但以上傳言如果屬實的話，劉備可能涉及家暴及虐待兒童，必須負刑事上的責任。（家暴防治專線，請撥打一一三）

趙雲深入險境，在萬軍之中搶救幼主劉禪脫險

羅貫中專欄

張翼德大鬧長阪橋

張飛引二十餘騎，至長坂橋。見橋東有一帶樹木，飛生一計，教所從二十餘騎，都砍下樹枝，拴在馬尾上，在樹林內往來馳騁，沖起塵土，以為疑兵。飛卻親自橫矛立馬於橋上，向西而望。卻說趙雲將阿斗抱護在懷，手起處，衣甲透過，血如湧泉。殺退眾軍將，得脫重圍，望長坂橋而走。只聞後面喊聲大震。原來文聘引軍趕來。趙雲到得橋邊，人困馬乏。見張飛挺矛立馬於橋上，雲大呼曰：「翼德援我！」飛曰：「子龍速行，追兵我自當之。」卻說文聘引軍追趙雲至長坂橋，只見張飛倒豎虎鬚，圓睜環眼，手綽蛇矛，立馬橋上；又見橋東樹林之後，塵頭大起，疑有伏兵，便勒住馬，不敢近前。俄而曹仁、李典、夏侯惇、夏侯淵、樂進、張遼、張郃、許褚等都至。見飛怒目橫矛，立馬於橋上，又恐是諸葛孔明之計，都不敢近前，紮住陣腳，一字兒擺在橋西，使人飛報曹操。操聞知，急上馬，從陣後來。張飛圓睜環眼，隱隱見後軍青羅傘蓋、旄鉞旌旗來到，料得是曹操心疑，親自來看。飛乃厲聲大喝曰：「我乃燕人張翼德也！誰敢與我決一死戰？」聲如巨雷。曹軍聞之，盡皆股栗。曹操急令去其傘蓋，回顧左右曰：「我向曾聞雲長言：翼德於百萬軍中，取上將之首，如探囊取物。今日相逢，不

可輕敵。」言未已，張飛睜目又喝曰：「燕人張翼德在此！誰敢來決死戰？」曹操見張飛如此氣概，頗有退心。飛望見曹操後軍陣腳移動，乃挺矛又喝曰：「戰又不戰，退又不退，卻是何故！」喊聲未絕，曹操身邊夏侯傑驚得肝膽碎裂，倒撞於馬下。操便回馬而走。於是諸軍眾將一齊望西逃奔。一時棄鎗落盔者，不計其數。人如潮湧，馬似山崩，自相踐踏。

母親被俘 孝子徐庶改投曹操

在當陽（湖北境內）衝突之後，劉備不只損失了極多追隨的民眾及兵士，也意外的失去了集團中的重要智囊徐庶。原來，徐庶在一陣兵慌馬亂之後才赫然發現，自己的母親竟然也在被曹操所俘的百姓之中。極度擔心母親的徐庶，在來回踱步許久之後，只好硬著頭皮向劉備請辭，一邊流淚一邊用手指著心說：「我本來想以此方寸之地，協助將軍共圖霸業。但如今老母失蹤被俘，我方寸已亂，再也無法對將軍有所幫助，請准許我就此離去。」劉備雖有萬般不捨，但仍成全其盡孝之心，讓徐庶前往投奔曹操門下。

劉備關羽水路抵夏口

在當陽（湖北境內）被曹操擊潰的劉備，一路狼狽的率領著殘餘部眾，沿途躲避曹軍的追擊，最後終於得以和關羽的水軍會合。劉備部隊在稍做喘息之後，便登船渡過沔水（漢水），沿水路順游而下。途中又遇到劉琦率領的一萬多名軍士前來接應，便合軍一同前往夏口（湖北境內）暫作安頓。而另一方面，獲得完全勝利的曹操，把軍隊駐紮在江陵（湖北境內）之後，便任命投降的劉琮為青州（山東境內）刺史（州長），連同荊州其他有功人員共十五人都分封列侯。同時任用當地賢士，著手開始整頓荊州政務。

併荊州 遠來賀 曹操驕矜自喜 張松備受冷落

益州（四川、雲南境內）牧劉璋，在得知曹操吞併荊州（湖南、湖北境內）的消息之後，危機意識高漲，趕緊派出核心官員張松前往表達崇高的敬意，順便打探消息以便決定益州未來的動向。不過由於張松長得其貌不揚，身材短小又行為放蕩，給曹操的第一印象並不太好。加上此時曹操才剛輕取荊州、遠逐劉備，心高氣傲的不得了，不再像以往那麼虛心的敏察人才、廣招賢士，便不把張松當作個重要角色。其間主簿（主任祕書）楊脩發覺張松雖然外表看起來絕非型男，但事實上其見識卻十分精闢果決，是一個不可多得的人才，便建議曹操應該延聘張松為中央政府官員，不過曹操並未採納此項建議。

劉備情勢危急 諸葛江東求救

才剛抵達樊口（湖北境內）的劉備收到情報，得知曹操將率軍由江陵（湖北境內）順江東下，便趕緊和諸葛亮等人商議因應之道。諸葛亮認為情勢危急，在取得劉備的同意後，立即由魯肅陪同，前往柴桑（江西境內）向孫權求取救兵。

孔明初會孫權 簡報分析精準

江東集團負責人孫權在魯肅的引薦下，接見了劉備的核心智囊諸葛亮，並就雙方合作的可能性展開會談。其實在會談之前，諸葛亮早已得知江東集團的大部分文官們，都傾向於投降的立場。而孫權本人雖然比較傾向於力抗曹操，但因主戰派的將領們辯不過文官犀利的口條，所以也還游疑不決。於是諸葛亮便針對孫權，在簡報中首先指出：「曹操目前已掃平北方諸強，略定荊州威震四海。如果江東集團能動員吳越之力，與中國相抗衡，便應早日和曹操斷絕關係。若不能，則應立即按兵束甲，立刻向北方政府表達歸順之意。不該外託服從之名而內懷猶豫之計，遇到如此緊急的事態卻遲不決斷，只怕會馬上遭致災禍。」在看到孫權的眼神中透出期待之光後，諸葛亮又接著說明：「豫州（指劉備）軍團雖然在長阪（湖北境內）遭到敗績，但重新集結的部眾加上關羽的精銳水軍還有一萬多人，連同劉琦不下萬人的江夏戰士，足以形成一股牽制曹操的力量。另一方面，曹軍日夜兼行三百餘里，已是強弩之末，正犯了兵法上的大忌。況且曹操的北方部隊，不習慣水戰，也必使其戰力大打折扣。而新近收納的荊州部隊，也只是因為畏懼曹操大軍而歸降，並非是真正的心服。就以上諸點來看，情勢不一定完全對曹操有利，只要將軍（指孫權）可以派出一員猛將，統率數萬兵力，與豫州（指劉備）協規同力，必能擊敗曹軍，迫其北還。如此，則荊州（湖南、湖北境內）與江東集團的勢力必大為增強，便可形成鼎足三分的局勢。」孫權在聽取諸葛亮所做的簡報之後，果然信心大增。便立即下令召開內部會議，準備就江東集團是戰是降的立場，做出最終的定論。

一封曹操信件 江東瀰漫恐怖氣氛

在孫權將曹操最近送來的書信交給臣僚傳閱之後，江東集團便開始瀰漫著一股恐怖低迷的氛圍，高級官員之間充斥著投降的說法。曹操在信上寫著：「近來奉皇帝之命，討伐叛徒罪犯，軍旗南指，劉琮已束手投降。現在，我將親率八十萬水軍，希望能與將軍（指孫權）共同於吳地一同狩獵。」據聞，孫權的部屬們在看完信之後，無不感到震恐失色，宛如世界末日即將來臨一般。

江東官員聽聞曹軍即將南下的消息之後，信心崩潰，哀號投降聲四起

江東文官一面倒 會議結果傾向降曹

原本有意以武力對抗曹軍的孫權，在高層會議上並未獲得臣屬的支持。以張昭為首的文官群，除了魯肅不發一語之外，一致贊成降曹乃為上策。他們認為曹操挾天子以令諸侯，若公然與之對抗，恐冒叛亂犯上之名。而且曹操新得荊州土地，劉表以前建立的水軍戰艦有數千艘之多，加上強大的步兵軍團，水陸並進，失去長江屏障的江東集團，很明顯的遠遠不是曹操的對手。雖然會議結果傾向投降，但孫權仍未做出最後的裁示。

鷹派重整 緊急召回周瑜

據不願透露身分的人士爆料，在江東集團召開高層會議的休息時間，魯肅單獨追到走廊上，私下對孫權說：「方才在會議上眾人所提出的意見，都只是些想誤導將軍（指孫權）的說法，我實在不屑與那些自私的傢伙一同談論國家大事。投降這種事，我魯肅可以做，但將軍（指孫權）可不行。為什麼呢？我投降之後，曹操會把我送回故鄉，至少也會讓我當個下曹從事（低階文官）這種雜官。平常有輛牛車可以乘坐，身邊有幾個吏卒可供使喚，和士大夫們往來結交，慢慢升遷，最後想要當到州郡之長應該不是問題。但將軍（指孫權）一旦投降，還有哪裡可以去？所以應當早日決定大計，不要再聽信那些什麼投降的鬼話了。」於是孫權握住魯肅的手，歎息著說：「其實我對眾人在會議上所提的意見失望透了，只有你的分析和想法和我一樣。」最後孫權在魯肅的建議下，把派駐在番陽（江西境內）的周瑜召回，以增強集團中主戰派的力量，準備在高層會議中強力主導此一議案。

魯肅趁會議的空檔，在走廊上攔下孫權，強烈建議召回主戰派的周瑜

開戰 周瑜魯肅力挺 孫權揮刀定案

甫由番陽（江西境內）被緊急召回的周瑜，在江東集團高層會議上表示：「曹操雖然名為丞相，但事實上卻是個竊取國家權柄的盜賊。而將軍（指孫權）神武雄才，繼承父兄之偉業，據有江東千里之地，又有精兵數萬，自當橫行天下，為國除害。今日曹操自來送死，大家為何反而想要投降？從現實面來分析，曹操北方尚未完全平定，西邊又有馬超、韓遂等後患。而曹操捨棄常用的戰馬，想要以船艦來跟我們吳越戰士爭勝。況且現在正值嚴冬，馬匹無草可食，曹操又將北方兵士驅入南方的江河湖泊之間，必定造成水土不服，引發重大疾病，造成戰力的耗損。以上幾點，都是兵家大忌，而曹操卻被荊州的輕易取勝沖昏了頭，貿然行之。我看將軍（指孫權）想要擒獲曹操，就靠在此一役了。給我精兵數萬，進駐夏口（湖北境內），保證能為將軍破敵致勝。」孫權聽完後，做出最後裁示：「曹操老早就想篡漢自立，只不過顧忌袁紹、袁術、呂布、劉表、以及我孫權。如今除了我之外，群雄皆已被滅，我與曹賊誓不兩立。今日周瑜主張迎戰，正合我意。」於是拔出隨身佩刀，奮力砍斷面前的桌案，說：「我們江東集團，正式決議向曹操宣戰。今後再有人膽敢提議投降的，下場就有如這張桌案一樣。」在和周瑜唱完雙簧之後，孫權隨即宣布散會。南北兩軍的最終戰役，已無可避免的將在長江爆發。

孫權在周瑜及魯肅力挺下，決定向曹操宣戰

曹操兵團與孫劉聯軍戰力總評比

在孫權下達全軍備戰的指示之後，周瑜又再度於夜間面見孫權，針對雙方戰力作出詳細的評比報告。周瑜指出，其實曹操所謂的八十萬大軍只是誇大之詞，之前集團內的文官被這個不實的數字嚇到，以至於失去冷靜判斷的理智，才會沒頭沒腦的喊著投降。經過情報單位的實際調查，曹操本部所統率的北方步騎，大約有十五六萬人，但長征久疲，戰力早已大打折扣。而新降的荊州水軍最多不超過七八萬，且尚存懷疑猶豫之心。以疲病之卒統御狐疑之眾，人數雖然眾多，也不足為懼。所以只需要精兵五萬，便可以在這場對決中克敵制勝。孫權隨後以行動力挺周瑜，雖然短時間之內沒有辦法徵調到計畫中的五萬人，但目前可動員的三萬兵力將全數投入此次戰役。

曹操八十萬大軍	孫劉聯軍
曹操軍：一六〇、〇〇〇人 荊州軍：八〇、〇〇〇人 勝	江東軍：~~五〇、〇〇〇人~~ 三〇、〇〇〇人 劉備軍：一〇、〇〇〇人
實際總兵力：二四〇、〇〇〇人 勝	實際總兵力：~~六〇、〇〇〇人~~ 四〇、〇〇〇人
戰鬥力：長途征戰，疲憊無力	戰鬥力：以逸待勞 勝
忠誠度：荊州新降，尚存狐疑	忠誠度：保家衛國，上下一心 勝
戰場熟悉度：主力陸軍不擅水戰	戰場熟悉度：擅長江河湖泊戰術 勝
環境適應：水土不服，易患病	環境適應：土生土長 勝

製表：周瑜

周瑜程普領軍 江東軍挺進樊口

已經決意與曹操開戰的孫權，分別任命周瑜、程普擔任軍團的左、右督（司令官），率領為數三萬的江東軍團，向樊口（湖北境內）進發，準備和劉備部隊會合，共同對抗號稱八十萬的曹操大軍。同時魯肅也被任命為贊軍校尉（總參謀），以協助大軍規畫作戰方略。據聞，孫權在出發前還特別召來周瑜，告訴他自己會在後方繼續徵集兵力、運補軍需，讓周瑜不用擔心，只管專心向前。萬一前線作戰失利，就回軍與他會合，由孫權親自領軍與曹操決一死戰。

水土不服 防疫出現漏洞

由政府軍所傳出的內部消息顯示，丞相（總理）曹操所率領的北方軍團，因為不適應南方的氣候與環境，造成水土不服，目前已傳出多起傳染病的案例。據聞政府軍團的衛生部門對此仍束手無策，萬一爆發大規模的傳染，可能會對戰力造成嚴重的影響。不過目前政府軍團的發言人，已對上述說法提出嚴正駁斥，並表示完全沒有大規模傳染的可能性。所謂患病者僅是零星的個案，而且病情都已獲得控制，對軍團的戰力絲毫沒有造成任何影響，請各界不要妄加揣測。

政府軍極力否認有關疫情的傳聞

初次接觸 江東水師稍占上風

由周瑜、程普所率領的江東水師主力，在離開劉備駐防的樊口（湖北境內）之後，沿長江逆水而上，於赤壁（湖北境內）遭遇曹操水軍。兩軍隨即爆發激烈戰鬥，為大戰揭開了序幕。不過，據前線記者回報，曹操軍團似乎受到傳聞中疫情的影響，兵士有氣無力，行動遲緩，未能發揮應有的戰力。就目前幾次短兵相接的戰況來看，是由熟悉地形水勢的江東軍團稍占上風，原本號稱八十萬大軍的曹操部隊，則一直處於被動挨打的地位。前線記者正密切的觀察戰場變化，並持續做追蹤報導。

情勢緊繃 兩軍赤壁對峙

在與東吳集團第一波衝突中失利的政府軍，似乎並未遭受太大的損失，目前大軍已停駐在長江北岸的烏林（湖北境內），重新展開部署，並在岸邊構建水軍營寨。此外，在疫情發展方面，雖然政府軍發言人目前仍未鬆口，但由種種跡象不難看出，軍團中士兵的罹病人數應該不少。另一方面，獲得首勝的江東軍團，仍不敢掉以輕心，也退到長江南岸據守，調度頻繁，與曹軍隔江對峙。

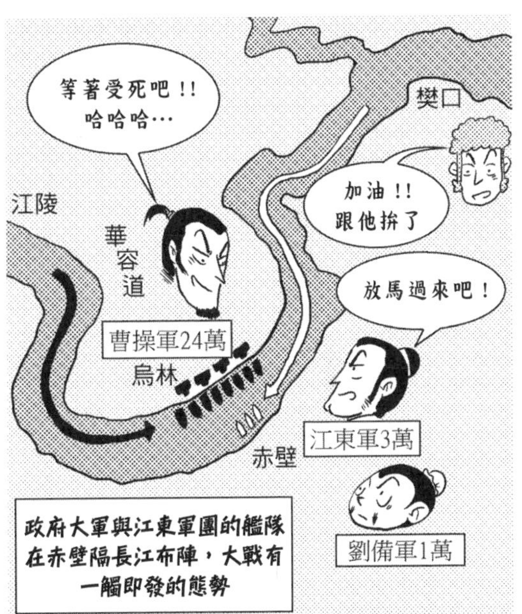

政府大軍與江東軍團的艦隊在赤壁隔長江布陣，大戰有一觸即發的態勢

政府軍引進新技術 解決士兵暈眩問題

政府軍的發言人首度證實，部分北方士兵因不諳水性，故於日前水面作戰時，因隨波搖晃而造成暈船昏眩，確實曾遭遇戰力下降的困境。但發言人同時也指出，目前指揮部所引進的最新「鐵鎖連環船」技術，已徹底解決此一問題。經過測試，改良過的船身已經不會晃動，兵士在船上的行動完全不受江波影響，只要再通過實戰考驗，便可證明此項新技術的價值。不過，當記者追問傳染病疫情的嚴重性時，政府軍發言人仍以快閃來回應。據推測，曹操軍團雖然已成功的解決了暈船的問題，但對於日益嚴重的疫情仍無法做有效的控制。

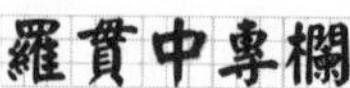

草船借箭

次日，周瑜聚眾將於帳下，教請孔明議事。孔明欣然而至。坐定，瑜問孔明曰：「即日將與曹軍交戰，水路交兵，當以何兵器為先？」孔明曰：「大江之上，以弓箭為先。」瑜曰：「先生之言，甚合愚意。但今軍中正缺箭用，敢煩先生監造十萬枝箭，以為應敵之具。此係公事，先生幸勿推卻。」孔明曰：「都督見委，自當效勞。敢問十萬枝箭，何時要用？」瑜曰：「十日之內，可完辦否？」孔明曰：「操軍即日將至，若候十日，必誤大事。」瑜曰:「先生料幾日可完辦？」孔明曰：「只消三日，便可拜納十萬枝箭。」瑜曰：「軍中無戲言。」孔明曰:「怎敢戲都督！願納軍令狀。三日不辦，甘當重罰。」孔明飲了數盃，辭去。魯肅曰：「此人莫非詐乎？」瑜曰：「他自送死，非我逼他。今明白對眾要了文書，他便兩脅生翅，也飛不去。我只分付軍匠人等，教他故意遲延，凡應用物件，都不與齊備。如此，必然誤了日期。那時定罪，有何理說？」孔明向魯肅借二十隻船，每船軍士三十人，船上皆用青布為幔，各束草千餘個，分布兩邊。第三日四更時分，遂命將二十隻船，用長索相連，徑望北岸進發。是夜大霧漫天，長江之中，霧氣更甚，對面不相見。當夜五更時候，船已近曹操水寨。孔明教把船隻頭西尾東，

一帶擺開，就船上擂鼓吶喊。卻說曹操寨中，聽得擂鼓吶喊。操傳令曰：「重霧迷江，彼軍忽至，必有埋伏，切不可輕動。可撥弓弩手亂箭射之。」水陸弓弩手共約一萬餘人，盡皆向江中放箭，箭如雨發。孔明教把船調回，頭東尾西，逼近水寨受箭，一面擂鼓吶喊。待至日高霧散，孔明令收船急回。二十隻船兩邊束草上，排滿箭枝。孔明令各船上軍士齊聲叫曰：「謝丞相箭！」比及曹軍寨內報知曹操時，這裡船輕水急，已放回二十餘里。追之不及，曹操懊悔不已。

【軍事科技】

鐵鎖連環船

此項將船艦以鐵鍊連鎖，首尾相接的工法，已獲得參加軍事科技發明大賽的官方推薦。根據推薦書中指出，此項技術可有效降低江波的衝擊，減少船身的搖晃度，不但可讓士兵於船間行走無礙，甚至可以讓戰馬在各艦之間往來奔馳，對於作戰力有極大的提升作用。不過外界也質疑，一旦遭受火攻，各船之間可能避散不及，造成嚴重的損失。針對此點，政府軍指揮部也特別說明，實際作戰必須考量季節天候等諸多原因。以目前的風向而言，吹的是西北向的風，如果江東軍貿然火攻的話，應該只會燒到位於下風處的自己。而根據指揮部的預估，此次雙方對戰應該在春季來臨風向轉變前便會結束，不會有遭到火攻的機會。發言人並強調，所有的步驟都經過精密計算及反覆的沙盤推演，政府軍一定會贏得最終的勝利，江東軍方面應認清實務，盡速投降。

第一手情報　黃蓋密降曹操

從曹操指揮本部傳來的第一手資料顯示，江東集團大將黃蓋正打算祕密投降，如果這件情報屬實，無疑將對周瑜造成嚴重的打擊。據了解，黃蓋已經暗中派人送信給丞相（總理）曹操，並約定暗號旗幟，表示將適時率領所轄船艦及軍資糧草來降。不過政府軍及江東軍雙方面，皆不願對此表示任何回應，而黃蓋部分則無法取得任何聯繫。

羅貫中專欄

周瑜怒打黃蓋

周瑜鳴鼓大會諸將於帳下，曰：「操引百萬之眾，連絡三百餘里，非一日可破。今令諸將各領三個月糧草，準備禦敵。」言未訖，黃蓋進曰：「莫說三個月，便支三十個月糧草，也不濟事。若是這個月能破便破；若是這個月不能破，只可依張子布之言，棄甲倒戈，北面而降之耳。」周瑜勃然變色大怒曰：「吾奉主公之命，督兵破曹，敢有再言降者必斬！今兩軍相敵之際，汝敢出此言，慢我軍心，不斬汝首，難以服眾！」喝左右將黃蓋斬訖報來。黃蓋亦怒曰：「吾自隨破虜將軍，縱橫東南，已歷三世，哪有你來！」瑜大怒，喝令速斬。甘寧進前告曰：「公覆乃東吳舊臣，望寬恕之。」瑜喝曰：「汝何敢多言，亂吾法度！」先叱左右將甘寧亂棒打出。眾官皆跪告曰：「黃蓋罪固當誅，但於軍不利。望都督寬恕，權且記罪。破曹之後，斬亦未遲。」瑜怒未息，眾官苦苦告求，瑜曰：「若不看眾官面皮，決須斬首！今且免死！」命左右拖翻，打一百脊杖，以正其罪。眾官又告免。瑜推翻案桌，叱退眾官，喝教行杖。將黃蓋剝了衣服，拖翻在地，打了五十脊杖。眾官又復苦苦求免。瑜躍起指蓋曰：「汝敢小覷我耶！且記下五十棍！再有怠慢，二罪俱罰！」恨聲不絕而入帳中。眾官扶起黃蓋，打得皮開肉綻，鮮血迸流，扶歸本寨，昏絕幾次。且說黃蓋臥於帳中，要參謀闞澤領了書，扮作漁翁，駕小舟，望北岸而行。是夜寒星滿天，三更時候，早到曹軍水寨。巡江軍士拏住，連夜報知曹操，獻上密書。書略曰：「蓋受孫氏厚恩，本不當懷二心。然以今日事勢論之：用江東六郡之卒，當中國百萬之師，眾寡不敵，海內所共見也。東吳將吏，無論智愚，皆知其不可。周瑜小子，偏懷淺戇，自負其能，輒欲以卵敵石；兼之擅作威福，無罪受刑，有功不賞。蓋係舊臣，無端為所摧辱，心實恨之。伏聞丞相，誠心待物，虛懷納士，蓋願率眾歸降，以圖建功雪恥。糧草車仗，隨船獻納。泣血拜白，萬勿見疑。」

東南風起 一片錯愕 黃蓋率艦來降 曹軍陷入火海

之前傳聞已久，關於江東集團大將黃蓋將要密降曹操的耳語，果然得到證實。不過，更令人驚訝的是，原本勝券在握的政府大軍，如今卻陷入一片火海，目前仍在全力灌救中。一開始，江中遠遠出現大約十艘的艦艇，曹操陣營提高警戒，密切注意這批船艦的動向。在進入可辨識的範圍後，曹營確認這批船艦上的旗號，與黃蓋事先密約來降的旗號相同，便向指揮部回報。敵軍大將來降的消息傳開之後，政府軍各營隊的軍士，都跑出營寨之外爭先恐後的觀看，並對著江中船艦指指點點說是黃蓋來降，甚至興奮得玩起了波浪舞。但就在這批船艦舉升主帆，乘著這個季節不該有的東南風快速前進時，船身忽然同時著火，就在眾目睽睽下衝入了政府軍的艦隊之中。一旁圍觀的軍士，無不被這突如其來的無名火給嚇傻了，於是現場一陣慌亂。而政府軍由於引進最新防眩技術，將主力戰艦都用鐵鍊連鎖，首尾相接，導致在起火後無法疏散，於是全數船艦接連引燃，烈燄衝天，火勢甚至延燒到岸上的營寨，一時煙炎張天，兵馬被嗆昏燒死、落水溺斃者不計其數，目前看來情況十分不樂觀。

江東軍團趁著突起的東南風發動火攻，政府軍反應不及陷入一片火海

政府軍嚴重受挫　曹丞相遁走華容

就在政府軍所有船艦、營寨全都陷入火海的同時，周瑜又率領輕裝精銳水軍跟著出現，並在震天鼓擊之中奮力衝殺。被大火燒到焦頭爛額的曹操部隊，完全沒有辦法整編應戰，大軍在一瞬間完全崩潰瓦解。丞相（總理）曹操雖然聲嘶力竭的要大家鎮定，但此時部隊已經完全失控，無法指揮，只好在少數部將及衛士護送之下，放棄作戰，迅速脫離戰場。而政府軍屯駐於烏林的艦隊、軍資及營寨，目前已都付諸一炬，現場仍瀰漫著濃濃的黑煙及燒焦味，陸上隨處可見士兵及戰馬被燒化的焦黑屍體，岸邊及江上放眼望去則盡是浮屍。觸目所及，宛如人間煉獄一般，令人心驚膽顫。據隨軍記者傳回的消息，丞相（總理）曹操為了躲避周瑜及劉備水陸並進的追擊，便率領著少部殘軍從華容小道逃走。不過由於小道泥濘不堪無法通行，當時又狂風不息。曹操便命令老弱殘兵背負著野草在前將道路填實，以便讓騎兵可以勉強通過。但由於大家急著逃命，所以有許多負責鋪路的兵士都被人馬踐踏或因陷入泥淖之中而慘死。狼狽逃亡的過程中，曹操還曾感嘆的說：「如果郭嘉還在的話，我就不會淪落到這種地步了。」

數十萬政府大軍被燒得七零八落，曹操只能帶著少數部隊狼狽的從華容小道撤退

羅貫中專欄

關雲長華容道義釋曹操

孔明吩咐諸將已畢，雲長忍耐不住，乃高聲曰：「關某自隨兄長征戰，許多年來，未嘗落後。今日逢大敵，軍師卻不委用，此是何意？」孔明答曰：「昔日曹操待足下甚厚，今日操兵敗，必走華容道。若令足下去時，必然放他過去。」雲長曰：「當日曹操果是重待某，某已斬顏良，誅文醜，解白馬之圍，報過他了。今日撞見，豈肯輕放？」

孔明曰:「倘若放了時，卻如何？」雲長曰:「願依軍法。」便與了軍令狀，領了將令，引關平、周倉並五百校刀手，投華容道埋伏去了。

話說曹操過了險峻，路稍平坦。便在馬上揚鞭大笑。曰：「人皆言周瑜、諸葛亮足智多謀，以吾觀之，到底是無能之輩。若使此處伏一旅之師，吾等皆束手受縛矣。」言未畢，一聲炮響，兩邊五百校刀手擺開，為首大將關雲長，提青龍刀，跨赤兔馬，截住去路。操軍見了，亡魂喪膽，面面相覷。操縱馬向前，欠身謂雲長曰：「曹操兵敗勢危，到此無路，望將軍以昔日之情為重。」雲長曰：「昔日關某雖蒙丞相厚恩，然已斬顏良，誅文醜，解白馬之危，以奉報矣。今日之事，豈敢以私廢公？」操曰：「五關斬將之時，還能記否？大丈夫以信義為重。將軍深明春秋，豈不知庾公之斯追子濯孺子之事乎？」雲長是個義重如山之人，想起當日曹操許多恩義，與後來五關斬將之事，如何不動心？又見曹軍惶惶皆欲垂淚，越發心中不忍。於是把馬頭勒回，長歎一聲，並皆放去。

真相大白 黃蓋詐降居首功

使出苦肉計建立大功的黃蓋將軍獲得平反

江東集團發表正式聲明，為捲入叛逃疑雲的大將黃蓋平反。這份剛出爐的新聞稿指出，其實早在兩軍於赤壁（湖北境內）對峙時，黃蓋就已向周瑜提議採取火攻的策略，來對付曹軍的鐵鎖連環船。為了鬆懈曹軍的防守並爭取更多的縱火時間，黃蓋先派人向曹操詐降，並約定好識別的船號旗幟。於此同時，也徵集了十艘的艨衝船及戰艦，上頭載滿了乾草枯柴，並在其中灌滿油脂，外面覆以帷幕偽裝，插上與曹軍祕密約定的旗號，船尾則綁上可讓船上兵士逃生的走舸小艇。一切準備妥當之後，就等待曹操方面認為不可能出現的東南風吹起。由於周瑜、黃蓋等人十分熟悉長江一帶的天候氣象變化，知道每年的這個時候，風向都會忽然轉變。於是就在東南風出現那天，由黃蓋率領十艘偽裝船揚帆先行，其餘船艦則遠遠的跟在後面。當偽裝船騙過曹軍，前進到距離曹操大營只剩二里時，黃蓋下令各艦同時點火，艦上的軍士則改搭繫在船尾的走舸。十艘被點燃的火船，乘著猛烈的東南風，以如同飛箭般的速度直直衝入曹軍的艦隊之中，焚毀了曹操的所有戰船，也燒盡了曹操併吞江東的雄心。

死亡人數破十二萬　曹操北返重新布局

在赤壁遭到慘敗的丞相（總理）曹操，一路從烏林，經華容小道倉皇的撤退到南郡之後，便命令曹仁、徐晃留守江陵，樂進留守襄陽（皆在湖北境內）。自己則率領其餘軍團，返回首都許縣（河南境內）重新布局。根據政府軍所發的新聞稿指出，此次與江東集團的會戰，未能占得優勢的最大原因，並不是孫權的部隊有多強，而是在於突然爆發的傳染病。由於疫情難以控制，導致戰鬥力大為減損，經指揮部研判無法在短時間內取得決定性的勝利後，於是決定撤兵，並自行將所有船艦焚毀，以免落入江東集團手中。不過，絕大多數的政治評論家並不採信這套官方說辭，認為疫情爆發雖然是政府軍失利的重要因素之一，但自行燒毀船艦的說法則離事實甚遠。根據統計，雖然連同隨後發生的饑饉及傳染病，政府軍在此役的死亡人數超過一半，大約在十二萬人以上。不過曹操雖然經此挫敗，但天下霸主的地位並未因此而動搖，其實力依舊遠強於江東集團。預料未來曹操如果能順利得到益州（四川、雲南境內）的話，仍有機會結束亂世，一統天下。

周瑜曹仁隔江對峙 甘寧進駐夷陵

周瑜、程普乘著赤壁得勝的餘威，統率數萬大軍逼進江陵（湖北境內），與留守此地的曹仁，隔著長江布陣紮營。兩軍尚未接觸，部將甘寧便請求領兵奪取相距九十里遠的夷陵（湖北境內），以便牽制曹仁。由於夷陵沒有政府軍隊布防，所以甘寧一到便得以入城進駐，開始構建守城的防禦工事。

曹軍包圍夷陵 甘寧緊急求援

守衛江陵的曹仁得知甘寧取得夷陵（皆在湖北境內）之後，為免腹背受敵，便派出一支軍隊包圍夷陵並展開強攻。甘寧因為守城人數不足無法久撐，情況十分危急，便派人向周瑜求援。江東將領們雖然知道夷陵告急，但卻都認為目前和江陵對峙的兵力太少，不足以分出一支部隊去解甘寧之危。只有呂蒙逆向思考，認為可以只留下凌統與曹仁大軍繼續對峙，自己則和周瑜、程普率大軍前往夷陵解圍，以優勢兵力迅速解決圍城部隊，再折返江陵與凌統會合。呂蒙同時也擔保，以凌統的實力，支撐十天應該不是問題。於是周瑜同意呂蒙的計畫，下令大軍即刻出發援救甘寧。

劉備趁亂奪取荊州四郡

原本和周瑜一同追擊曹操至江陵（湖北境內）的劉備，在表（向中央政府推薦並任命）劉琦為荊州刺史之後，突然領兵南下，對荊州南部（湖南境內）發動攻擊。由於事出突然，武陵、長沙、桂陽、零陵四郡的太守（郡長）無法抵抗，只得全都投降。連廬江（安徽境內）的武裝部隊數萬人，也在指揮官帶領下歸順，讓劉備集團的實力瞬間大增，已非當初慘敗於當陽（湖北境內）時可同日而語。劉備隨後任命諸葛亮為軍師中郎將，負責督導零陵、桂陽、長沙等三郡的賦稅徵收以充實軍需，並以趙雲領桂陽太守。

周瑜夷陵告捷　張昭當塗無功

周瑜大軍抵達夷陵（湖北境內）之後，在城下大破圍城部隊，並擄獲戰馬三百匹。由於這場仗贏得漂亮，讓全軍士氣大振，在回師後周瑜便渡過長江，在北岸紮營，繼續與曹仁對抗。另一方面，孫權親自率軍包圍合肥（安徽境內），並命令張昭率領支部攻擊當塗（安徽境內），但未能獲得勝利。

煮熟的鴨子飛了 益州棄曹操改結劉備

態度曖昧，更一度傾向投靠曹操陣營的益州（四川、雲南境內）牧劉璋，終於做出最後決定，宣布與丞相（總理）曹操斷絕往來，轉而與劉備結盟。據記者深入探訪，發現劉璋的這項決定，是出於其心腹張松的建議。而張松於曹操初得荊州時，便代表劉璋前往致賀，並順便了解狀況。但因曹操當時對張松表達出輕視的態度，讓張松心生怨恨。於是張松回到益州後，便建議劉璋改與劉備合作。此一重大的轉變，不但使曹操失去入主天府之國的機會，也讓劉備得到了更好的發展空間。這樣的結果，相信是曹操當初自負於勝利，而未能禮賢下士時，所始料未及的。

Mission: Impossible II 不可能的任務 II ……

孫權命令部將賀齊，率軍攻打丹陽（安徽境內）郡內黟、歙兩縣境內的土匪變民。這批共約二萬戶的土匪，駐紮在四面都是懸崖峭壁的山上，賀齊的部隊到此屯兵一個多月，仍然苦無進攻的對策。後來，賀齊便挑選了身手矯健的士兵，偷偷繞到背後隱蔽險惡之處，趁夜摸黑以鐵戈開道鑿山而上。再從高處懸下布條繩索，將下面的人一個一個拉上去。等到一百多名特遣隊都上去之後，便分布四面八方，同時戰鼓號角齊鳴，讓土匪變民大為恐慌。防守要道的土匪變民聽到騷動之後，都放棄險要立即奔回大營之中，於是賀齊的軍隊便趁亂攻上山，大破賊兵。平定之後，孫權便將這個地方劃為新都郡，並以賀齊為太守（郡長）。

第四部

三分天下　劉備入蜀

（西元二〇九年～二一五年）

三國時報

3-KINGDOMS TIMES

西元二〇九年

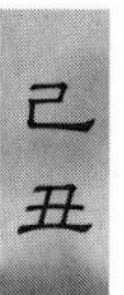

東漢・建安十四年

假情資奏效 孫權兵撤合肥

孫權近來飽受假情報困擾

江東集團領袖孫權自去年（二〇八年）年底進軍包圍合肥（安徽境內）以來，已經超過百日，仍無法攻克。據聞孫權為此十分苦惱，還一度打算親自率領輕騎發動突擊，最後在部屬以安全問題為由勸說下，才放棄此一舉動。而守軍方面，由於曹操所派出的四萬名援軍部隊遲遲未到，守得也十分辛苦。不過就在近日，戰況出現一百八十度的轉變，孫權陣營已燒毀所有圍城器具，並將大軍撤離合肥。孫權陣營的軍事發言人表示，之所以主動解圍撤軍，乃是由於截獲二封由曹營援軍所發出的書信，其中清楚表示援軍已經到達附近，在研判敵情後，為免腹背受敵，所以才決定撤軍。但根據戰地記者的深入了解，所謂的援軍根本沒有到，孫權陣營所得到的應該只是合肥守軍派人暗中潛出城後，所故意釋出的假情報而已。

政府軍合肥屯田

今年（二〇九年）七月，曹操親率水軍，由渦水進入淮河，再出肥水，將部隊屯駐在合肥（安徽境內），並以芍陂（安徽境內）為中心，開始屯田，準備對此地做長期的經營。

天災異變

十月，荊州一帶發生地震，不過官方尚未發布任何有關死傷或財損的報告。

周瑜奪得南郡 劉備進駐公安

在周瑜圍攻南郡（湖北境內）一年多之後，由於守軍死傷慘重，終於無法支撐，守城的曹仁只好棄城突圍而去。奪得南郡的周瑜，將軍隊屯駐在長江北岸的江陵，並將南岸之地分給劉備協防。劉備在表奏孫權代理車騎將軍（高級將領）並兼領徐州牧後，也獲得孫權的友善回應被表奏為荊州牧，隨後領軍進駐油口，並將此地改名為公安。

張遼奉命平亂

十二月，丞相（總理）曹操率軍返回譙縣（安徽境內）後，命張遼率兵討平灊、六兩縣（安徽境內）的叛亂，隨後令張遼、樂進、李典統率七千人，駐防合肥（安徽境內）以穩定情勢。

孫權嫁妹刀劍隨侍 新郎劉備囧入洞房

今年四十九歲的劉備桃花朵朵開，迎娶年僅二十出頭的孫權親妹為妻，兩人年齡相差二十多歲，雖還稱不上是老少配，但這段政治聯姻已成為江東地區茶餘飯後最夯的話題。不過，聽說劉備這個新婚妻子孫夫人，才思敏捷性情剛猛，頗有諸兄之風。連隨身的一百多名侍婢，也都是刀不離身，隨侍在旁。看來劉備的新婚生活可能會充滿了緊張與刺激，萬一哪天惹惱了嬌妻，可能連命都沒了。

新婚妻子的一百多名侍婢全天候帶刀護衛，令劉備坐立難安

著名辯論家蔣幹 訪周瑜另有所圖？

在曹操政府任職的當代江淮首席辯論家蔣幹，日前特別換上了布衣葛巾，以私人的身分拜訪老友周瑜。周瑜也親自到營門迎接，並帶領蔣幹參訪大營，行視倉庫、糧秣、兵器等物資裝備，隨後擺設酒宴熱情款待。席間周瑜對蔣幹說：「大丈夫處世，遇知己之主，外託君臣之義，內結骨肉之恩，言行計從，禍福共之。假使蘇秦、張儀重生，也無法移轉他忠貞之志。」雖然蔣幹從頭到尾只是微笑不答，也未曾提過任何政治相關之事，但一般認為，蔣幹此行應是擔任曹操的密使，專為游說而來。據了解，蔣幹回到首都之後，已向曹操報告周瑜的志向並非言語所能說動。

政府徵才，凡有專長者皆可被任命為官員

政府擴大徵才

今年（二一〇年）春天，中央政府決定擴大徵才，延聘有才能或具有專業知識者，進入政府體制服務。丞相（總理）曹操為此特別召開了記者會，表示希望所有人，尤其是受領國家俸祿的各級官員，都能善盡為國舉才之責。在全國各地，不論城鄉，盡可能的發掘人才。不過曹操也特別提到，春秋時代齊桓公之所以能稱霸天下，就是不拘泥於只選用所謂的廉潔之士。這段談話，已被部分媒體解讀為政府用人的立場完全不在乎操守，只重視才能。如此的做法，是否會造成往後人們只講求能力，而使得道德淪喪、社會風氣敗壞，著實令人有不少疑慮。

劉備親赴孫權總部協商地盤問題

剛落腳公安（湖北境內）的荊州牧劉備，由於接收了劉表大部分的部屬官吏，而周瑜所撥付的土地太少，無法容納所有人。便親自前往孫權本部，就地盤問題提出協商，希望能取得荊州土地的統轄權，以便安頓部屬。據聞在出發前，諸葛亮認為此行危機四伏，江東集團很可能會將劉備強行扣留，甚或做出其他舉動，所以建議劉備取消此行。不過，劉備仍然認為目前情勢急迫，雖然有一定的風險，但仍不得不去，所以並未採納諸葛亮的建議。

劉備為解決地盤問題，不惜冒險赴孫權總部協商

有驚無險！！江東陣營暗傳擄劉計畫

周瑜建議孫權，設法將劉備扣留在江東

據可靠消息指出，在獲得劉備動身前往會見孫權消息的同時，周瑜也緊急的上書孫權，建議孫權應對劉備採取一些必要的動作，以盡早除此後患。本報取得的獨家資料顯示，周瑜在信中提到：「梟雄劉備有關羽、張飛等熊虎之將的協助，必定不會久屈他人之下。倒不如把劉備留在吳地，送他豪宅美女，讓他整天耽於遊樂，我們便少了一個相爭天下的對手。否則，要是讓劉、關、張三人齊聚疆場，就像蛟龍得到雲雨一樣，終非池中物，到時我們不但掌控不了，還可能被反咬一口。」不過孫權認為，目前曹操在北方虎視眈眈，應該廣招天下豪傑。如果硬將劉備扣留，恐怕無法令天下賢士歸心，所以並未採取任何動作，仍在會商後讓劉備回到公安駐地。而劉備知道此一內幕後，可說是嚇出一身冷汗，同時也對諸葛亮的先知灼見深感佩服。

周瑜提案西進　集團前景大好

據可靠消息來源表示，周瑜已於日前離開駐地，回到東吳集團的根據地，親自面見集團領袖孫權，並提出新的西進計畫。依照周瑜的規畫，由於曹操目前尚未從戰敗中完全恢復，短時間之內不可能再對東吳用兵。所以應當趁此時機大膽西進，由周瑜和奮威將軍孫瑜（孫權堂兄）領軍，先奪取巴蜀（四川、雲南境內）、併吞張魯。然後留下孫瑜固守陣地，並與馬超結盟。周瑜則回軍與孫權會師，一同進軍襄陽（湖北境內），再北上壓迫曹操，如此便大事可成。在聽過周瑜的簡報後，孫權已同意此項戰略計畫，並讓周瑜開始規畫進行。分析師指出，以目前的情勢研判，若周瑜的西進計畫能確實執行，江東集團未來的發展將大有可為，前景看好，值得進場投資。

益州代表法正密會劉備

益州（四川、雲南境內）牧劉璋決定與劉備結盟後，在親信張松的推薦下，已命令部屬法正前往公安（湖北境內）與劉備密會，就雙方的合作事宜展開討論。

本報記者以針孔成功拍到益州代表法正密會劉備的珍貴影像

孫權欲取蜀地　劉備義不苟同

在同意了周瑜提出的西進計畫之後，孫權派人知會劉備，要求配合作戰。但劉備在得知此消息後，已正式回信反對此一計畫。劉備在信中表示，劉璋雖弱，但益州民富地險，就算大軍投入恐怕也無法順利攻取。而曹操雖然在赤壁受挫，但實力仍在，且三分天下實已據其二，野心不可能停止，一定會再興兵南進。此時南方同盟陣線若無故內鬥，只會讓敵人乘隙動手，並非長久之計。而且劉璋與其同為皇族宗室，於公於私，於情於理，都無法贊同孫權西擊劉璋的計畫。

劉備嚴辭拒絕了孫權瓜分益州的計畫，並表示不計代價一定會幫助劉璋守衛家園

謠言!?周瑜驚傳病危

江東集團重要將領周瑜，在返回駐地江陵（湖北境內）後，驚傳出病危的消息。目前各界謠言四起，有傳聞是在途中染病，也有人說是箭傷復發，名嘴羅貫中更爆出是被諸葛亮三度氣到吐血的八卦。記者正對此一消息的正確性查證當中，如果屬實的話，對江東集團未來的發展勢必是一項重大的打擊。

名嘴羅貫中公開指控諸葛亮三度把周瑜氣到吐血

鄴城新地標 銅雀台動工

由丞相（總理）曹操下令興建的銅雀台，即將於今年（二一〇年）冬季，於鄴城（河北境內）西北角動工興建，預計完工後，此項雄偉的建築將成為鄴城的新地標。而政府也規畫在三年後，在旁邊再興築金虎台，之後再增加一座冰井台。全部完工後，三台之間將以雙層的通道聯接，更添氣勢，有希望成為當代最具代表性的建築物。

劉備封鎖江面 孫家軍無功而返

在西進計畫被劉備拒絕之後，江東集團領袖孫權仍然執意出兵，派奮威將軍孫瑜，率領水軍逆長江而上，準備對劉璋發動攻擊。但是劉備卻從中作梗，派出大批艦隊封鎖江面，在夏口硬是將孫瑜的部隊攔截下來。並告訴孫瑜說：「你若執意奪取蜀地（劉璋轄地），我就算披頭散髮逃入山中，也不能失信於天下。」更令關羽把守江陵、張飛駐軍秭歸、諸葛亮據兵南郡，自己則鎮守孱陵（以上皆湖北境內），掌握各要地，讓江東軍無法越雷池一步。最後孫權在不得已的情形下，只好暫時擱置西進計畫，命孫瑜撤退。

周瑜病逝巴丘 享年三十六歲

傳聞病危的周瑜，日前果然在巴丘（湖南境內）辭世，享年三十六歲。據了解，周瑜在病危之際，仍對軍國大事念念不忘，臨死前上書孫權叮囑「曹操在北，疆埸未靜；劉備寄寓，有似養虎」。並推薦性情忠烈、臨事不苟的魯肅，於死後代其職位。江東集團總裁孫權在得知此一消息後，放聲大哭，表示：「周瑜有輔佐帝王之資，今日卻忽然短命而去，從今以後我將依靠何人？」隨後親自奔喪，在蕪湖（安徽境內）迎其棺柩。為了照顧周瑜留下的一女二子，孫權讓長子孫登迎娶周瑜的女兒，命周瑜長子為騎都尉，並把自己的女兒嫁給他，命周瑜次子為興業都尉，把孫氏宗族的女兒也許配給他。

周瑜英年早逝，各界均同表惋惜

魯肅

魯肅接掌兵符 劉備暫借荊州

周瑜死後，孫權對兵力展開重新部署，任命魯肅為奮武校尉，駐軍陸口（湖北境內），接替周瑜的位置統領大軍。並接受魯肅的建議，將荊州長江以北的土地借給劉備，使其能直接與曹操正面對抗。

浪得虛名？ 鳳雛慘遭免職

在名士間素有「鳳雛」美稱的龐統，自從加入劉備陣營之後，由於一直未有亮眼的表現，已使得劉備對其評價感到失望。之前劉備任命龐統代理耒陽（湖南境內）縣令（縣長）一職，但是龐統到任後卻荒廢政事，以致案件堆積如山。如此令人十分頭痛的表現，最終還是讓劉備下了將其免職的決心。此一事件，已對當初推薦龐統的水鏡先生之聲譽，造成不少的影響。

曹操發表〈自明本志令〉 從政最真摯告白

十二月，丞相（總理）曹操發布〈自明本志令〉，闡述其從政之心路歷程，內容如下：「孤始舉孝廉，自以本非巖穴知名之士，恐為世人之所凡愚，欲好作政教以立名譽，故在濟南，除殘去穢，平心選舉。以是為強豪所忿，恐致家禍，故以病還鄉里。時年紀尚少，乃於譙東五十里築精舍，欲秋夏讀書，冬春射獵，為二十年規，待天下清乃出仕耳。然不能得如意，徵為典軍校尉，意遂更欲為國家討賊立功，使題墓道言『漢故征西將軍曹侯之墓』，此其志也。而遭值董卓之難，興舉義兵。後領兗州，破降黃巾三十萬眾；又討擊袁術，使窮沮而死；摧破袁紹，梟其二子；復定劉表，遂平天下。身為宰相，人臣之貴已極，意望已過矣。設使國家無有孤，不知當幾人稱帝，幾人稱王。或者人見孤強盛，又性不信天命，恐妄相忖度，言有不遜之志，每用耿耿，故為諸君陳道此言，皆肝鬲之要也。然欲孤便爾委捐所典兵眾以還執事，歸就武平侯國，實不可也。何者？誠恐已離兵為人所禍，為子孫計，又己敗則國家傾危，是以不得慕虛名而處實禍也！然兼封四縣，食戶三萬，何德堪之！江湖未靜，不可讓位；至於邑土，可得而辭。今上還陽夏、柘、苦三縣，戶二萬，但食武平萬戶，且以分損謗議，少減孤之責也！」文中曹操不諱言的指出，他並非自幼便胸懷大志。今日的權位及成就，完全是時勢造英雄。而如今更如騎虎難下，令他無法冒著讓國家瀕臨瓦解、個人陷於危難的危機，斷然放棄軍權。政治評論家認為，曹操的這篇文告，可說是其從政最真摯的告白，私毫沒有虛空假話，是政治圈中可貴的佳作。

劉備如虎添翼 臥龍鳳雛同為軍師

鳳雛龐統近日的官路有如洗三溫暖一番，之前才剛因為政事荒廢而被免職，今日又再度獲得重用。在龐統被免職之後，魯肅特別寫了一封信提醒劉備，區區一個百里縣長之職，豈能讓龐統有所發揮，一定要委以重任，才能充分的展露其過眾之才能。在諸葛亮極力推薦之下，劉備遂召見龐統。賓主相談之後劉備大為器重，便委以要職。而龐統在劉備集團中的份量，也直升到僅次於諸葛亮。如今臥龍諸葛亮、鳳雛龐士元兩人，同時都被任命為軍師中郎將，對劉備而言可謂是如虎添翼。

羅貫中專欄

耒陽縣鳳雛理事

門吏傳報江南名士龐統，特來相投。玄德久聞統名，便教請入相見。統見玄德，長揖不拜。玄德見統貌陋，心中亦不悅，乃曰：「荊、楚稍定，苦無閒職。此去東北一百三十里，有一縣名耒陽縣，缺一縣宰，屈公任之。如後有缺，即當重用。」統到耒陽縣，不理政事，終日飲酒為樂；一應錢糧詞訟，並不理會。有人報知玄德，玄德怒曰：「豎儒焉敢亂吾法度！」遂喚張飛分付：「引從人去荊南諸縣巡視。如有不公不法者，就便究問。」張飛領了言語，前去耒陽縣。軍民官吏，皆出郭迎接，獨不見縣令。飛問曰：「縣令何在？」同僚覆曰：「龐縣令自到任及今，將百餘日，縣中之事，並不理問。每日飲酒，自旦至夜，只在醉鄉。今日宿酒未醒，猶臥不起。」張飛大怒，乃入縣，正廳上坐定，教縣令來見。統衣冠不整，扶醉而出。飛怒曰：「吾兄以汝為人，令作縣宰， 汝焉敢盡廢縣事？」統笑曰：

龐統將百餘日所積公務取來，多工並行，效率驚人

「量百里小縣，些小公事，何難決斷？將軍少坐，待我發落。」隨即喚公吏，將百餘日所積公務，都取來剖斷。吏皆紛然齎抱案卷上廳，訴詞被告人等，環跪階下。統手中批判，口中發落，耳內聽詞，曲直分明，並無分毫差錯。民皆叩首拜伏。不到半日，將百餘日之事，盡斷畢了，投筆於地而對張飛曰：「所廢之事何在？曹操、孫權，吾視之若掌上觀文，量此小縣，何足介意！」飛大驚，下席謝曰：「先生大才，小子失敬。吾當於兄長處極力舉薦。」遂辭統回荊州見玄德，具說龐統之才。玄德隨即令張敬請龐統，並下階請罪。統出孔明所薦之書，言鳳雛到日，宜即重用。玄德喜曰：「昔司馬德操言：『伏龍、鳳雛，兩人得一，可安天下。』今吾二人皆得，漢室可興矣。」遂拜龐統為副軍師中郎將，與孔明共贊方略，教練軍士，聽候征伐。

東漢・建安十六年

二代新星 曹丕漸露鋒芒

丞相（總理）曹操長子曹丕，於今年（二一一年）年初被正式授與五官中郎將之職，開始準備在政治圈中展露頭角。由於曹丕的身分特殊，五官中郎將的編制也隨之調整。不但由原屬光祿勳（宮廷禁衛長官）轄下，改為丞相副手，也首度設置官署，似乎不難嗅出，曹操開始在預備接班人的態勢。

曹丕接任五官中郎將，該職位同時調整為丞相副手

鍾繇夏侯淵 奉命討張魯

今年（二一一年）三月，曹操派遣司隸校尉（京城警備司令）鍾繇率兵討伐漢中（陝西境內）張魯，並命令夏侯淵由河東（山西境內）出發，與鍾繇會師並進。不過在出發前，曾有丞相府的官員向曹操提出不同的看法，認為大軍西進，關中（陝西境內）的韓遂、馬超等軍閥，勢必以為政府大軍是要對他們發動襲擊，到時可能會煽動其他的關中將領聯合叛變。不如先將兵力投入此區，關中地區一旦平定，漢中張魯便可只以一紙文書就使其歸降。不過曹操並未採納此一建議，仍堅持出兵漢中。

迎接劉備 法正奉主命出發 倒懸城門 劉璋執意迎玄德

益州（四川、雲南境內）方面，劉璋在得知政府軍進討漢中（陝西境內）的消息後，十分恐懼，認為大難即將臨頭，便徵詢參謀的意見以決定下一步行動。其中張松強烈的建議，認為應該聯合劉備，讓劉備去擺平張魯，才是長治久安之計。劉璋對張松的看法完全同意，便立即派法正率領四千名的部隊，前往公安（湖北境內）迎接劉備。主簿（主任祕書）黃權認為不妥，極力勸阻，卻慘遭外放。外界也傳言自從法正之前密訪劉備歸來之後，便和張松兩人密謀，準備迎奉劉備入主益州。看來在張松的推波助瀾之下，劉璋便將自己未來的希望完全寄託在劉備身上，連參謀自己倒懸城門阻諫迎接劉備，劉璋也置之不理，仍然執意為之。

杯弓蛇影　關中十將聯合叛變

關中（陝西境內）地區的軍閥，一聽到政府軍西進的消息，果然產生騷動。耳語相傳，都認為所謂的討伐張魯其實只是個幌子，曹操真正的目標一定是要討平關中。於是以韓遂、馬超為首的十名將領便聯合叛變，糾集十萬兵眾據守潼關（陝西境內），與中央正式攤牌。丞相（總理）曹操在接獲此一消息後，下令曹仁率領各軍進行圍堵，不過同時也嚴令曹仁部隊不得與其接戰，似乎有親征關中的打算。評論家認為，關中地區此番叛變其實都在曹操的算計之中，一開始大軍西進的主要標的就不在張魯，而是要對關中地區施壓，逼韓遂、馬超等人叛變，然後再一舉殲滅，免除長久以來的後患隱憂。

曹操派兵前往漢中討伐張魯，引起隔壁關中諸位將領猜疑，導致聯合叛變

兒子曹丕留守鄴城　老爸曹操親征潼關

在要求曹仁圍堵關中（陝西境內）叛軍之後，丞相（總理）曹操又下達新的指令，命五官中郎將曹丕留守鄴城（河北境內），由國淵擔任長史（祕書長）協助處理留守業務，程昱則負責協助有關軍事方面的事務，曹操本身則準備帶兵親征。

劉備應邀 領兵親入益州

劉備在公安（湖北境內）與益州（四川、雲南境內）代表法正會談之後，已下令由諸葛亮、關羽及趙雲留守荊州，親自領兵數萬，與龐統一同進入益州協防。據不願表明身分的人士透露，法正的個人立場傾向於由劉備取代劉璋，其間可能還結合了張松做為內應。不過一開始劉備對於這項計畫似乎猶豫不決，認為如果陰謀取劉璋而代之的話，恐怕有失信義於天下。但是龐統提醒劉備，如果不下手的話，益州也勢必為他人所吞併，倒不如先行奪取，事後再封給他廣大的土地做為補償，於是劉備才同意此一計畫，兵進益州。不過對於以上的說法，劉備陣營已嚴正否認，再度說明進入益州純粹是提供軍事上的協防，幫助劉璋處理張魯的問題，絕對沒有其他的企圖。

劉備與龐統領軍進入益州開拓事業版圖，借來的荊州由諸葛亮等人留守

關中叛軍陸續集結 聲勢浩大

在韓遂、馬超的號召下，各路關中軍閥陸續向潼關（陝西境內）集結，聲勢浩大，已對中央政府形成極大的壓力。不過對丞相（總理）曹操來說，為數越來越多的敵軍，所代表的反而是越來越高的勝算。據高層人士透露，最近曹操每一次接獲叛軍將領陸續率軍進駐的消息，喜悅之情便藏不住顯露出來。後來曹操回答部將們的詢問時表示：「關中地區寬闊深遠，如果各個叛軍將領都留駐原根據地依險而守，那我們要一一擊破，可能得花上一兩年的時間。如今，所有的叛軍都集結在同一處，替我們省去不少工夫。而且敵軍人數雖多但卻互不相服，部隊雖眾卻沒有明確的統帥。看來這場戰役的勝利是唾手可得了，這就是我感到高興的原因。」

劉備新婚妻子孫夫人竟想將劉備長子劉禪挾回江東娘家，幸被張飛、趙雲於半途攔截救回

阿斗險被挾回江東 張飛趙雲緊急攔截

江東集團負責人孫權，在得知劉備已經啟程前往益州（四川、雲南境內）的消息之後，立刻派出船隊前往公安（湖北境內），要將嫁給劉備的妹妹孫夫人，接回大本營吳郡（江蘇境內）的娘家。不過正當船隊要回程時，孫權的妹妹，不知是出於好意，覺得小孩沒人照顧，還是另有所圖，竟然想要將劉備的兒子劉禪也給順便帶回娘家。張飛、趙雲二人在驚覺幼主失蹤之後，立刻四處尋找，終於發現原來是被孫夫人給帶走了。為免劉禪進入江東成為人質，便緊急動員本部兵力，以艦隊封鎖長江。最後在張飛、趙雲不斷的堅持下，孫權的妹妹最後才將劉禪釋回，也結束了這場家人間的綁架危機。

情勢緊繃 政府軍與叛軍隔關對峙

政府軍自七月出發，經過一個月的時間之後，已經抵達潼關（陝西境內）紮營，並與叛軍隔著關卡相互對峙。目前的情勢可說是十分緊張，政府軍調動頻繁，並以重兵牽制叛軍，施加強大的壓力。據聞，在先前的作戰會議中，曹營許多的將領對於叛軍的戰力仍有所顧忌，認為這批來自關西地區的兵士精於使用長矛，如果沒有特別挑選精銳部隊作為先鋒的話，可能無法在戰場上與之匹敵。不過對於此點，丞相（總理）曹操老神在在的表示：「戰場形勢的制宰及變化，都操在我的手裡，並非叛軍所能掌控。就算敵人精於使用長矛攻擊，我也將使他們沒有機會使用這項武器，諸位可拭目以待。」看來曹操對於此番對戰，早已胸有成竹。此外，據記者實地觀察，曹操似乎暗中也派出了一支往北走的特遣隊，其目的可能是要掌控蒲阪津（山西境內）渡口，不過叛軍目前為止，似乎並未發覺曹操的這一步棋。

曹操親率大軍於潼關與叛軍對峙，準備採取下一步行動

馬超發動突擊，曹操在千鈞一髮中脫逃

大軍北渡丞相斷後 馬超奇襲險象環生

由於戰場關注力被政府大軍牽制在潼關（陝西境內），使得徐晃、朱靈所率領的四千名特遣隊，得以順利的掌控蒲阪津（山西境內）渡口，並由此橫渡黃河，在西岸建立根據地。有了西岸根據地的掩護之後，政府軍主力終於在閏八月開拔，向北渡過黃河。不過由於丞相（總理）曹操讓士兵先乘船渡河，自己只留下一百多名的親衛隊負責斷後，導致叛軍發動突擊時險象環生。現場目擊者表示，在大軍渡河的最後階段，由馬超率領的一萬多名部隊，突然發動攻擊。一時之間箭如雨下，不過曹操卻仍安坐在行軍凳上未見驚慌之色，後來在侍衛長許褚的護衛下才登上渡船。不過曹操才剛上船，船夫便被流箭射死，許褚只好左手拿著馬鞍當盾牌掩護曹操，右手使勁的拿船篙刺岸將船撐離。校尉丁斐一見情況緊急，便把隨軍的牛馬牲畜放出引誘敵軍。果然叛軍一見有現成的牛馬，便顧著搶奪而大亂，暫時阻緩了攻勢，曹操也趁此機會得以渡過黃河脫險。

政府軍主力壓境　馬超後撤求和

曹操軍團在有驚無險的向北渡過黃河之後，已在蒲阪津（山西境內）渡口再次向西渡過轉折的黃河。由於曹操之前早已命徐晃率領一支先遣部隊掌控此一渡口，並在險要之處建立根據地，所以這次的渡河行動十分的順利。政府軍全員西渡之後，便沿河修築甬道，開始向南推進。馬超在探知曹軍的動向後，研判情勢將對自己不利，便下令部隊立即後撤到渭水入黃河之河口處，並設營紮寨以為拒敵之用。不過，胸中早有一套完整計畫的曹操，一方面不斷的派出疑兵騷擾敵軍，以分散馬超的注意，另一方面又暗遣兵士於渭水搭建浮橋，讓一部分的主力軍團快速渡河。到了深夜時分，已有相當數量的部隊在渭水南岸完成紮營的動作。雖然這時馬超部隊突然趁著夜色，對曹軍發動奇襲，不過此行動似乎早在曹操的預料當中，使得馬超的奇襲部隊反而受到曹軍伏兵逆襲。遭到反制大敗而逃的馬超，只好決定捨棄原來的營寨，再度後撤到渭水南岸。為了能保全實力，馬超隨後派出代表，到曹營中商談和議的可能及條件。據了解，馬超陣營開出了割讓黃河以西領地的條件，希望雙方能停戰和談。但截至目前為止，占上風的政府軍尚未給予答覆。

二劉益州相見 歡宴連達百日

劉璋為歡迎劉備軍的到來，連續舉辦了百日的歡宴

劉璋為了迎接劉備的到來，特別命令轄下郡縣，務必提供劉備軍團沿途所需的軍需物資。此舉讓劉備有如遊子衣錦歸鄉般，受到高度的禮遇與歡迎。據記者估算，劉璋前後送給劉備的財物禮品，總價值已達億元以上。劉備軍團入蜀後由巴郡北上，劉璋則率領三萬多名軍隊，乘著豪華座車，親自在涪縣（皆四川境內）迎接劉備。二人相見之後，氣氛熱絡，劉璋隨即推舉劉備行大司馬（代理全國最高指揮官）、兼司隸校尉（京城警備司令），劉備也以禮回應，推舉劉璋行鎮西大將軍（代理高級將領）、兼益州牧。雙方所屬將士，更彼此交誼，聯歡飲宴長達一百餘日。不過，在歡慶的表象下仍是暗潮洶湧，據聞當劉璋前往涪縣親迎劉備的時候，劉璋的親信張松，曾暗中要求法正告知劉備，趁雙方首次會面時發動襲擊。而劉備的軍師龐統也提出建議，認為如果依計在會面時擒住劉璋，便可不費一兵一卒得到益州之地。但劉備認為新到一地，尚未建立恩信，決不可倉卒行事。雖然這次劉備並未採取行動，但一般認為，劉備謀奪益州的野心已十分明顯，看不出來的大概只有當事者劉璋而已。

河東郡堅持立場 政府軍補給無虞

自從政府軍與關中聯軍交戰以來，戰場附近的弘農（河南境內）與馮翊（陝西境內）兩郡轄下的縣城，大部分都投向馬超陣營，一度讓政府軍的後勤補給出現危機。不過由於杜畿所領的河東郡（山西境內），始終支持中央政府，毫無二心，源源不斷的供輸作戰所需的所有糧秣軍需，使得政府軍沒有後顧之憂，能全力與馬超等關中聯軍對抗。

曹操進逼 兩軍暫時停戰

曹操在正式拒絕了馬超的停戰請求後，繼續進軍逼迫關中聯軍，於九月時主力部隊已全數渡過渭水紮營。之後馬超部隊連番挑戰，但曹操卻下令堅守營寨，不與敵軍交戰。馬超等人眼看局勢發展下去將越來越不利，便再度提出割地及送出人質的條件，請求和談。不過這次政府軍似乎有意網開一面，已答應暫時停戰，目前兩軍處於停火狀態，靜待下一步的和談動作。不過，根據可靠消息來源表示，曹操此次答應和談可能只是假裝允許的圈套，而設此圈套的關鍵人物則是曹操的重要智囊賈詡。至於多謀的賈詡下一步會採取什麼計畫，目前還不得而知，不過可以肯定的是馬超勢將面臨最嚴峻的考驗。

疑點重重

曹操韓遂陣前私語 關中軍陷分裂危機

曹操、韓遂在陣前交談，引發馬超等關中將領猜疑

兩軍停戰之後，韓遂請求與曹操相見，由於兩人本是舊識老友，所以便分別騎了馬，在陣前單獨會面交談。不過由於距離遙遠，其他將領根本聽不到交談的內容，只見兩人互動熱絡，其間還數度拍掌大笑。後來因為有許多人遠遠圍觀，曹操還很開心的對大家說：「你們大家是不是想看看我曹操是不是有三頭六臂啊，其實我也只是個人，並沒有四隻眼睛兩張口，但是卻多一點智謀罷了。」兩人會見談了許久之後，韓遂回到營中，馬超等將領十分關切兩人的談話內容，但韓遂卻回答兩人只是寒暄，談些往日舊事，並未論及任何軍事相關事宜。不過馬超等將領並不相信，於是懷疑曹操與韓遂必定立下一些祕密約定，也使得關中軍閥之間的互不信任開始浮出枱面。

曹韓密信遭塗改 馬超起疑

曹操寄給韓遂的密信中有多處塗改，令馬超嚴重生疑

關中聯軍內部傳出重大危機，馬超等將領耳聞曹操與韓遂之間有密信往來，十分憤怒，向韓遂本人求證。韓遂在眾人的要求下出示曹操所發的書信，但內容已有多處遭到塗抹無法辨識。馬超等人強烈質疑韓遂塗抹書信內容的動機，但韓遂表示收到此信時，信中原本就有這些塗抹，他本人也不清楚為何曹操會將有塗改的信件送來給他。對於韓遂的解釋，馬超等人表示無法接受，還爆發激烈口角，弄得不歡而散，使原本已經十分不利的局勢更加雪上加霜。

幽冀驚傳叛亂 曹丕派兵壓制

幽、冀（河北境內）地區近日傳出有人聚眾叛亂的消息。負責留守鄴城（河北境內）的曹丕，原本打算親自率兵征討，但在部屬勸告之下，已改派部將賈信帶兵前往壓制。

原想親自率兵的曹丕，在部屬建議下改派他人前往

離間之計奏效
韓遂馬超敗逃

政府軍態度急轉，聲明放棄與關中聯軍之間的和談協定，並約定日期進行決戰。丞相（總理）曹操先以輕軍進行突擊，會戰許久後，又命重軍騎兵發動總攻擊，大掃關中聯軍，斬殺軍閥成宜、李堪等人，而韓遂、馬超則敗走涼州（甘肅境內），楊秋逃奔安定（甘肅境內），至此關中叛軍瓦解，政府軍大獲全勝。而決戰最後韓遂、馬超等人的內鬨戲碼，也證實是由賈詡獻離間之計，並由曹操一手主導，馬、韓等人則完全被事先擬定的計畫所操控。曹操在戰後的軍事檢討會上表示：「先前之所以大費周章的先屯兵潼關（陝西境內）再北渡黃河，而不直接從河東（山西境內）攻擊渭水北岸的馮翊（陝西境內），其原因在於，若我們一開始便以重兵進駐河東，敵人必定會加強防守黃河沿岸所有渡口，那我軍便無法強渡。所以我先將重兵集結在潼關以牽制叛軍主力部隊，如此

曹操大勝之後，向眾人解說兵法原理

敵軍在黃河西岸的守備必定空虛，而徐晃、朱靈率領的特遣隊才能先行過河掌控西岸，讓我大軍能順利北渡。而馬超等人之所以願意割讓河西之地，也是因為徐、朱二將已先進入此地的緣故。再者，以樹柵修築甬道向南推進的用意，一方面在確保安全，另一方面則是為了故意向敵人示弱。而渡過渭水後紮營不戰，乃是在於使敵人驕傲氣盛，而敵軍果然就不再修築營壘。對於敵軍的求和我一概應允，則是為了鬆懈其戒心。最後我們積蓄士卒之力，一鼓作氣發動總攻擊，就是所謂迅雷不及掩耳的攻擊法。戰場上用兵法則瞬息萬變，千萬不能不知變通。」

為免後方生變 曹操迅速班師

在取得決定性勝利之後，政府軍又於十月由長安（陝西境內）出發，包圍逃往安定（甘肅境內）的關中軍閥楊秋。楊秋見大勢已去，隨即投降，丞相（總理）曹操也恢復其官職，讓他留下來安撫其舊部。為免幽、冀（河北境內）的叛亂擴大，曹操也決定於十二月班師，命夏侯淵領兵駐守長安（陝西境內），張既為京兆尹（長安市長）負責長安城的政務。張既上任後隨即招復流民回歸鄉里，重振農業。另外，對於會戰時期供應軍需有功的河東（山西境內）太守（郡長）則增給俸祿，以資獎勵嘉勉。

幽冀叛亂敉平 丞相下令赦免降兵

幽、冀（河北境內）一帶的騷動，在曹丕派出部將賈信討伐後，已迅速敉平，僅存的殘餘叛軍約一千多人，也請求投降。不過鄴城（河北境內）留守政府對於如何處理這批降兵倒是產生了不同的意見，大部分參與討論者皆認為丞相（總理）曹操之前已立有舊法，凡是經過圍城之後才投降的一律不赦，所以這一千多名降兵應該全數處決。但程昱卻認為屠城乃擾攘紛亂之際所為的權宜之法，如今天下大略底定，不可再妄開殺戮，即便要殺，也應當請示丞相才可。但與會者又認為軍事專斷無需請示，應立即屠城。程昱則向曹丕解釋說：「軍事專斷指的是臨時發生緊急事故，但如今所有的降兵都已在控制之下，實在稱不上緊急，所以實在無需擅作主張屠殺降兵。」最後曹丕採納程昱的意見，將情形稟告曹操，果然曹操下令將一千多名降兵全數赦免。

劉備軍團擴編 北上進擊張魯

劉備軍團在劉璋返回成都（四川境內）之後，已推進到葭萌（四川境內），準備北上攻擊張魯。劉備此次出發前，可說是補足了物資及作戰力，不但車甲、軍械、物資、糧草都獲得充分的提供，連兵力也大為提升。劉備帶入益州的本部兵團，加上劉璋撥給他統御的白水（四川境內）部隊，作戰力已達三萬餘人。不過目前劉備似乎還不急著對張魯發動攻擊，反而對於廣樹恩德、收買人心的功課不遺餘力。

劉備從劉璋那裡取得兵源及大量的戰備補給之後，似乎不急著對張魯發動攻擊

3-KINGDOMS TIMES

西元二一二年

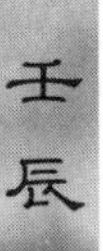

東漢・建安十七年

曹操聲勢宛如昔日董卓

贊拜不名 劍履上殿 入朝不趨

丞相（總理）曹操班師返回鄴城（河北境內）後，受到極度的尊崇，由皇帝下詔，讓曹操在上朝時享有「贊拜不名、劍履上殿、入朝不趨」的禮遇及特權。也就是說，當曹操晉見皇帝時，不但不必宣讀姓名，不用快步趨行，更可以帶著佩劍不脫鞋就直接進入朝堂。曹操目前的聲勢已經如日中天，有如昔日董卓一般，而這是否已透露出曹操有想要取代東漢帝國的野心，值得繼續觀察。

曹操獲得上朝不用脫鞋的特權，更加突顯地位的尊貴

馬騰因子馬超舉兵謀反，連帶族人盡皆問斬

子債父還 馬騰誅連三族

馬超與關中聯軍的叛亂行為，導致在中央政府擔任衛尉（警衛指揮官）的父親馬騰，及其家族所有人，在今年（二一二年）五月遭到逮捕及處決。目前馬超方面仍未對此消息做出任何回應。

民變再起 政府有效壓制

政府為壓制盜匪，鼓勵人民搶奪盜匪的妻女財物

關中叛亂才剛敉平，馮翊（陝西境內）又傳出亂民劫掠的消息。不過這一次地方政府主動出擊，招募民兵圍剿匪賊。為了提高一般百姓加入民兵團的興趣，政府下令凡是搶到匪賊財物婦女者，可將十分之七留歸私有，果然人民都大為高興，願意加入追捕盜賊的行列。而那些妻女反被搶走的匪賊，在投降後都被要求送回之前強奪的他人妻女，然後才可以領回自己的妻子。於是匪賊之間相互攻擊，加上政府又派人廣發招降告諭，所以匪賊前仆後繼出來投降。最後在夏侯淵部隊的協助下，地方政府斬殺了盜賊首腦，而最後一撮亂民餘黨也全數投降。

東漢帝國
人事令

冊立皇子劉熙為濟陰王，劉懿為山陽王，劉邈為濟北王，劉敦為東海王。

東漢帝國 第十四任帝 劉協
建安十七年九月

地勢險要 孫權本部遷至建業

江東集團負責人孫權在張紘、劉備等人先後建議下，決定在形勢更為險要的秣陵（江蘇境內）修築石頭城，同時改名為建業，並將集團本部遷移至此。

呂蒙議修濡須塢 防備曹軍南侵

江東集團的大將呂蒙，在得到曹操極有可能會再度東征的消息之後，便向孫權建議在濡須水兩岸，夾水築寨，以防備曹操的大軍來犯。在會議過程中，有許多的將領認為水戰一旦開打，不是上岸攻擊敵人，就是離岸登船後撤，根本不需要在岸邊修築什麼城寨。但呂蒙卻提出他獨到的見解，認為兵有利鈍，而戰無百勝，假使忽然之間遭到曹操強大的步騎軍團攻擊，恐怕到時連跳上船的時間都沒有，又如何能如計畫中登船離岸。最後孫權也同意呂蒙的看法，便下令立即動工修築濡須塢（安徽境內），以應曹軍大軍來日之襲。

曹操欲加九錫 荀彧堅決反對

中央政府官員董昭等人日前提出一項建議，認為自古至今的匡世重臣中，未有任何一人可以像丞相（總理）曹操一樣為國家建立如此大的功勞，所以提議曹操應晉升公爵，並加九錫，才足以表彰其貢獻。這項提議得到了絕大多數侯爵及將領的認同，但唯獨擔任尚書令（宮廷祕書長），同時也是曹操最重要的智囊荀彧不肯贊同。他認為曹操興起義軍的初衷乃是為了輔政安國，應秉忠貞之誠，守退讓之實，所以對這件事表達了反對的立場。由於荀彧的反對，建請丞相曹操進國公、加九錫的提案目前已被暫時擱置，據聞曹操本人則是對荀彧的堅持反對相當不滿。而所謂的九錫（九項特別恩賜），其實包括一錫車馬，再錫衣服，三錫虎賁，四錫樂器，五錫納陛，六錫朱戶，七錫弓矢，八錫鈇鉞，九錫秬鬯（音拒倡），都是代表皇帝所賜給臣下最高的殊榮。臣下一旦接受了九錫，也代表向全天下昭告其功勳蓋世，有足夠的本錢及資格可以取天下而代之了。

曹軍再起 東擊孫權

丞相（總理）曹操於十月再度披上戰袍，親自率領軍隊東征，準備攻擊孫權，一雪赤壁之恥。江東集團方面則早有準備，由呂蒙建議修築的濡須塢（安徽境內）已經完工，部隊也在陸續的徵調之中。而孫權也特地派人到葭萌（四川境內），通知劉備回軍協防，不過要劉備放棄益州（四川、雲南境內）這塊已經到嘴邊的肥肉，可能性恐怕不高。

曹軍再度進攻江東，孫權緊急通知盟友劉備回防，但未見回應

自殺？他殺？ 荀彧毒發身亡

原本留守中央政府的尚書令（宮廷祕書長）荀彧，在曹操的要求下出發前往譙縣（安徽境內）勞軍。荀彧到後，曹操特別將他留在身邊擔任軍事參謀，不過當大軍再度啟動，推進到濡須（安徽境內）一帶時，荀彧卻又因病留在壽春（安徽境內），隨後便傳出他服毒身亡的消息。荀彧的死，被懷疑和他之前反對曹操加九錫的事有重大關係，相傳兩人在該事件之後已因理念不合產生重大嫌隙。此次隨軍出征，荀彧真的是因病留在壽春，還是稱病推託不願再隨曹操征戰，目前仍未能確認。而所謂的服毒，究竟是自殺，還是他殺，也仍要等檢調單位進一步的確定。不過有目擊者指出，荀彧在收到曹操派人送來的禮物，打開發現只是一只空盒子之後，便落寞的服下毒藥結束自己的一生了。而荀彧在世時對外堅持天下大義，對己要求正身謹行，不但極富智謀，又樂於推賢進士，他的死訊一傳出，各界都同感惋惜。

曹操送給荀彧的關鍵性空盒，是否正如鑑識人員推測，暗藏「不再需要你」的意義，導致荀彧服毒自殺，引起各界的關注

陰謀！！劉備計畫奪取益州？

由本報記者獨得的第一手資料，顯示目前駐軍葭萌（四川境內）的劉備，果然正在密謀吞併劉璋的地盤。由這份流出的文件中，可以看出核心智囊龐統，針對如何吞併劉璋的地盤，分別提出了上、中、下三種不同的計畫，以陰謀取得益州（四川、雲南境內）這塊天府之地。據了解，在會議之後，劉備最後傾向於採用所謂的中策，也就是先藉故擒殺據守白水關（四川境內）的守將，在吞併其部眾之後，兵進成都（四川境內）。

龐統提出「極端陰險」、「非常陰險」、「稍微陰險」三項奪取益州方案供劉備從中選擇

奪取益州企畫書

上計	陰選精兵，晝夜兼道，徑襲成都，劉璋既不武，又素無預備，大軍卒至，一舉便定。
中計	楊懷、高沛，璋之名將，各仗強兵，據守關頭，聞數有牋諫璋，使發遣將軍還荊州。將軍遣與相聞，說荊州有急，欲還救之，並使裝束，外作歸形，此二子既服將軍英名，又喜將軍之去，計必乘輕騎來見將軍，因此執之，進取其兵，乃向成都。
下策	退還白帝，連引荊州，徐還圖之。

（極機密）製表：龐統

馬超捲土重來 羌胡聯兵進擊

之前敗逃涼州（甘肅境內）的馬超，在得到羌人、胡人的支持之後，又再度東山再起，興兵攻擊隴上地區，目前附近各郡縣皆已紛紛響應馬超的行動。軍事分析家認為，萬一戰況要是無法有效控制的話，死灰復燃的馬超陣營，將會是令政府十分頭痛的一個問題。

要求未果 劉備火大翻臉

劉備在收到孫權回軍協防的要求後，立刻寫了一封信給劉璋，請求增撥一萬名士兵及必要的軍需裝備，以便能先回軍解荊州（湖南、湖北境內）之危，以免曹操擊垮孫權之後接著入侵益州（四川、雲南境內）。不過劉璋在收到信之後，並未照單全收，只答應再撥給劉備四千名士兵，以及一半的物資。而劉備在要求未能得到滿足之後，大為光火，對部下們說：「我們不辭危險和辛勞替益州征討強敵，而劉璋卻積財吝賞，我們為什麼還要繼續賣命。」並準備和劉璋斷絕關係。

正式決裂 張松命喪黃泉 劉備怒斬二將

立場一向親劉備陣營的張松，被證實與劉備祕密勾結，企圖顛覆益州政府，於日前已被劉璋逮捕處死，而這件事情的告發者竟然就是張松的哥哥，也就是廣漢（四川境內）太守（郡長）張肅。原來張松在聽聞劉備要領軍回救荊州的消息後，很緊張的寫信給法正及劉備，信中提到「大事今日就要完成，為何突然放棄。」但被張肅所發覺，張肅怕一旦東窗事發將連累自己，所以便向劉璋告密。劉璋在終結了張松的性命之後，隨即發布通告，嚴令各關隘守將不得再與劉備有任何往來。而劉備方面也正式採取行動，召見之前已撥歸他轄下，但仍為劉璋人馬的兩名白水關（四川境內）守將，以無禮的罪名將其誅殺。隨後率軍進逼關門，吞併二人的部隊，並往南進據涪城（四川境內），準備對成都（四川境內）發動攻擊。

劉璋發現劉備企圖後勃然大怒，雙方正式決裂

三國時報

3-KINGDOMS TIMES

西元二一三年

東漢．建安十八年

曹操四十萬大軍強攻濡須口

由丞相（總理）曹操親自率領的四十萬大軍，在今年（二一三年）元月對濡須口（安徽境內）發動猛攻。在一番激戰之後，攻破孫權在長江西邊的大寨，並生擒都督（司令官）公孫陽。目前由孫權率領的七萬江東兵團，正全力抵禦曹軍的激烈攻勢。

全國行政區大改制 十四州併為九州

中央政府在元月三日宣布，依皇帝頒布之詔令，將全國行政區重新進行畫分，由原本的十四州，合併為九州。其中司隸（京城警戒區）、涼州（甘肅境內）、幽州（河北境內）、并州（山西境內）、交州（廣東、廣西及越南境內）裁撤，所屬郡縣併入鄰州管轄。整併後的九州為：豫州（河南境內）、冀州（河北境內）、袞州（山東境內）、徐州（江蘇境內）、青州（山東境內）、荊州（湖北、湖南境內）、揚州（安徽境內）、益州（四川、雲南境內），以及雍州（甘肅境內）。

曹操對於孫權的能力給予很高的評價

孫權嚴陣 曹操撤軍

曹操與孫權兩陣營的大軍，在濡須口（安徽境內）隔江對峙了一個多月，期間雙方雖然互有攻防，但戰事未有新的進展。據聞，有一天曹操高處在觀察敵情時，發現孫權軍團的船艦、武器及軍伍都十分嚴整。便忍不住對左右部將說：「如果生兒子就應當像孫權這樣的才好，千萬不要像劉表的兒子，有如豬狗一般，怎麼笨死的都不知道。」不久，曹操收到一封孫權的來信，說到：「眼看春天就快來到，屆時冰融水起，恐對您不利，閣下應當盡速退兵為宜。」信中還另附了一張紙條子，上面寫著：「您一天不死，我就無法安坐。」曹操看完之後對諸位將領說：「孫權這個傢伙，一點也沒有欺騙我。」於是下令撤軍。

馬超張魯聯手圍攻冀城

馬超在兼併了隴右地區的部隊之後，聲勢漸大，而漢中（陝西境內）的張魯也派部將率軍前往助戰，總計兵力已超過一萬人。附近所有郡縣早已歸降馬超，獨獨剩下冀城（甘肅境內）還在苦撐固守。

大失血 政策錯誤 江淮十萬戶南遷

之前曹操為了避免長江一帶受到孫權的侵擾，下令將居民強迫遷到內地。但是出乎曹操所料的是，在政府採取動作之前，消息便已在百姓之間傳開，使得人民大為恐慌。於是從廬江（安徽境內）、九江（安徽境內）、蘄春（湖北境內），一直到廣陵（江蘇境內）的十多萬戶人民，全都渡過長江投奔到孫權地盤。整個長江以西的地區為之空虛，合肥（安徽境內）以南僅剩下皖城（安徽境內）還有人居住。政府這項錯誤的政策，不但沒有收到預期的效果，反而將百姓全都送進敵人手中。

曹操受封魏公加九錫

在去年（二一二年）因荀彧反對而擱置的丞相（總理）曹操晉升公爵並加九錫（九項特別恩賜）案，在荀彧死後終於翻案。中央政府於今年（二一三年）五月十日宣布，將冀州（河北境內）的十個郡賜給曹操為采邑，封曹操為魏公，仍以丞相兼領冀州牧。並賜給最高榮譽「九錫」，包括：大輅（大車）、戎輅（警衛車）各一，玄牡（黑色公馬）二駟（八匹）；袞冕之服（龍袍），赤舄（紅木屐）副焉；軒縣之樂（封國專用音樂），六佾之舞（封國專用舞蹈）；朱戶（紅色大門）以居；納陛以登（正堂設台階）；虎賁之士（武裝親衛隊）三百人；鈇、鉞（代表權力的刀斧）各一；彤弓（紅色弓）一，彤矢（紅色箭）百，玈弓（黑色弓）十，玈矢（黑色箭）千；秬鬯（醇酒）一卣，珪、瓚（玉勺）副焉。

堅壁清野？ 劉備虛驚一場

之前劉璋陣營於開會時，曾有參謀提出應以堅壁清野的方法，把劉備軍團可能會經過地區的居民，先行強迫遷移到他處，並把所有的倉儲存糧及田間作物，全都放火燒盡，讓劉備得不到補給，同時再以高壘深溝與其拖延對峙，如此劉備軍團在百日之內必定不戰自敗。劉備在聽聞此一戰略後，感到十分憂慮及恐懼。不過已經投效劉備陣營的法正，卻認為根本不必為此擔心，因為依劉璋的個性，絕不可能採用這項計畫。最後劉璋果然認為：「向來只有抵抗敵人以使人民安居，哪有逼遷百姓來躲避敵人的道理。」放棄了這項可以剋制劉備入侵的計畫。

法正認為劉璋絕對不會使用堅壁清野的戰略

夏侯淵奉命援冀城

魏公曹操在得知冀城（甘肅境內）遭到馬超所率領的羌胡聯軍圍攻後，已下令駐兵長安（陝西境內）的夏侯淵出兵援救。但據戰地記者回報，由於附近所有的郡縣皆已陷落，只剩冀城獨力苦撐，除非夏侯淵能在數天內空降神兵，否則冀城應該是保不住了。

勢如破竹!! 劉備襲捲益州

在劉備軍團步步進逼之下，劉璋先後派出了劉璝、冷苞、張任、鄧賢、吳懿等部將前往禦敵，但都無法抵擋劉備部隊的猛烈攻擊。在情勢逐漸失利的情況之下，劉璋只好退保綿竹（四川境內）。而在隨後雙方爆發的激烈攻防中，吳懿因不敵而棄械。奉劉璋命令前來支援的大將費觀以及李嚴，也帶領著所率部隊全軍投降，使得劉備的兵力更為強大。於是劉備分遣將領，攻奪附近的郡縣，並將劉璋給包圍在雒城（皆四川境內）之內。劉璋的部將張任，雖然領兵於雒城東南的雁橋英勇的與劉備軍決戰，但仍不敵而兵敗陣亡。其餘的將領在張任戰死後，決定改採堅守城池的戰略，不再出城應戰。

冀城企圖求援 功敗垂成

自今年（二一三年）元月馬超開始圍攻冀城（甘肅境內）至今，已經有八個月的時間，在苦等不到救兵的狀況下，守軍的情勢可說是日益艱難。被困在城內的涼州刺史（州長）韋康，只好下令部屬閻溫想辦法出城向屯駐長安（陝西境內）的夏侯淵告急求救。閻溫趁著夜色，從護城河偷偷的游水而出，摸黑溜出了重重的包圍之外。但天亮後，馬超圍城的部隊發現地上的水漬，便循跡搜索捕獲了閻溫。馬超將閻溫押到城下，要閻溫向城中大喊：「東方已無救兵。」以瓦解守軍的信心。但閻溫卻出乎意料的向守軍大喊：「大軍再三天就來救我們了，大家一定要撐下去呀。」反而使守軍受到激勵，大喊：「萬歲。」馬超雖然十分生氣，但由於冀城久攻不下，所以仍希望說動閻溫。不過閻溫並不畏懼死亡的威脅，仍舊嚴詞拒絕，最後終被馬超下令處死。

孫權跳腳 劉大耳言行不一

對益州（四川、雲南境內）一直存著非分之想的孫權，在聽到劉備已經對劉璋發動攻擊的消息後，震怒不已。因為當初孫權原本想依周瑜的規畫，出兵奪取益州，無奈劉備以應與劉璋協力抗曹，及與劉璋同為漢室同宗為由，派兵阻撓，強力反對侵略益州。據聞，孫權為此還破口大罵：「劉備這個狡猾的東西，竟然奸詐到這種地步。」

劉備言行不一，令孫權蒙受重大損失

氣力用盡冀城投降 救援不及夏侯撤軍

原本在閻溫激勵下已重燃鬥志的冀城（甘肅境內）守軍，在繼續苦撐之下，仍然不見前來救援的夏侯淵部隊，絕望的涼州刺史（州長）韋康及太守（郡長）只好決定開城投降。誰知馬超入城後，第一件事情便是將刺史韋康及太守給殺了，然後自稱是征西將軍兼并州牧，並督涼州軍事。拿下冀城的馬超在稍作整頓之後，立刻又率兵前往二百里外的地方，截擊夏侯淵的救援部隊。兩軍一陣惡戰，最後由馬超軍取得上風，加上附近的氐族部落也反過來響應馬超，將部隊進駐興國（甘肅境內）一帶，使得夏侯淵只好放棄任務，全軍撤回長安（陝西境內）原駐區。不過根據最新的消息顯示，冀城內部並非完全順服於馬超，仍有一些異議分子在暗中策畫反馬行動。看來如果馬超不能及時處理這些問題的話，恐怕將是一顆不定時炸彈。

曹操三女嫁入後宮

魏公曹操為了更加鞏固自己和皇室的關係，將自己的三個女兒，獻入後宮成為貴人（皇帝的妻妾之一）。

大反撲
馬超進退失據 暫投張魯

九月時，已被馬超誅殺之涼州刺史韋康的舊部楊阜及姜敘等人，發兵進據鹵城、祁山一帶（皆甘肅境內）。馬超得到消息後大怒，立刻率軍出城作戰，不過馬超才一出城，城門馬上就被楊阜等人的內應所關上，同時並把馬超的妻小全都處死。進退失據的馬超在與楊阜的部隊決戰後，雖然讓楊阜身受五處重傷，但仍逃不過兵敗的命運。只好向南逃亡，前往漢中（陝西境內）投靠張魯。之後中央政府表揚這次征討馬超有功的人員，包括楊阜在內的十一個人，都被重賞封侯。

馬超兵敗，逃往漢中投靠五斗米教教主張魯

馬超再起 夏侯淵祁山赴援

馬超投靠漢中（陝西境內）之後，得到張魯所撥補的軍隊，又再度率兵北返包圍祁山（甘肅境內）。駐守祁山的將領姜敘發現情勢不妙，便立刻派人向長安（陝西境內）求援，夏侯淵手下的部將們在收到求救信後，都認為應當先向魏公曹操請示再做行動，但夏侯淵卻說：「魏公遠在往返四千里遠的鄴城（河北境內），等到收到指示，姜敘的部隊早就被消滅了，還談什麼救援。」於是命令張郃率領五千名步騎為先鋒，主力軍團也隨之開拔赴援。

夏侯淵收到求救信後，立刻率兵救援

曹操獲得皇帝御賜遠游冠

金印紅綬遠游冠 曹操地位更顯尊榮

今年（二一四年）三月，皇帝下詔，提升魏公曹操的位階到諸侯以及親王之上，並改發印綬為親王等級的金印、紅帶，帽子也改戴遠游冠，讓魏公曹操在朝中的地位更顯尊榮。而最近也一直有耳語傳出，皇帝早在曹操的壓力之下罹患了重度的憂鬱症，整天擔心著皇位被曹操搶走，不過中央政府的發言人已嚴正駁斥這些傳聞。

天候異常 久旱再逢大雨

根據氣象單位的資料顯示，今年（二一四年）氣候再度呈現不穩定的激烈變化，在四月的旱災讓農民們吃足了苦頭之後，終於天降甘霖，於五月時下起雨來。但是這雨卻一下不停，最後導致了水災的爆發，一連串的災害，著實令百姓苦不堪言。而政府官員們除了求雨之外，似乎也提不出任何的解決方法。

贏得漂亮 夏侯先退馬超再破韓遂

夏侯淵大軍開赴祁山，很快便擺開陣勢擊敗了馬超的軍隊。解除姜敘之圍後，夏侯軍北上渡過渭水，打算襲擊前幾年關中叛亂後逃駐顯親一帶的韓遂。韓遂聞訊立即向東撤走，夏侯軍也跟著追到距離略陽僅三十餘里的地方。由於此地離興國（皆甘肅境內）的氐族駐軍不遠，所以部將們對於應該先對韓遂發動攻擊，還是先打興國的氐族部隊有了不同的看法。不過，夏侯淵卻認為：「韓遂軍都是精銳部隊，而興國城堅固異常，不論攻打哪一邊，都無法在短時間之內得勝，而且會有腹背受敵的危險。不如先北上攻擊長離川一帶的羌族部落，因為韓遂的部隊中有很多羌族的士兵，一旦部落受到襲擊，這些羌兵一定會趕回去救援。韓遂如果讓這些羌兵離開，則他的力量便大為減弱，如果他率軍營救長離川，我們就可以和他野戰並將之擒獲。」於是夏侯淵留下部將看守輜重物資，自己則率領輕裝部隊攻擊長離川的羌族部落，並擊敗了如預期中趕來救援的韓遂部隊。大破韓遂之後，夏侯軍順勢南下圍攻興國，最後興國的氐族酋長出逃投靠馬超，剩餘的士兵則全部投降。隨後夏侯淵兵鋒北轉，再對高平（寧夏境內）發動攻擊，掃平這一帶所有的反對勢力。

夏侯淵軍團連戰大捷，先力克馬超、韓遂部隊，再掃平興國、高平兩地的反叛勢力

閃電攻擊 孫權奪下皖城

江東軍團在呂蒙率領下，閃電攻下皖城

閏五月時，孫權依呂蒙的建議，打算搶在皖城（安徽境內）的稻熟收割之前，就發動攻擊，以免到時因豐收又增強了曹軍的力量。許多將領認為應在皖城四周堆築土山，並製造攻城器具，但呂蒙卻認為等土山及攻城武器做好，城裡的防禦工事早已完成，而敵人的援軍也會趕到，不如立即採取強攻的方法較有勝算。於是孫權同意此一做法，遂任命呂蒙推薦的甘寧為攻城先鋒。甘寧身先士卒，手攀繩索攀城而上。呂蒙接著率領精銳部隊接續攻城，全軍四面八方對守軍猛攻，攻擊於清晨時發動，到早餐前便已占領皖城，並俘擄數萬人。而原本打算率兵來援的張遼，行至半路便聽聞皖城被閃電攻陷的消息，也只好放棄任務自行撤退。

諸葛亮西進川蜀 關雲長留守荊州

諸葛亮等人率兵西進，留關羽獨守荊州

諸葛亮留下關羽鎮守荊州（湖南、湖北境內），自己則和張飛、趙雲領兵西進川蜀（四川境內）。大軍逆長江之水而上，先克巴東（四川境內），再下江州（四川境內），並俘擄了巴郡太守嚴顏。張飛斥責嚴顏頑抗不降，嚴顏卻回答說：「是你們無緣無故侵奪我益州，益州只有斷頭將軍，不會有投降將軍。」張飛聽了之後大怒，便下令左右將嚴顏拖下去砍頭。只見嚴顏面不改色，說:「砍頭就砍頭，幹嘛發那麼大的脾氣。」張飛對於嚴顏的勇氣膽量大感訝異，反而立刻解開其束縛，並奉為座上佳賓，以禮待之。

馬超密與劉備集團接觸

可靠消息來源表示，目前投靠漢中（陝西境內）集團的馬超，似乎認為老闆張魯不足以成大事，加上張魯的許多部將都對馬超的能力十分嫉妒而加以排擠，導致馬超漸萌出走之心。根據傳聞，最近劉備陣營也已經派出代表，暗中積極的與馬超接觸，很有可能是洽談關於雙方合作的事宜。此項傳聞如果屬實的話，則劉備的力量又將再度擴張，未來極有可能會發展成為曹操、孫權以外，不可忽視的第三勢力。

關羽挑釁不斷 孫劉情勢緊張

魯肅為顧全大局，對關羽的百般挑釁一再忍耐

留駐江陵（湖北境內）的關羽，因為疆界與魯肅所管轄之地接壤，便不斷的採取一些挑釁的行為，讓最近兩陣營的情勢頗為緊張，大有一觸即發的可能。所幸魯肅每次皆以友善的態度回應，不與之計較，雙方才未演變成無以挽回的局面。不過關羽這種剛愎自傲的個性，實在是劉備陣營的一大隱憂，也是荊州地區動蕩不安的原因之一。

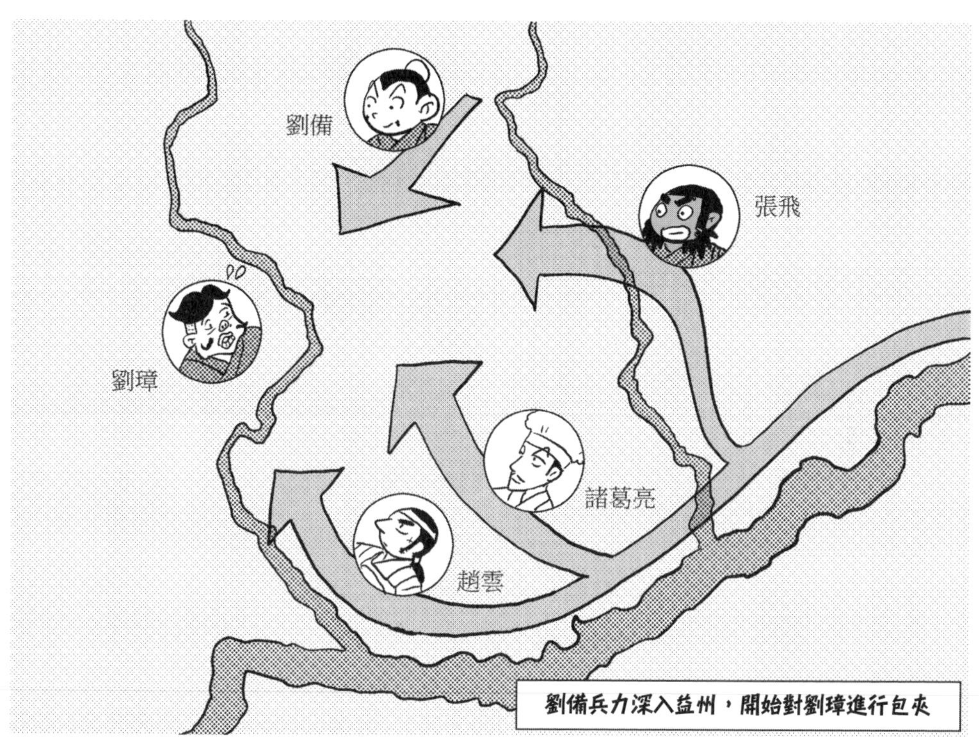

劉備兵力深入益州，開始對劉璋進行包夾

諸葛張飛趙雲　兵分三路包夾劉璋

由諸葛亮率領的劉備第二軍團，入蜀後勢無可擋，在連下巴東、巴郡之後，兵分三路，準備分頭夾擊益州的守備部隊，並在成都與劉備會師。張飛北上，目標奪取巴西郡，趙雲則沿外水，企圖拿下江陽城（皆四川境內）。依實際戰力推估，張飛及趙雲應該可以在短時間之內便取下二城，並繼續往成都推進。

鳳雛殞落 龐統死於流箭

包圍雒城（四川境內）已將近一年的劉備部隊，近日傳出驚人的意外。軍師龐統在征戰途中遭到伏擊，竟然不幸被流箭射中，最後傷重不治，得年只三十六歲。而此一突如其來的噩耗，是否將對劉備陣營形成嚴重的打擊，各方正在密切的觀察中。

劉備與龐統在行軍途中遭遇亂箭突襲

羅貫中專欄

落鳳坡龐統遇難

龐統問法正曰：「前至雒城，有多少路？」法正畫地作圖。玄德取張松所遺圖本對之，並無差錯。法正言：「山北有條大路，正取雒城東門；山南有條小路，卻取雒城西門。兩條路俱可進兵。」龐統謂玄德曰：「統令魏延為先鋒，取南小路而進；主公令黃忠作先鋒，從山北大路而進。並到雒城取齊。」玄德曰：「吾自幼熟於弓馬，多行小路。軍師可從大路去取東門，吾取西門。」龐統曰：「大路必有軍邀攔，主公引兵當之。統取小路。」玄德曰：「軍師不可。吾夜夢一神人，手執鐵棒擊吾右臂，覺來猶自臂痛。此行莫非不佳。」龐統曰:「壯士臨陣，不死帶傷，理之自然也。何故以夢寐之事疑心乎？」當日傳下號令，軍士五更造飯，平明上馬。玄德與龐統約定，忽坐下馬眼生前失，把龐統掀將下來。玄德跳下馬，自來籠住那馬。玄德曰：「軍師何故乘此劣馬？」龐統曰：「此馬乘久，不曾如此。」玄德曰：「臨陣眼生，誤人性命。吾所騎白馬，性極馴熟。軍師可騎，萬無一失。劣馬吾自乘之。」遂與龐統更換所騎之馬。龐統謝曰：「深感主公厚恩。雖萬死亦不能報也。」遂各上馬取路而進。

卻說雒城中忽報漢兵分兩路前來攻城。張任急引三千軍，先來抄小路埋伏。見魏延兵過，張任教儘放過去，休得驚動。後見龐統軍來，張任軍士，遙指軍中大將：「騎白馬者必是劉備。」張任大喜，傳令教如此如此。卻說龐統迤邐前進，抬頭見兩山逼窄，樹木叢雜；又值夏末秋初，枝葉茂盛。龐統心下甚疑，勒住馬問：「此處是何地名？」數內有新降軍士，指道：「此處地名落鳳坡。」龐統驚曰：「吾道號鳳雛，此處名落鳳坡，不利於吾。」令後軍疾退。只聽山坡前一聲炮響，箭如飛蝗，只望騎白馬者射來。可憐龐統竟死於亂箭之下。時年止三十六歲。有落鳳坡逃得性命的軍士，回報說：「軍師連人帶馬，被亂箭射死於坡前。」玄德聞言，望西痛哭不已，遙為招魂設祭。

劉備兵圍成都 集團成員陸續會師

被圍攻將近一年的雒城（四川境內）終於陷落，劉備軍團順勢將戰線推進到劉璋的大本營成都（四川境內）。在此之前，法正曾寫信給劉璋，建議以和平的方式轉移益州政權，以保障家族生命財產的安全，但劉璋仍置之不理。如今雒城已破，而諸葛亮、張飛、趙雲所率領的第二軍團，又分別從巴西、德陽，以及江陽、犍為（皆四川境內）分兩路抵達成都與劉備會師，目前的情況對劉璋來說已是越見艱難。

馬超率兵投劉備

之前暫投漢中（陝西境內）的馬超，終於下定決心脫離張魯陣營，從武都逃到氐中（皆甘肅境內）。在獲得劉備暗中撥付的一支軍隊後，日前已率領此軍南下成都（四川境內），並於城北紮營，馬超這支奇兵的到來，已讓城中充滿震驚與恐怖。不過據守城內的劉璋部隊仍有三萬精兵，而戰備用的糧秣也有一年的存量。據聞劉璋已經對於究竟是要戰還是要和，陷入長考之中。

劉璋開城獻降 財產獲得保全

在兵圍成都（四川境內）數十日後，劉備派出參謀簡雍入城，希望能以高規格的禮遇說服劉璋開城獻降，以減少不必要的犧牲及損耗。雙方會談之後，劉璋終於點頭，與簡雍共乘一車出城投降。而劉備隨後也遵守協議，派人將劉璋及其家人，護送到公安（湖北境內）安居，而原屬於劉璋家族的所有財物，也都全數歸還。至於中央政府之前頒授的振威將軍印信，也讓劉璋繼續配帶。

劉備答應劉璋投降後仍可以保有私人財產

入主益州 劉備終於翻身

奮鬥多年之後，劉備終於從劉璋手上搶到了益州這塊根據地

歷經滄桑，曾先後投於袁紹、曹操帳下的劉備，多年輾轉作戰之後，終於在諸葛亮等人的協助之下，在有天府之國美稱的益州（四川、雲南境內）建立起真正屬於自己的地盤。劉備率軍入城後，立刻大擺宴席慶功，以慰勞在入蜀大作戰中一路奮勇征戰的士卒，並將城中府庫所藏的金銀財物全部取出，分給將士們做為獎賞，至於庫藏的糧食布匹等物，則發還原主。

劉備人事布局 展現睿智氣度

由左將軍劉備接管的益州政府，已正式發布了新的人事安排，除了由原班底諸葛亮升任軍師將軍兼益州太守（郡長），征蜀有功人員黃忠、糜竺、簡雍、孫乾等亦各有擢升之外，新加入劉備的馬超也被升為平西將軍，法正則被任命為蜀郡太守。而原劉璋陣營的許多官員，也都在此次任命之列，其中原任益州太守的董和，因在任時政績優良，被任命為掌軍中郎將，兼管益州最高權力中心左將軍府事務；而之前一直反對迎接劉備的劉巴，與在民間頗有聲望的許靖，也被延聘到劉備的左將軍府任職；另外，兩軍對峙時堅不投降的黃權、與劉璋時期就已在職的李嚴、劉璋的姻親吳懿與費觀、曾被劉璋迫害的彭羕等人，也都各有任用。由以上的人事布局看來，劉備著實展露了其政治上的睿智與氣度，不但消弭了派系背景的隔閡，也讓有志之士得以兢業戮力，讓益州出現了一股新的氣象。

劉備之前為激勵攻城，答應士兵可自由拿取府庫財物

放任官兵搜括府庫 劉備財政重大危機

由於當初劉備在包圍成都（四川境內）時，為了激勵士氣，曾對全軍公開許下承諾。表示只要大家奮力殺敵，等到城破之後，成都府庫中所藏的金銀財物，自己一概分毫不取，將全數分給所有的官兵戰士。所以當後來劉璋開城投降，大軍得以進入成都時，所有的官兵便迫不及待的放下武器，爭相到各府庫中去搶奪，深怕動作慢了值錢的東西都被拿光，導致所有財物都被搜括一空。後來盤點結算時才發現，以目前的財力，可能連最基本的軍事經費都即將無法支應。財政問題已成為劉備入主益州政府後，所要面臨的第一項重大危機。

真夠牛！！ 劉備無意歸還荊州

江東集團領導人孫權，在得到劉備已奪取益州（四川、雲南境內）的消息後，派部屬諸葛瑾也就是諸葛亮的兄長，前往成都晉見劉備，要求歸還先前暫借的荊州（湖南、湖北境內）之地。但劉備的答覆卻是要等到平定涼州（甘肅境內）之後，再交還荊州，似乎並沒有要歸還荊州的意思。

孫權派人向劉備索討荊州，但劉備卻藉故拖延

益州新幣 一：一〇〇兌換

益州（四川、雲南境內）政府為了避免財政繼續惡化，已依左將軍府總管劉巴的建議，發行新的貨幣並強力限制物價上漲。依規定，新幣與舊幣的兌換率為一：一〇〇，自即日起，持有舊幣者，須以一百枚舊錢向政府兌換一枚新錢，同時舊幣不得再流通使用。

還地於民 趙雲建議獲採納

有消息指出，劉備集團初入益州（四川、雲南境內）時，有人在高層會議提出要將益州的良田及豪宅，分給有功將領當作賞賜的建議。不過趙雲卻持反對意見，認為應將所有田宅都歸還原主，等人民安居復業之後才徵稅服役，千萬不可強奪百姓的財物田產，來犒賞自己手下的將士。最後劉備採納趙雲的看法，還地於民，也讓益州百姓得以安居無慮。

荊州三郡強赴任 江東官員遭關羽驅離

出使益州（四川、雲南境內）的諸葛瑾，將劉備拒絕交還荊州（湖南、湖北境內）的消息帶回江東之後，孫權決定直接派任長沙、零陵、桂陽（皆湖南境內）等三郡的太守（郡長）及隨行官員，強行赴任。但根據最新的消息，這批官員已被留駐荊州的關羽驅逐出境。為此孫權陣營已發表強烈譴責，並誓言將採取必要的行動，以捍衛三郡的主權。

孫權派任的三位官員遭到關羽驅逐

法正擅作賞罰 諸葛視而不見

被任命為蜀郡太守的法正，經人舉發其濫用職權，挾私報復，更擅自誅殺好幾個過去曾毀謗或傷害他的人。據記者的深入了解，由於法正對外統轄益州首府，對內參與重要決策，大權在握，所以對一頓飯的恩德，一瞪眼的怨恨，都必然回報，公器私用，毫無忌憚。對於這種情形，有人認為諸葛亮應出面干預，並報告劉備，以便壓制法正作威作服的心態。但是據了解，諸葛亮對法正這些行為，似乎是採取視而不見的態度，並不願出面處理。諸葛亮私下表示：「當初主公（劉備）在公安（湖北境內）的時候，北畏曹操之強，東憚孫權之逼，近則懼孫夫人生變於肘腋。最後多虧了法正作翅膀，主公才有機會可以自由翱翔於天際，不再受到各方的控制。所以我並不想禁止法正，而讓他連一點點隨心快意都不行。」

諸葛亮對於法正亂搞特權的行為完全不以為意

呂蒙出手 三郡收回其二

對於之前關羽擅自驅逐三郡太守（郡長）的行為，孫權在震怒之餘，採取了報復手段。命令大將呂蒙率領精兵二萬，對三郡發動攻擊。其中長沙、桂陽（皆湖南境內）兩郡，在收到呂蒙部隊的通知之後，馬上向江東陣營投降，目前三郡中僅剩零陵（湖南境內）太守郝普仍在堅守，並向益州告急求援。

呂蒙率兵攻擊關羽鎮守的荊州，奪回三郡

諸葛亮執法過嚴 險激眾怒

由於諸葛亮輔佐劉備治理蜀地（四川境內）時，執法相當的嚴峻，讓許多人感到怨嘆不滿。據聞，法正見到這種情形後，曾私底下勸告諸葛亮說：「當初漢高祖劉邦入關的時候，只和百姓約法三章，而使得秦民感恩知德。如今左將軍（劉備）新得益州，人民尚未感受到政府的恩撫，是不是應該先放低身段，緩刑弛禁，以符眾人之望。」但是諸葛亮解釋說：「你只知其一，不知其二。秦朝時因暴虐無道，政苛民怨，所以漢高祖劉邦才會採取寬大的政策。而劉璋父子兩代統管益州，卻是德政不舉，威刑不肅。況且，蜀地人士專權自恣，寵之以位，位極則賤；順之以恩，恩竭則慢。這就是現在益州弊端百出的根本原因。我現在以律法來樹立威信，法行則知恩；對官爵嚴格審核，爵加則知榮。榮恩並濟，上下有節，才是治理國家最重要的關鍵。」

縣長百事荒廢 劉備火大 蔣琬丟官

日前劉備前往各地巡視的時候，發現廣都（四川境內）縣長蔣琬不但政事荒廢，又因飲酒過量沉醉不醒，大怒之下，打算將蔣琬依瀆職罪處死。不過諸葛亮告訴劉備說：「蔣琬是治理國家的人才，而不是幹縣長的材料。他處理政務是以安民為本，而不以修飾個人表現為先，請主公重新再作考察。」由於劉備一向敬重諸葛亮，所以蔣琬最後僅被免職，暫時保住一命。

魏公領兵出征 曹植鄴城留守

今年（二一四年）七月，魏公曹操命幼子曹植留守鄴城（河北境內），自己領兵出征，打算再度對孫權發動攻擊。自從一九七年曹昂戰死後，曹丕就成為曹操第一順位的繼承人選，但有耳語傳出，由於曹植學思敏捷又多才多藝，特別得到曹操的喜愛，極有可能會擠下曹丕而成為第二代的繼承人。為此緣故，兄弟兩人之間已有心結，最後是否會演變成袁紹、劉表等人死後的兄弟鬩牆，應該是曹操要特別注意的問題。

才思敏捷的曹植對曹丕的接班形成威脅

劉備折返公安 展開荊州爭奪戰

劉備在聽聞呂蒙兵進荊州三郡（皆湖南境內）的消息後，已將益州事務委託諸葛亮，自己則火速趕回公安（湖北境內），親自坐鎮指揮，準備與孫權展開荊州（湖南、湖北境內）爭奪戰。

荀攸辭世 曹操痛失臂膀

繼荀彧去世之後，曹操的另一位重要智囊荀攸也於日前辭世。荀攸深謀遠慮，行事嚴謹，常年追隨曹操東征西戰，運籌於帷幄之中，如今逝世，對曹操就有如痛失臂膀一般。曹操表示：「荀彧進善，不進不休；荀攸去惡，不去不止。他們二位對於人的評論，日子越久，越知道其正確性，我這一生都不會忘記。」

重要智囊荀攸去世，對曹操打擊不小

政府軍 掃平河首收服隴右

今年（二一四年）十月，在魏公曹操的指示之下，夏侯淵奉命率領精銳部隊，從興國（甘肅境內）附近出發，一舉掃平枹罕（甘肅境內），並斬殺河首地區（青海境內）從一八四年起就畫地為王的宋建。同時夏侯淵又命部將張郃，分領另一支隊伍，渡過黃河進入小湟中（青海境內）一帶，憑藉著優勢武力，將隴右地區的羌族部落全部收服。

陳年舊事…… 皇后捲入政變疑雲

一宗多年以前密謀反對曹操的政變案，在最近出現新事證，使得當今皇后伏氏也被捲入其中。根據熟悉皇室事務的人士表示，在十四年前車騎將軍董承謀反的案件中，由於曹操下令誅連三族，所以就算皇帝數度求情，也救不了已懷有身孕的董貴人（即董承之女）。這件事讓伏皇后心懷恐懼，便寫信給父親伏完，要伏完想辦法對付曹操，但當時伏完有所顧忌，所以並沒有採取任何行動。事隔多年，這個祕密終於外洩，身兼丞相（總理）的魏公曹操，為此十分震怒，已下達指令對此事嚴加徹查。相信在短時間內，皇室勢必將掀起一股血腥風暴。

關羽受命爭奪三郡 魯肅領軍半路截擊

在劉備親回公安（湖北境內），並派出關羽南下準備爭奪三郡後，江東陣營也立刻為此召開緊急會議。會議後孫權決定親自率軍進駐陸口（湖北境內），再命魯肅率領一萬兵馬即刻出發，推進到益陽（湖南境內）以截堵關羽的部隊。

皇室哀歌 皇后皇子遭丞相處決

轟動一時的伏皇后涉嫌謀反叛國案，在今年（二一四年）十一月時終於宣布偵查終結。包含皇后及兩位皇子在內的一百多人，因罪證確鑿，都被具體求處死刑，並已於日前執行完畢。據現場目擊者表示，在魏公曹操的命令下，御史大夫（監察首長）郗慮持節（持有符節代理皇帝行使權力）入宮，當場沒收皇后印信。尚書令（宮廷祕書長）華歆則充當郗慮的副手，率兵直入後宮準備逮捕伏皇后。一開始找了好久，四處都找不到皇后的蹤跡。後來華歆靈機一動，命人拿來大鎚拆屋毀壁，把躲在牆壁夾層的伏皇后，硬生生的給拖了出來。當灰頭土臉的皇后披頭散髮、光著雙腳，被押著經過皇帝身邊時，一面走一面淚流滿面的哭著說：「皇上，真的沒有辦法救我嗎？」這時皇帝也只能無奈的回答：「我自己都不知道能活到什麼時候……」接著轉頭問郗慮說：「郗公啊，天底下真的有這種事嗎？」結案之後，皇后被下令囚禁暴室（宮庭紡織署，宮女有疾或后妃有罪者亦居於此）而死。皇后所生的兩名皇子，雖貴有皇室血統，亦逃不了被灌毒酒而死的命運，娘家伏氏一百多條的人命，則是全數遭到處決。皇帝在此一事件中，完全沒有任何干預的餘地，在大權落於曹操手上的情況中，也只能眼睜睜的看著自己的妻兒被殺。看來東漢帝國真的已經走到窮途末路，接著可能就是曹魏時代的來臨了。

皇帝也只能眼睜睜的看著皇后被曹操派人抓走

呂蒙智得零陵　回軍協防魯肅

原本決定堅守到底的零陵太守（郡長）郝普，日前突然向江東集團將領呂蒙投降，使得呂蒙得以順利拿下長沙、桂陽、零陵（皆湖南境內）三郡，並火速回軍協助集團軍作戰。據記者深入了解，由於孫劉兩陣營的荊州（湖南、湖北境內）爭奪戰已進入白熱化階段，孫權為了能即時有效的阻截關羽的部隊，其實已經向呂蒙下達了放棄零陵，並立即回軍協助魯肅的指令。但呂蒙在收到命令之後，卻連夜召開緊急會議，大動作的做出攻城準備，並派人進城游說郝普投降。郝普被告知錯誤的消息，誤以為劉備仍在漢中（陝西境內）被夏侯淵所困，而關羽的部隊則仍被孫權阻截於南郡（湖北境內），加上又看到呂蒙軍已做好攻城的準備，所以便改變心意，開城獻降。之後呂蒙前往迎接，握住他的手一同下船，正式會談完畢之後，呂蒙拿出孫權的來信給郝普看，並拍手大笑。郝普這才羞愧的發現，其實劉備早已回到公安（湖北境內），關羽的援軍也已抵達益陽（湖南境內），而呂蒙已被要求放棄對零陵的攻擊，只要再堅持一下就不必投降了。目前呂蒙已留下部將孫河駐守零陵，自己則率軍轉往益陽協助魯肅。

零陵守將誤信呂蒙說詞，竟在最後關頭決定投降

益州新幣奏效　府庫充實

益州政府先前所採行的一：一〇〇新幣兌換政策，果然如預期般產生了效果，目前物價已經回穩，而府庫也十分充實，順利的渡過了這次的財政危機。隨著日後穩定的稅收，益州的經濟體制也將日趨健全，成為劉備爭奪天下堅實的後盾。

逃兵問題嚴重 研擬加重罰則？

由於政府軍的逃兵問題嚴重，相傳兼任丞相的魏公（總理）曹操，有意加重逃兵的處罰，將原本拷打逃兵者之妻兒的規定，擴大到連父母兄弟都要被拷打處分。不過魏國政府官員高柔特別為此提出反對意見，認為如果再加重處罰的話，可能會造成連鎖效應，以後軍中只要見到有人逃兵，便會聯想到自己也可能會受到連帶處分，於是跟著逃亡，到最後可能會面臨無人可殺的窘境，重刑不但無法遏阻逃兵，只會使問題更嚴重。最後曹操認同高柔的意見，取消原來加重逃兵罰則的提案。

魯肅單刀赴會 關羽啞口無言

魯肅連番的提問讓關羽無言以對

駐軍益陽（湖南境內）的魯肅，與關羽展開陣前談判，希望能找到非武力的解決方式。會談時兩軍部隊相距百步之外，與會的將領們則僅配帶單刀赴會，面對以勇武見稱的關羽，魯肅此舉險得格外的冒險。會議中，魯肅首先責備關羽不該背棄盟約，拒絕歸還長沙、桂陽、零陵等三郡（皆湖南境內）。關羽則予以辯駁，認為劉備在赤壁之戰中，奮勇殺敵，怎可徒勞無功，連一塊地都得不到。不過魯肅立刻反擊，說：「當初我與劉備在長阪（湖北境內）會面時，你們的力量連一小隊敵軍都抵擋不了，都已經走到了窮途末路，士氣已然潰散，只能打算逃竄到更偏遠的地方，豈敢妄想擁有此地。都是我主孫權心地仁善，可憐你們沒有棲身之所，不惜自己的土地士民之力，使劉備能有個庇蔭之所。誰知道劉備忘恩負義，背盟棄約，已得西州（指益州），又想侵吞荊州之地。這種連凡夫俗子都不忍心做的事，怎麼一個統領眾英雄的領袖還會這樣做呢？」這番對話，讓在戰場上所向無敵的關羽，竟也無言以對，弄得灰頭土臉顏面無光。

3-KINGDOMS TIMES

西元二一五年

東漢・建安二十年

女兒封后 曹操升格皇帝丈人

今年（二一五年）開春，皇室就傳出喜訊，魏公曹操的女兒在元月十八日，經皇帝下詔，由貴人被擢升為皇后，統領後宮。而曹操的身分也更加尊貴，成了當今皇帝的岳父大人。

曹操女兒封后，令皇帝倍感壓力

孫權劉備和談 重新畫定邊界

據最新的情報顯示，由魏公曹操親領，原本公開宣稱要南下攻擊孫權的政府大軍，竟然已經直撲漢中（陝西境內），將矛頭指向張魯。這個突如其來的轉變，確實令張魯陣營措手不及，而連帶受到影響的，則是劉備與孫權的荊州爭奪戰。由於劉備十分擔心一旦漢中被曹操拿下後，益州也將不保，所以已經派人向孫權請求和談。孫權方面也派出諸葛瑾為談判代表，與劉備重定盟約。雙方重定邊線，以湘水為界，湘水以東的長沙（湖南境內）、江夏（湖北境內）、桂陽（湖南境內）屬孫權管轄；湘水以西的南郡（湖北境內）、零陵（湖南境內）、武陵（湖南境內）歸劉備統領。

原本和孫權爭奪荊州的劉備，因擔心曹操對益州基地造成威脅，決定和孫權和談並重畫邊界

曹操親擊張魯 氏族頑抗遭屠城

由魏公曹操親自率領的大軍，向張魯陣營發動攻擊。政府軍原本計畫從武都（甘肅境內）向西進入氐族領地，但是氐族部落已事先得到消息，便將所有道路都予以堵塞。曹操見狀派出張郃、朱靈等將領率兵輕易的擊破頑抗的氐族部落。四月時，政府軍從陳倉（陝西境內）出散關，進逼河池（甘肅境內）。雖然氐王竇茂統領一萬多名部落軍隊，恃險頑抗，堅不投降，但仍禁不起曹操大軍凌厲的攻勢，河池於五月時慘遭被屠城的命運。

韓遂人頭 快遞急送

之前關中聯軍叛亂失利，已逃亡涼州（甘肅境內）的韓遂，被西平（青海境內）、金城（甘肅）等地的將領斬殺。韓遂的首級隨後被呈獻給魏公曹操，當成表示忠誠的禮物。

情資不實 攻勢受阻 政府軍有意放棄

政府軍在解決了氐族部落後，於七月挺進到陽平關（陝西境內）下，不過原本擬定的作戰計畫卻在此遭到了空前的阻礙。出兵之前，曹操由涼州官員及武都（甘肅境內）投降者所提供的情報，誤以為陽平關下兩山相距遙遠，無法防守，應該很容易攻取。但是兵臨關下時才發現根本不是這麼一回事，陽平關周圍山壁陡峭難以攀登，層山疊嶺不辨山徑，實在不知從何處展開攻擊。曹操為此傷透腦筋，感嘆的說：「別人提供的看法，實在很少能盡如人意的啊。」據張魯陣營傳出的消息，原本政府軍抵達陽平關時，張魯是想獻出漢中（陝西境內）投降的，但是其弟張衛卻堅決反對，並率領數萬人固關堅守，沿山築起十餘里的城寨。政府軍試過各種方法，不但無法打下任一座危城險寨，更損耗了大量的兵力及軍糧。聽說曹操最近十分沮喪，似乎有放棄的意思，已經下令夏侯惇召回先入山的先鋒部隊，打算截毀山路並開始撤軍。

陰錯陽差　誤打誤撞　陽平意外破關

政府軍的陽平關（陝西境內）攻掠出現戲劇性的轉折，原本已經要被傳喚下山的先鋒部隊，因為在夜行軍時於山徑中迷失方向，竟然誤打誤撞的闖入張衛守軍中的一個重要營寨，導致營中士兵大驚退散，潰不成軍。這時跟隨在前鋒部隊之後的辛毗、劉曄等人，趕緊通知夏侯惇及許褚這個消息。夏侯惇一開始不敢相信，還親自上前察看，確定無誤之後便向曹操報告，並發動大軍全力強攻張衛大營。固若金湯的陽平關就在這種意外的情形之下陷落，而張衛本人則只能趁著夜色遁走。

曹操部隊在迷路後陰錯陽差破了陽平關

封府庫釋善意　張魯退守巴中

張魯聽聞陽平關（陝西境內）已經陷落的消息，十分震驚恐慌，想要立刻投降。但是閻圃卻勸阻說：「如果我們今天是因為逼不得已才投降，那一定不會受到重視。不如先逃入川蜀之地依靠當地部落，再與曹操抗拒一段時間，然後再採取行動，這樣一定會比較受到重視。」於是張魯率領部眾奔入南山（陝西境內）逃入巴中（四川境內）。臨行時，左右部眾打算放火燒毀府庫儲存物資，不過張魯說：「我本來就有歸順國家的打算，只是一直沒有適當的時機可以表達。今天走避銳鋒，非有惡意，而寶貨倉庫，乃國家之有，不應破壞。」於是將所有府庫貼上封條，才領軍撤退。曹操入城後，發現張魯釋出善意封存府庫物資，甚為嘉許，遂派人前往慰問。

劉備派兵欲迎張魯

剛與孫權簽妥合作協議的劉備，已做好回防蜀地（四川境內）的準備，並密切注意曹操軍團以及張魯的動向。劉備陣營在日前開會討論之後，認為一旦漢中（陝西境內）完全落入曹操的掌控之中，則巴東、巴西、巴郡（皆四川境內）等地，就會因為失去屏障而處處受到牽制，到時蜀地的處境就好像被割去臂膀一般岌岌可危。於是劉備決定派出部將黃權，率領一支部隊前往巴中（四川境內）與張魯接觸。希望可以在曹操行動之前，以極大的善意邀請張魯加入劉備陣營，組成共同對抗曹操的聯盟。

孫權十萬大軍進攻　曹操錦囊一紙應變

由江東集團領袖孫權親自率領的十萬大軍，於今年（二一五年）八月，包圍只有七千人防守的合肥（安徽境內），企圖奪下這座由張遼、樂進、李典固守的城池。不過魏公曹操在西征張魯之前，似乎就已經料到孫權會走這一步棋，所以早就留下一封錦囊給合肥護軍薛悌。這紙信封上註明當敵人來時才可拆開的手令，寫著：「如果孫權親至，就由張遼、李典領軍出戰，樂進負責守城，護軍薛悌則不得與敵交戰。」一開始諸將對於這樣的安排還十分猶豫，認為兵力實在過於懸殊，貿然出戰只怕勝算不大。張遼說：「丞相大軍遠征在外，等到援軍到來時，我們早就被敵人所擊破了。所以丞相留下指示，就是要我們在敵人尚未完成攻擊準備時，就先發動突擊，以挫減其氣勢，安定我方之軍心，如此才有辦法固守下去。」但樂進等將領依然默不作聲，使得張遼大怒說：「成敗就在此一戰，諸位若有遲疑，我自己一人獨自領兵與敵人決戰。」這時，一向與張遼不合的將領李典慨然說：「這是軍國大事，怎麼可以因為個人的私怨而忘卻公義呢？我願意與你一同出戰。」於是連夜募集了八百名精銳死士，並宰殺牛隻，讓這批士卒在死戰前得以飽餐一頓，準備在次日拂曉攻擊。

曹操預先留下一封錦囊給張遼，在緊急時可依計應變

得隴望蜀 丞相不允司馬懿建議

據漢中郡府南鄭（陝西境內）傳出的消息，丞相主簿（總理之主任祕書）司馬懿向曹操建議：「劉備以狡詐的方式挾持劉璋，在蜀地（四川境內）人民並未真心歸附時，又率兵遠征江陵（湖北境內），此機不可失也。今天我們剛剛克復漢中（陝西境內），益州（四川、雲南境內）情勢為之震動，此時若進兵臨之，敵人勢必瓦解。聖人行事不能違時，亦不可失時。」但是曹操回答說：「人最痛苦的就是不知足了，如今我們既已爭得隴地（陝西境內），為何心中又盼望奪得蜀地呢？」於是留夏侯淵統御張郃、徐晃等將領駐守漢中，自領大軍班師。相較於上次想要強遷江淮百姓，造成十萬戶居民流失，這次反倒有八萬餘人，自願跟隨大軍內遷到洛陽（河南境內）、鄴城（河北境內）等地，也算是扳回一城。

曹操反對司馬懿乘勢推進蜀地的計畫

張遼單挑大軍 孫權氣勢全失

面對孫權的大軍壓境，曹營方面可說是毫無畏懼。一支由張遼率領的突擊隊，在破曉之時突然發動攻擊。微曦的光線之中，只見張遼披甲執戟，身先士卒，衝鋒陷陣。不但連續斬殺數十名敵軍、砍倒兩名大將，還一路大聲叫喊自己的名字，策馬直往孫權指揮本部奔殺而去。大吃一驚的孫權，在親衛隊的保護下，倉皇的逃往附近高丘避其兵鋒。而張遼則是在山丘下大聲叫罵，要孫權下來決一死戰。最初孫權驚魂未定，不敢有任何動作，不過一回神，發現張遼所帶領的兵馬並不多，便下令大軍將其團團圍住。張遼一陣強攻猛打，沒多久便帶領左右數十人殺出重圍。但聽到仍被大軍團團困住的部眾高喊：「將軍要棄我們於不顧嗎？」時，張遼便又勒馬殺入，將全部的部眾救出。過程中，孫權的軍隊都被張遼的勇猛給震懾住了，沒有人敢上前阻擋，士氣遭到徹底的摧毀，完全不復見江東軍團以往的豪情壯志。張遼親自帶領的八百名突擊隊，在浴血奮戰後於中午時分回到城中，受到英雄式的歡迎，一掃城中陰鬱恐慌的不安氣氛，開始積極備戰。

江東軍撤 張遼再襲 孫權身陷險境

孫權的十萬大軍，在圍攻合肥（安徽境內）十多日卻無任何進展的情況下，已宣告放棄並下令各部隊開始撤兵。不過就在江東軍團已陸續開拔後撤，而孫權與少數將領仍停留在逍遙津渡口北岸時，張遼卻忽然從城內領兵發動突擊。由於事發突然，孫權一度身陷險境，最後在甘寧、呂蒙、凌統的護衛之下，勉強殺出重圍，往渡口逃去。不過當孫權策馬上了渡橋才發現，橋的南端早已被破壞，而缺口離岸邊還有一丈遠的距離。孫權只好放掉韁繩，雙手緊抱馬鞍，由護衛在馬後用力抽打，座騎才得以躍過缺口脫險。甘寧、呂蒙、凌統等將領，則是死命抵擋張遼的攻擊，左右士兵幾乎全數陣亡，凌統也身受重傷，一直到孫權已安然脫險，三人才開始向後撤退。隨後賀齊率領三千兵馬來到逍遙津南岸接應，孫權才得以免於被俘的命運。

孫權在撤退時遭到張遼突擊，幸得甘寧、呂蒙、凌統奮力護衛，才能驚險逃脫

巴郡三酋長獻降

巴郡（四川境內）一帶部落的三位酋長朴胡、杜濩、任約，於九月時各率部眾歸降中央政府，並分別被任命為巴東、巴西及巴郡太守，進封列侯。如此一來，中央政府的控制力已伸入蜀地，將對劉備造成直接的威脅。

政府擬設名號侯 酬賞軍功

中央政府分封列侯的制度出現重大改革，於今年（二一五年）十月起，增設名號侯，做為有軍功者的獎賞。所謂的名號侯共分十八個等級，僅有政府所頒賜的名號，為一種榮譽的虛封爵位，並無真正的采邑封地。

張魯歸順封侯 劉備難掩失望

原本就有意歸順中央政府的張魯，於十一月帶著家屬出降。曹操特別派人以高規格的禮遇接待，並任命為鎮南將軍，封閬中侯，采邑一萬戶。除了張魯的五個兒子及部屬閻圃也都封侯之外，跟隨張魯一起投降的馬超舊部龐德，也被任命為立義將軍。而原本想要和張魯結盟的劉備，這次則大失所望，受命迎接張魯的黃權部隊，還沒走到目的地，就已經收到張魯投降曹操的消息。不過黃權部隊雖然丟了張魯，卻也擊破了朴胡、杜濩、任約等三位酋長，此行也算還有收穫。

張魯歸順曹操，令劉備大失所望

張飛戰張郃 略勝一籌

魏公曹操任命張郃統率諸軍，爭奪三巴（巴東、巴西、巴郡，皆四川境內）的控制權，打算把這地區的居民都遷徙到漢中（陝西境內）。劉備收到消息，立刻下令張飛前往截擊。兩軍在宕渠（四川境內）一帶相遇，在五十多天的交戰與對峙之後，張飛發動襲擊，張郃的部隊被擊敗，退往南鄭（陝西境內）固守。在此同時，劉備也已返回成都（四川境內）坐鎮。至此，天下三分的態勢已然形成，魏公曹操稱霸北方，實力最為強大，與雄據江東的孫權，以及倚川蜀天險的劉備，三者間形成微妙的恐怖平衡。

羅貫中專欄

猛張飛智取瓦口隘

張飛智取克敵的表現，讓各界讚嘆不已

卻說張郃部兵三萬，向分三寨，各傍山險。當日張郃於三寨中，各分軍一半，去取巴西，留一半守寨。早有探馬報到巴西，說張郃引兵來了。張飛撥精兵五千與雷同去訖。飛自引兵一萬，離閬中三十里，與張郃兵相遇。兩軍排開，張飛出馬，單搦張郃。郃挺鎗縱馬而出。戰到三十餘合，郃後軍忽然喊起。原來望見山背後有蜀兵旗幡，故此擾亂。張郃不敢戀戰，撥馬回走。張飛從後掩殺。前面雷同又引兵殺出。兩下夾攻，郃兵大敗。張飛、雷同連夜追襲，直趕到宕渠山。張郃仍舊分兵守住三寨，多置擂木炮石，堅守不戰。張飛離宕渠十里下寨，次日引兵搦戰。郃在山上大吹大擂飲酒，並不下山。又次日，張飛又去搦戰。張郃又不出。飛使軍人百般穢罵，郃在山上亦罵。相拒五十餘日，飛就在山前紮住大寨，每日飲酒；飲至大醉，坐於山前辱罵。

有細作報上山來，張郃自來山頂觀望。見張飛坐於帳下飲酒，令二小卒於面前相撲為戲。郃曰：「張飛欺我太甚！」傳令今夜下山劫飛寨。當夜張郃乘著月色微明，引軍從山側而下，徑到寨前。遙望張飛大明燈燭，正在帳中飲酒。張郃當先大喊一聲，山前擂鼓為助，直殺入中軍。但見張飛端坐不動。張郃驟馬到面前一鎗刺倒，卻是一個草人。急勒馬回時，帳後連珠炮起。一將當先，攔住去路，睜圓環眼，聲如巨雷，乃張飛也；挺矛躍馬，直取張郃。兩將在火光中，戰到三五十合。張郃只盼兩寨來救，誰知兩寨救兵，已被殺退。張郃不見救兵，正沒奈何，又見山上火起，已被張飛後軍奪了寨柵。張郃三寨俱失，只得奔瓦口關去了。張飛大獲勝捷，報入成都。玄德大喜，方知翼德飲酒是計，只要誘張郃下山。

第五部

英雄末路　孔明北伐

（西元二一六年～二三四年）

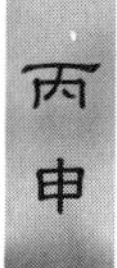

東漢·建安二十一年

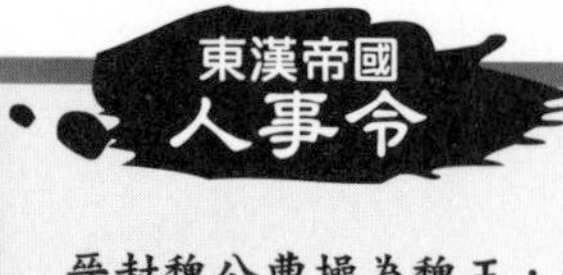

晉封魏公曹操為魏王，仍兼任丞相。

東漢帝國 第十四任帝 劉協

建安二十一年五月

曹操受封魏王，離皇帝只差一步

膽識過人　裴潛隻身收烏桓

由於代郡（河北境內）的三個烏桓部落，都憑恃著武力驕橫跋扈，使得太守（郡長）都沒有辦法可以管理，中央政府便任命丞相府的官員裴潛為新任的郡長前往治理。臨行前，剛受封為魏王的丞相曹操，打算撥配一支精裝勁旅給裴潛用以壓制烏桓，但裴潛卻說：「這幾個自稱單于的烏桓酋長，早就知道自己的行為驕橫必不為政府所容，今天如果我們大軍壓境，他們一定會因為害怕而頑強抵抗；如果我們帶過去的軍隊太少，他們又必定不放在眼裡，所以應該以計謀來使其順服才對。」於是裴潛不帶部隊，只乘一輛車便隻身赴任。三位烏桓單于對於裴潛的膽識與舉動感到驚訝萬分，加上裴潛到任後恩威並施，已使得代郡三烏桓全部順服。

裴潛單獨一人前往烏桓，不帶任何兵卒

匈奴分割五部 單于留置中央

今年（二一六年）七月，南匈奴汗國的單于到鄴城（河北境內）晉見魏王曹操，但隨即遭到留置。據了解，由於南匈奴汗國的臣民長久以來一直居住在邊塞之內，除了不必繳納稅賦之外，與東漢帝國的百姓並無不同。政府高層擔心匈奴人口增加之後，將難以管制，所以便將單于留置在鄴城，另以南匈奴的右賢王監管汗國，並將匈奴人分成五部，各部選任貴族擔任統帥，並派漢人做為監督。至於被留置的單于，也算獲得不差的待遇，中央政府每年撥給的布匹綢緞、金錢穀糧都比照列侯等級辦理，子孫也仍可傳襲單于的封號，只不過汗國的實質統治權從此後將不復存在。

匈奴單于入宮晉見魏王曹操，意外遭到留置，返鄉之日遙遙無期

魏王親征 孫權戒備

十月，曹操針對江東集團孫權，發動了升任魏王之後的第一次戰事。軍事分析家指出，曹軍此行應該會取道譙縣，再經居巢南下，而孫權部隊則可能在濡須（皆安徽境內）一帶布防堅守。有了上次赤壁慘敗的教訓之後，曹操此次必是有備而來，看來孫權將有一場硬仗要打。

三國時報

3-KINGDOMS TIMES

西元二一七年

東漢．建安二十二年

孫權請降　與曹重締婚約

一向不肯向曹操稱臣的孫權，在政府軍強攻一個月之後，終於承受不住猛烈的攻擊，於三月在濡須（安徽境內）本營，派遣使者向魏王曹操請降。雙方在重締婚約，盟誓友好之後，曹操本人已率軍班師返還，留下夏侯惇、曹仁、張遼等二十六軍留守居巢（安徽境內），而孫權方面則是命周泰統率大軍，仍在濡須駐防。

孫權讓周泰脫去上衣，展現奮勇救主留下的多處傷痕

孫權重用寒門周泰　引發貴族將領不服

據江東方面傳來的消息指出，孫權日前指派周泰為濡須留守主帥，統領朱然、徐盛等部軍隊的安排，已在內部掀起不小的波瀾。而事件的根本原因則在於周泰出身寒微，表面上雖身領主帥之職，掌有發號施令之權，但實際上卻被同僚及手下將領所輕視排擠，更暗藏不滿之意。不過孫權在得悉此一狀況之後，便擺下筵席召集所有將領前來飲酒同樂，然後於會中命周泰解開衣服，露出遍體傷疤，並以手指各處刀痕，一一詢問負傷的原因，周泰則就記憶所及逐一回顧其戰鬥負傷的經過。最後孫權才讓周泰穿回衣服，並流著淚緊握其手臂說：「你為了我們兄弟，在戰場上勇如熊虎，不顧自己的身軀性命，奮勇作戰，以致前後受到數十次創傷，全身被刀戟槍箭刻畫成滿滿的傷痕。這份忠心赤膽，叫我如何能不將你視為骨肉，把兵馬重任交託於你呢？」會後，孫權暫且留座，並讓自己專屬的儀隊在鼓角齊鳴中盛大的護衛周泰回營。經過孫權刻意表彰周泰的功績之後，徐盛等將領才終於對周泰完全心服，也解除了此次的領導危機。

魏王行頭直逼天子

皇帝劉協繼今年（二一七年）四月，賜魏王曹操得設天子旌旗、出入警蹕淨空的殊榮後，又於十月，再次下詔命曹操改戴十二道旒穗的王冠、座駕升級為配備六匹駿馬的黃金馬車、並搭配五輛不同顏色的副車隨行。政治觀察家表示，魏王曹操目前的行頭陣仗已與皇帝無異，威儀直逼天子，顯示其政治軍事力量已經穩固，國內應該再無人得以挑戰其龍頭的地位。

形象牌奏效 曹丕壓倒曹植 穩坐太子寶座

曹丕在賈詡的建議下，以敦厚樸實的形象贏得父親青睞

二代繼承權之中最受各界關注的魏國太子之爭，終於在今天有了明確的結果，身兼東漢帝國丞相（總理）的魏王曹操宣布，立曹丕為太子，成為第一順位的王位繼丞人。據熟悉內幕者表示，由於曹操的兒子當中，以曹植的才思反應最為出眾，加上丁儀、楊脩等重要官員也屢屢建議立曹植為繼承人，讓曹操曾經一度有立年幼的曹植為太子的打算。不過由於崔琰、毛玠、邢顒等人對此事極力反對，重要智囊賈詡也提醒曹操勿步袁紹、劉表因廢嫡立庶而遭至敗亡的後塵，才讓這件事情暫時的擱置下來。由於曹植的行情日漲，讓地位備受威脅的曹丕感到十分的不安，便求教於賈詡。經過賈大師的一番指點之後，曹丕放棄與曹植競爭在才華上的表現，反而開始深切的要求自己的言行，塑造自己良好的形象。有一次曹操要出征時，曹植在一旁出口成章，歌功頌德，讓曹操十分的歡喜。而曹丕雖然沒有這等的好口才，卻等到辭別時流淚下拜，讓曹操更為感動，認為曹植雖然辭藻華麗文思泉湧，卻不如曹丕忠厚踏實，而終於決定立曹丕為太子。

劉備野心不小 兵發漢中

已取得川蜀天險為根據地的劉備陣營，最近展現更大的企圖心，正式發兵北上打算襲取漢中（陝西境內）。益州核心幹部法正向劉備表示，曹操收服張魯平定漢中後，竟然沒有乘勝奪取巴蜀，反而只讓夏侯淵及張郃兩人留守而自行北返，顯示其內部一定出現嚴重的問題，應該把握時機占領漢中。劉備於是親自率領手下將領向漢中進兵，並分派張飛、馬超、吳蘭等人屯兵下辨（甘肅境內）以為呼應。中央政府方面聞訊後，已調派曹洪領兵前往截擊，誓言保住漢中，不讓劉備得手。

曹植駕車行馳道失寵 妻子奢華崇時尚喪命

在太子爭奪戰中落敗的曹植最近衰事連連，不但繼承人的資格沒弄到手，連父親曹操的寵愛也逐漸失去。近日曹植出宮門時，竟然要求守門官員打開不得任意通行的「司馬門」，並在御用馳道上駕車狂飆，魏王曹操知道這件事後大為光火，立刻下令斬殺失職的守門官員。據了解，此事件後臨菑侯曹植受寵的程度已大不如前，而其他貴族侯爵也受到無妄的波及，中央已經下令對各諸侯的行為進行更嚴厲的管制。而曹植的倒楣事還不僅止於此，其妻子因穿著時尚奢華的衣服，被曹操在高台上意外看見，竟被以違反禁奢令為由處死，看來那些崇拜名牌時尚的貴婦們最近得稍微克制一下了。

魯肅去世後的遺缺由呂蒙接任

魯肅駕鶴西歸 呂蒙受命補缺

由於孫權的重要幹部魯肅已在日前去世，所以江東集團核心在討論後，已發布最新的人事異動，由虎威將軍呂蒙兼任漢昌（湖南境內）太守（郡長），遞補魯肅遺缺。不過據記者所知，當初孫權口袋中排名第一的接任人選，其實是從事中郎（重要參謀）嚴畯。只不過當孫權下令讓嚴畯率軍鎮守陸口（湖北境內），以接補魯肅職缺，而大家也都向其祝賀時，嚴畯卻態度懇切的向孫權表示軍事並非其強項，不宜擔此重任。在嚴畯堅決的表達沒有升官的意願後，於是孫權遂改以呂蒙來接補此一職位。眾人也對嚴畯不戀棧高位，能以實相讓的行為深表讚許。

陸遜奉命征山越 表現不俗

陸遜

由於丹陽（安徽境內）一帶的盜匪領袖費棧，煽動山越部落（即江南一帶的山區原住民）聯合叛變，在附近地區四出劫掠，造成江東集團極大的困擾。孫權於是命令帳下右部督（本部右軍司令）陸遜出兵討伐。陸遜在得令後率領大隊兵馬，在很短的時間之內就大破敵軍主力。接著又在當地三郡徵集軍力，要求年輕力強者一律入伍當兵。在集結了數萬精銳部隊之後，陸遜又出兵繼續追剿各處的殘存盜匪，直至完全肅清之後才率軍返回駐地蕪湖（安徽境內）。雖然陸遜此役表現亮眼，但其強徵兵力的作法仍遭到會稽（浙江境內）太守（郡長）淳于式「枉取民人，愁擾所在」的彈劾。雖然陸遜並未因此受到懲處，但他卻反而向孫權大力舉薦淳于式是個愛民盡責的官員，認為他是站在百姓父母官的立場，才會提出彈劾。據聞，孫權對於陸遜這種不因私廢公的胸襟，大為讚賞，相信未來必定會交付其更重要的使命。

三國時報

3-KINGDOMS TIMES

西元二一八年

東漢・建安二十三年

太醫吉本父子謀反伏法

太醫吉本因叛亂罪遭到逮捕

當各界還沉浸在剛過完年的歡樂氣氛中，東漢帝國的首都便爆發了一起嚴重的武裝叛亂案件。由太醫令（御醫總管）吉本之子吉邈所率領的一千多名武裝部隊，於深夜時對負責首都防務的丞相長史（丞相府祕書長）王必發動攻擊，在激戰中叛軍部隊縱火焚燒大門，王必肩部中箭後突圍逃往南城。雙方一直廝殺到天明，政府軍才逐漸控制局勢，王必會同典農中郎將（屯田指揮官）嚴匡發動反擊，將叛軍盡數擊潰並全數斬首，才平息了這場動亂。根據丞相府的調查報告，此次共謀叛變者還包括少府（宮廷官員）耿紀、司直（丞相府官員）韋晃、太醫令吉本與其子吉邈、吉穆，以及金禕等人。叛軍原本計畫在殺死王必之後挾持皇帝，並聯合目前駐軍公安（湖北境內）的關羽，再對魏王曹操發動攻擊，奪取政權。行動失敗後，牽連其中的涉案者已全數遭到逮捕，並以叛國罪處斬。

曹操召回裴潛 烏桓出現隱憂

兩年前隻身至代郡（河北境內）赴任，並順利收服烏桓三部落的裴潛，由於表現優異，治理有功，被魏王曹操召回擔任丞相府的重要官員。雖然功績受到丞相的極度表彰，但裴潛卻也對曹操提出了一些警訊。裴潛表示：「我治理代郡的原則，是以寬厚來對待境內的百姓，以嚴厲來管理當地的胡人。而接任的官員一定會認為我對胡人過於嚴厲，而改採較寬鬆的態度。但是這些胡人天性驕縱不馴，管理一旦變寬鬆了，必定會發生許多違法亂紀的事件，而逼得管理者改以更嚴峻的法規來加以約束。胡人在習慣了沒有拘束的生活後，又被突然緊縮限制，就會導致心生不滿，埋下怨恨動亂的種子。依我的推測，這些胡人不久後必將叛亂，而代郡將再度陷入動蕩不安的局勢，希望丞相能有所準備。」曹操聽完之後，大大的後悔太早召回裴潛，並讓參謀人員對可能發生的情形，即早籌畫因應方案。

張飛虛張聲勢 曹洪擊破吳蘭

受命阻擊劉備進軍漢中（陝西境內）的曹洪，打算先對駐兵下辨（甘肅境內）的吳蘭發動攻擊，但又收到線報，指張飛宣稱要切斷大軍的後路。就在眾將領猶豫狐疑之時，擔任騎都尉（騎兵隊指揮）的曹操姪子曹休認為：「敵人如果真有實力切斷我們的後路，就一定會不動聲色，然後發動突擊。如今張飛卻未見行動而先行張揚，足見只是虛張聲勢罷了。我們應當乘敵軍部隊尚未集結完成之時，立刻攻擊吳蘭，只要吳蘭一破，張飛軍不能獨留必自會撤走。」曹洪認為曹休的分析十分有道理，便即刻發動猛攻，果然大破敵軍並斬殺吳蘭，而張飛及馬超的部隊，也正如所料隨即撤軍。

烏桓叛變 魏王子曹彰受命征討

在丞相曹操召回裴潛後僅數十天，代郡（河北境內）果如所料的發生了動亂事件，烏桓部落的三個單于聯合叛變，目前情勢十分緊急。中央政府已派魏王曹操之子曹彰領軍，率領大軍前往討伐。臨行前，曹操還特意告誡曹彰說：「你我在家是父子，受命後便為君臣，此去所有行動皆必須依法行事，務必切記。」據記者深入了解，曹彰雖然貴為魏王之子，但自幼勤習武功，精於騎射又膂力過人，再加上魏王臨行前深切警告，相信曹彰必能謹慎用兵，軍事評論家們也都一致看好此次的行動。

劉備兵駐陽平 與魏爆發衝突

劉備軍團進駐陽平關（陝西境內），與夏侯淵、張郃、徐晃的部隊發生激戰。劉備先派部將陳式率兵斷絕馬鳴閣（四川境內）的棧道，但是被徐晃擊破。接著又親領大軍進擊張郃的陣地，但屢次強攻之後仍無法取勝。雖然目前雙方仍在僵持中，不過劉備已下令要留守益州本部的諸葛亮，緊急徵調部隊前往增援。不過，政府軍方面似乎也有所行動，據聞魏王曹操將親領大軍開赴前線，對劉備發動大規模攻擊，但此消息至截稿為止，尚未得到官方的證實。

二代曹彰神勇 大破烏桓建功

奉命平定代郡（河北境內）動亂的魏王之子曹彰，在攻擊烏桓部落的戰役中，表現神勇過人，順利平定當地的動亂。據隨軍記者報導，戰鬥中曹彰身先士卒，冒著箭雨流矢衝鋒陷陣，即使鎧甲上被射中數箭，卻仍鬥志高昂的奮勇殺敵。全軍在曹彰的帶領下，一路追殺，大破烏桓聯軍，斬殺或俘擄的敵軍共數千人。記者指出在作戰當時，尚未決定立場的鮮卑酋長軻比能，率領著一支數萬人的鮮卑騎兵在旁觀望。最後這支鮮卑騎兵見到曹彰奮力殺敵，所向披靡，終於決定向政府軍請降，也使北方邊境全數平定。

勞役過重逼民反 宛城軍民鬧叛變

由於南陽郡（河南境內）政府一直無法妥善處理轄內勞役過重的問題，終於引燃民怨，在十月爆發軍民叛變事件，目前太守（郡長）已被叛軍挾持，情勢十分緊急。根據記者的深入追查，發現這起動亂事件的起因，是在於南陽郡長期以來都必須負擔曹仁部隊的軍需，過重的勞役壓得當地的基層官員及百姓幾乎喘不過氣來。於是宛縣（河南境內）的守將侯音，便順著民怨發動武裝叛變，攻陷郡政府。其間南陽郡太守曾一度逃出城外，但不久後仍被反叛軍生擒而回，目前已遭到囚禁。一般預料，由於臨近部隊並未群起響應，所以中央政府應該在短時間之內便會派兵強力鎮壓，敉平這場動亂。

宛城勞役過重引起暴動

3-KINGDOMS TIMES

西元二一九年

東漢·建安二十四年

屠城事件一再重演　主角換成宛城曹仁

宛城（河南境內）叛變事件在今年（二一九年）開春宣告落幕，由曹仁率領的軍隊，奉魏王曹操之命，迅速開往宛城，會同被侯音釋放的南陽太守及其殘餘部眾，攻破宛城，斬殺叛將侯音。但令各界驚駭不已的是，曹仁在破城之後，竟展開滅城大屠殺，宛城無辜百姓，不分男女老幼，盡皆死於軍刀之下。政府軍這種慘絕人寰的行為，再度引發國際人道組織的強烈抗議。

夏侯淵恃勇兵敗死 張郃急亂中穩局勢

夏侯淵挺兵急攻，遭到黃忠埋伏而兵敗身死

自去年（二一八年）開始就與劉備在陽平關（陝西境內）僵持的夏侯淵，由於自恃勇猛，過於躁進，終於在年初爭奪定軍山時受到伏擊，兵敗身亡。據戰地記者回報，劉備不久前從陽平關南方渡過沔水（漢水），沿著山邊往前推進，並在定軍山紮營。政府軍統帥夏侯淵得知情報後，未加思索，便立即率兵出擊，欲與劉備爭奪定軍山。未料劉備軍團早有準備，待夏侯淵軍深入，早已埋伏好的黃忠部隊便狂擂戰鼓，一時殺聲震天，伏兵從山坡高處衝殺而下，與本營的軍士對夏侯淵軍展開毫不留情的夾殺。夏侯淵部隊無法抵擋，很快便潰散四逃，而猛將夏侯淵也被斬殺於沙場之上。夏侯淵死後，大軍因失去主帥而浮動不安，幸而軍中重要幹部立即推舉張郃暫代統帥之職。於是張郃下令各軍堅守陣地，並親自巡視，所有將領也都接受張郃的指揮調度，才終於讓軍心安定下來。其實在一開始，曹操便常警告夏侯淵說：「臨陣對敵，為將者當有怯弱之時，只憑勇武而未能智取者，僅為匹夫之勇罷了。」無奈夏侯淵未能將曹操的提醒記在心上，終於導致兵敗身亡。

一身是膽！！
曹操大軍逼漢中　趙雲寡兵退敵眾

魏王曹操親領的大軍，已於三月進逼漢中（陝西境內），但劉備並沒有退兵的打算，仍然集中兵力，固守險要，誓言拿下漢中。劉備下令黃忠率領部隊繞道突擊曹軍在北山的屯糧之處，但過了原先預定回軍的時間，黃忠部隊卻一直沒有消息。於是趙雲便帶領數十名騎兵出營察看，不料路上竟與曹操率領的主力軍團相遇。趙雲在第一時間未曾猶豫，便急兵向前衝鋒，殺入敵陣之中，然後且鬥且退。但被衝散的曹軍卻也立即重新集結，並以優勢兵力展開追擊。趙雲退回大營後，立刻下令大開營門，偃旗息鼓，所有軍兵隱藏到帳幕之後，刻意使營寨呈現一片死寂。曹軍追到時，因戰場氣氛十分詭異，曹操便懷疑趙雲已設下埋伏，遂不敢貿然進擊而下令撤退。就在曹操大軍轉頭後撤之時，趙雲卻又於營內急擂戰鼓，殺聲震天，並以強弩攻擊曹軍的後衛部隊。受到突擊的曹軍因驚駭不已而自亂陣腳，有許多兵士更因相互踐踏或推擠墜河而死。趙雲自從跟隨劉備以來，不論之前單騎救幼主，還是此番寡兵退眾敵，都展現了無人可及的膽識，也難怪第二天劉備親自到趙雲營寨視察戰場時，會說出「趙子龍真的一身是膽」的讚嘆之語了。

關羽不但拒絕孫權的提親，還以嚴辭辱罵

孫權意結關羽親　竟遭辱罵斷拒絕

由於政治及軍事上的考量，江東集團領袖孫權打算藉著婚姻，來鞏固自己和荊州（湖南、湖北境內）大將關羽之間的關係，於是便有意為自己的兒子，向關羽提出兒女之婚約。但使者面見關羽之時，不但提親未成，反而遭到關羽的辱罵。根據使者的轉述，關羽不但對孫權送去的聘禮完全不放在眼裡，還講了一些瞧不起人的話，對孫權大肆羞辱及嘲諷一番。孫權聽聞之後怒不可遏，私下表示日後定要關羽為此付出代價，看來吳蜀之間的聯盟關係，似乎已經因此事件而出現嚴重的裂痕。

曹操放棄漢中郡　遷出武都五萬村

在與劉備僵持一個多月後，政府軍開始出現大批的官兵逃亡潮，使得魏王曹操十分的頭痛，最後在決定放棄漢中（陝西境內）防線後，便率領所有部隊返回長安（陝西境內），並對西南戰線重新做整體的調整及規畫。雖然將整個漢中地區讓給劉備，但曹操仍然擔心劉備日後會往西北發展，謀奪武都郡（甘肅境內）內的氐族人口，再用以進逼關中（陝西境內）一帶。於是便下令以重賞誘使氐族部落向北遷移，前前後後總計共遷出五萬個氐族的村落，並將他們安置在扶風（陝西境內）與天水（甘肅境內）之間。

劉備自封漢中王 關張馬黃升大將

魏王曹操撤軍之後，劉備先派部將孟達奪得房陵（湖北境內），再令義子劉封從漢中（陝西境內）順沔水（漢水）而下，統領孟達部隊，合力攻下上庸（湖北境內）。據有漢中全地的劉備，終於在今年（二一九年）七月於沔陽（陝西境內）自封為漢中王，登上與魏王曹操相同等級的地位。同時立長子劉禪為太子，升魏延為鎮遠將軍、領漢中太守（郡長），駐軍鎮守漢中地區。劉備隨後返回益州首府成都（四川境內），再任命許靖為太傅（皇室首席榮譽教授）、法正為尚書令（宮廷祕書長），封關羽為前將軍、張飛為右將軍、馬超為左將軍、黃忠為後將軍，其餘有功官將也都獲得不同的擢升晉遷。不過東漢帝國及魏王國的發言人都表示，不承認此項人事發布，並強調目前得到東漢帝國合法授命的王爵，僅魏王曹操一人，劉備的漢中王封號自屬無效。

關羽恥與黃忠同列 一度拒受將軍印信

劉備封關羽、張飛、馬超黃忠為前右左後四將軍

漢中王劉備分封四大將的人事任命案，日前傳出插曲。劉備的部屬費詩奉命前往荊州（湖北、湖南境內）致送前將軍印信時，因關羽不滿老將黃忠的位階竟與自己同列四大將，而大發雷霆，怒吼咆哮道：「大丈夫到死都不與老兵同列。」斷然拒絕接受印信。費詩乃以好言相勸，說：「自古建立帝王霸業者，所任用者必定不會只有同一類的人。從前漢高祖開建帝國時的夥伴中，蕭何、曹參是幼時的玩伴，而陳平、韓信是後來才加入的亡命之徒。但功成之後，以韓信位列最高，而未嘗聽聞蕭何、曹參引以為怨。如今，漢中王因黃忠斬殺夏侯淵之功而對他特別尊崇，然而在內心份量的輕重，又有誰可以與您相比？而且大王與您猶如一體，憂喜禍福皆共同承擔，以我的愚見，您實在不該再計較官號之高下、爵祿之多少了。我只不過一介信使罷了，如果您還是堅拒不受，我也是回去覆命而已，只可惜您今天的決定，恐怕會遭致日後的懊悔。」關羽聽了之後大為感悟，才立即受拜就職。至於名嘴羅貫中日前在媒體上發表，漢中王分封關羽、張飛、趙雲、馬超、黃忠為五虎大將之說，實為訛誤，不過羅貫中本人至今仍堅持五虎將之說，不肯更正。

關羽北擊樊城 降于禁斬龐德

關羽利用水勢發動猛烈攻擊，于禁棄械投降

關羽趁著去年（二一八年）新降曹操的孫權今年（二一九年）又復叛變，發兵攻擊合肥（安徽境內）之時，命南郡（湖北境內）太守（郡長）麋芳及將軍傅士仁，分別留守江陵與公安（皆湖北境內），自己則揮軍北上，企圖奪下由曹仁鎮守的樊城（湖北境內）。曹仁方面一得到消息，便命于禁、龐德兩將，駐軍樊城之北，以防備關羽軍來犯。誰知到了八月時，漢水因連續大雨而潰堤氾濫，洪水肆虐，平地水淹達數丈之深。樊城外圍七軍盡皆覆沒，于禁只好與其他將領登上高丘避水。但關羽軍早有準備，以大型船艦發動猛烈的攻擊，于禁等人走投無路，只好棄械投降。唯獨龐德仍據守河堤，披甲持弓，箭無虛發，從清晨一直頑強的抵抗到中午，直到矢箭用盡，改以短兵相接，氣勢猶盛。戰到最後，身邊士卒皆已投降，龐德只好隻身登上小船想脫困回到曹仁大營。無奈水急船覆，弓矢全失，只好抱住翻覆的船身，而終被生擒。被綁的龐德見到關羽時，不但不肯屈身下跪，還堅拒關羽的勸降。在激憤的罵出：「寧為國家鬼，不為賊之將」的心聲後，求仁得仁，被關羽下令斬殺。據聞魏王曹操聽到關羽降于禁斬龐德的戰報後，感慨的說：「我與于禁相識三十多年，沒想到面臨危難之時，反不如龐德。」於是將龐德的兩個兒子都分封列侯，以示褒揚。

呂蒙患病召回 陸遜接防陸口

江東集團發布新的人事消息，原先接替魯肅遺缺，駐軍陸口（湖北境內）的大將呂蒙，因罹患重病，被暫時解除職務，回到首府建業（江蘇境內）就醫，原駐防陸口的部隊也有部分隨同調返。另外擢升校尉陸遜為偏將軍，即日起調防陸口，接替呂蒙職位。

又見白色恐怖 魏國謀反事件 數千人被捕處死

今年（二一九年）九月，魏王國首府鄴城（河北境內）傳出謀反事件，留守的魏太子曹丕在接獲線報後採取緊急行動，立刻下令逮捕陰謀叛亂的首腦魏諷。在相關單位深入追查之後，全案被牽連的數千個人，都未經正常審判程序，一律以叛國罪即刻處死。據了解，魏諷因有本身鼓動群眾的魅力，所以原本在鄴城便有相當高的人氣，還被魏王國的國相（封國的最高行政長官）鍾繇延聘為行政官員。但後來魏諷竟然密謀不軌，暗中勾結徒黨，企圖顛覆鄴城政府。只是還沒到約定起事的日期，同夥中便有人因為害怕而向政府告發此事，才使得整個事件被揭露。而起用魏諷的鍾繇，也因此受到波及，遭到免職下台。

曹丕施展鐵腕，迅速處理叛亂事件

陸遜示弱後防無憂 關羽增調部隊北上

因呂蒙患病而前來接替其職務的陸遜，一到駐防地陸口（湖北境內）後，便立即寫了一封措辭恭敬的信函向關羽釋出善意。據本報記者獨家取得的消息指出，陸遜在信中不但對關羽多所尊崇，大肆頌揚其豐功偉業，也深自謙抑，甚至透漏出願意效忠關羽、託付前程之意。關羽在收到信後，十分得意，頻向左右表示陸遜真是個長眼的傢伙。並認為陸遜既已如此表態，雙方必可盡棄前嫌，互為友好，往後對東吳方面的防備便可以不用耗費太多的兵力及心神。於是下令抽調原先防堵陸遜陣營的部隊北上增援，以期能集中力量，在最短的時間內拿下樊城（湖北境內）。

將軍，這樣好嗎？
後面還有敵人呢…

您慢走

放心啦!! 陸遜乖
的很，我們趕緊
出發吧…

關羽調動原先防堵陸遜的部隊北進增援

名嘴驚報雞肋說 智士楊脩判死刑

繼魏王國的國相（封國的最高行政長官）鍾繇被免職事件後，政府高層人事又遭颶風侵襲，丞相府（總理辦公室）主簿（主任祕書）楊脩，被以曾經洩漏國家機密，以及勾結諸侯的罪行，遭到逮捕處斬。關於楊脩被處死的真正原因眾說紛云，但根據本報記者深入追查，由於之前楊脩和丁儀等人陰謀擁立曹植爭奪太子之位時，曾揣摩曹操的意向，預先將曹操可能會提出問題的答案都寫在小抄上，讓曹植可以在第一時間就做出最好的回答。但由於反應太過敏捷、答案太過完美，不像曹植能力所能及之事，反而引起曹操的懷疑，經過一番調查之後，終於東窗事發。而且楊脩又是已故仲家帝袁術的外甥，再加上曹操對曹植的寵愛也不復以往，種種的原因導致曹操愈來愈厭惡楊脩，而埋下了殺機。至於名嘴羅貫中在某談話性節目中，宣稱楊脩之死，乃是之前魏王曹操與劉備爭奪漢中（陝西境內）時，因以「雞肋」為口令，被楊脩猜出有撤軍之意，因而遭到曹操妒賢問斬的說法，並沒有相關資料可以佐證。

關羽北伐威震天下 中央驚恐考慮遷都

在關羽逼降名將于禁，並斬殺龐德後，仍不肯放鬆的繼續圍攻泡在水裡的樊城（湖北境內）。城內的守軍們由於見到城垣泡水太久，已經開始有崩壞的跡象，而感到十分驚恐，甚至有人提議要連夜乘船撤走。最後在滿寵的建議下，主將曹仁集合所有部將士卒，當場斬殺白馬並將之沉入水中，向全軍宣誓固守不退的決心。雖然曹仁這樣的動作，確實在短時間內收到激勵的功效，讓全城守軍士氣為之一振。但根據記者觀察，長久看來曹軍的勝算仍然不大。目前城內可以作戰的兵力僅有數千人，而城牆也只差幾塊木板的高度便要被洪水所沒。加上關羽手下的大批戰艦逼近，重重包圍已使得內外消息完全斷絕，樊城的處境可說是岌岌可危。而同時，在外圍戰線方面，關羽則已另派部隊包圍襄陽（湖北境內），而荊州刺史（荊州州長）、南鄉太守（南鄉郡長），以及首都許縣（河南境內）以南的諸多郡線，也都已經投降或倒向關羽陣營，目前關羽的聲勢可說是震撼華夏、無人能及。據親近高層的人士透露，目前戰況的緊急，已經讓兼任東漢帝國丞相（總理）的魏王曹操，認真的研議將皇帝所在的都城遷離許縣的可能性了。

軍需供應不及 關羽揚言懲處留守將領

樊城（湖北境內）攻防戰出現意外插曲，由於後方軍需物資已有多次未能按時運達，對攻城部隊造成不小的困擾，使得遠在前線作戰的關羽，對此情形大為憤怒，表示回軍後必定以軍法嚴懲留守後方的麋芳及傅士仁。軍事觀察家表示，關羽平時對麋、傅就極為輕視，此次又揚言對其祭出軍法審判，使得二人非常恐懼。麋芳及傅士仁極有可能會因畏罪而採取某些行動自保，一旦後方動搖，勢必將對戰況造成巨大之影響。

徐晃援軍抵達　孫權密信外洩

被關羽圍困在樊城（湖北境內）的曹仁部隊，在苦等多時之後，終於盼到援兵的到來。由徐晃率領的第一支後援部隊，日前已經推進到離關羽陣地僅三丈遠的地方安營紮寨。雖然徐晃這支部隊的力量，很明顯的並不足以和關羽大軍對抗，但實際上卻已起了牽制的作用。由於徐晃部隊在到達後，便立刻用射箭傳信的方式和城內取得聯繫，讓早已望穿秋水、陷入完全低迷氛圍的守軍，重新又燃起了希望。而徐晃在信中也表示，後續十二支的增援部隊，也都已經先後開赴樊城，只要再堅持一段時間，戰況一定會完全改觀。另外，在關羽軍方面也有驚人消息傳出，一封由江東集團總裁孫權寫給魏王曹操的親筆密信，不久前也同樣由徐晃部隊，將其綁在箭上射入關羽大營中。密信中提到孫權為表示對中央政府的效忠，已打算放棄與劉備的同盟關係，由背後對關羽發動突襲，以助曹軍解除樊城之圍。信中也提醒曹操陣營務必保守祕密，以便能收奇襲之功。不過，曹操陣營在多方考量後，決定故意將此消息傳給關羽，一來可以避免孫權趁機擴充地盤與力量，二來可以試圖讓關羽和孫權互鬥而削弱彼此的力量。但關羽陣營隨後也表示，此信根本就是曹軍為解樊城之圍而假造的。況且若孫權真的從背後襲擊，也有綿密的警戒崗哨，以及麋芳、傅士仁在江陵與公安（皆湖北境內）的留守部隊可以堅守。所以仍會加緊對樊城的攻勢，不會只因曹軍使出這種低劣的小技倆而受到欺騙。

世紀大騙局 呂蒙逆江奪哨 關羽渾然不知

由本報江東特約記者傳回的最新消息顯示，原本因病被召回建業（江蘇境內）休養的大將呂蒙，已祕密率領一支軍隊沿長江而上，準備在關羽背後發動襲擊。據了解，呂蒙患病之說其實只是個幌子，目的是為了鬆懈關羽的戒心，加上接防陸口（湖北境內）的陸遜頻頻示好，確實已使得關羽將大批守軍調往北方戰線。在精心策畫之下，呂蒙命精銳水軍埋伏在船艙之內，喬裝成平民商船接近關羽布在長江沿岸的各個警戒崗哨，再發動突擊制伏哨兵。目前關羽引以為豪的綿密警戒線已全數被破，若江陵（湖北境內）的麋芳及公安（湖北境內）的傅士仁部隊，不能支撐到關羽回軍防守的話，荊州（湖南、湖北境內）的局勢可能就要有驚人的變動了。

呂蒙裝病騙過關羽，再趁其不備搶下所有警戒哨

徐晃擊破大寨 關羽敗走撤圍

前往樊城（湖北境內）解圍的徐晃部隊，在停駐多時之後，終於以小搏大，對關羽發動攻擊。不但攻破了十多重的壕溝及鹿角等戰地工事，還逼得關羽急急撤圍離去。據戰地記者親眼目擊，徐晃在此役中，原本作勢要攻擊關羽在高丘上的圍城大本營，但暗地裡卻集結部隊分別突擊另外四個分部營寨。將主要兵力集中在大本營的關羽軍，在歷經徐晃部隊一陣的強攻猛打之後，四個分部營寨漸漸無法支撐。關羽一看見情況緊急，便親領五千名兵馬出寨迎戰。不料徐晃早有準備，馬上調轉兵鋒，全力直擊關羽部隊。關羽無法抵抗徐晃的猛烈攻擊，只好再度退回大寨之中。但寨門還來不及關上，徐晃部隊便已追入大營，在慘烈廝殺後，關羽大敗，只好棄寨逃走，而樊城之圍也終於解除。

留守部將叛變　關羽後防陷落

屋漏偏逢連夜雨，關羽才剛吃了敗仗，後防便傳來守將叛變的消息。原本留守後方的糜芳和傅士仁，在呂蒙派人游說下，已經開城投降，江陵與公安（皆湖北境內）正式落入東吳的口袋之中。呂蒙之所以能夠如此順利的取得南郡，主要是因為糜芳和傅士仁早就對關羽的輕視懷恨在心，加上不久前關羽又宣稱班師後，要以軍法嚴辦二人供應軍資不力之罪。二人在怨恨與恐懼的驅使下，終於決定在關羽背後捅上一刀以求自保。關羽在前線失利，後防洞開的窘境之下，已經回軍南下，準備奪回荊州（湖南、湖北境內）這塊劉備所交付的重要基地。而曹操一聽到關羽敗走的消息，便緊急下令禁止樊城（湖北境內）諸將追擊關羽部隊，以留下關羽來牽制孫權。

呂蒙厚待百姓　關軍鬥志全無

呂蒙在進入江陵（湖北境內）之後，立刻下令全軍將士不得擅取民資、侵擾百姓。據聞，在命令下達後，有一位呂蒙的同鄉部屬，僅僅拿了民家中的一頂斗笠來蓋在官家鎧甲上，就被呂蒙以違反軍紀，揮淚下令處斬。這個軍紀事件很快便傳開來，於是軍中無不震慄恐懼，連東西掉在路上都沒有人敢隨意亂撿。而對於那些被俘的關羽部將家屬、以及城中耆老尊長，江東軍不但沒有絲毫為難，反而還殷勤慰問。只要有疾病者便施以醫藥，飢寒者便賜與衣食。回軍途中的關羽，則是不斷的派出使者和呂蒙交涉聯繫，希望能從中尋得一些轉機。但呂蒙反而利用這些使者幫忙作免費的宣傳，不但以禮厚待他們，還讓他們在全城走透透。城中的每一戶人家都請這些使者轉答平安的信息，還有一些人代託信件轉交給軍中的子弟。這些使節回去覆命後，關軍兵士們私下都來打探家中的消息，知道家屬在敵人管理下都安然無恙，甚至過得比以前還好時，那種拚死拯救家園的氣勢便已全然消逝。目前關羽軍中的士兵及官員，可說是鬥志全無，已經開始軍心浮動，甚至傳出逃兵嚴重的消息，看來大意失了荊州的關羽，未來處境的確堪憂了。

孫權親抵江陵 收復荊州

江東集團總裁孫權抵達江陵（湖北境內），接收由呂蒙封存的關羽庫藏財寶，以及歸降的政府官員，在周瑜提出西進計畫數年後，終於真正的掌握了荊州（湖南、湖北境內）的統治權。對於立下大功的呂蒙則任命為南郡（湖北境內）太守（郡長），封孱寧侯，賞錢一億、黃金五百斤。

關羽兵敗 父子被斬

關羽陣營兵敗如山倒，在樊城失利、南郡被奪後，由漢中王劉備任命的宜都太守（郡長）也棄城而逃，轄內各縣及蠻族部落總計數以萬計的部隊，除了戰死、被俘的以外，已全數投降。而孫權陣營中，先前任命的宜都太守陸遜，也因而封侯，並擢升為右護軍、鎮西將軍，率軍進駐夷陵。至此已孤立無援，陷入窮途末路的關羽，只好帶著少數的殘兵敗將向西逃往麥城（以上皆湖北境內）。不過隨後便被江東集團給團團圍住，並遣使招撫，希望他能轉而投效孫權。別無他策的關羽，只好先假意接受孫權的招降，以爭取一些時間。然後趁著夜色，在城上遍置旌旗與假人，在僅存的十幾名騎兵護衛下遁逃出走，打算往西投靠劉備。不過這步棋已在孫權的算計之中，早就派部將朱然、潘璋把守在要道之上，並在半路設下埋伏，一舉生擒關羽、關平父子，寧死不降的兩人也隨後遭到斬首。一般認為，漢中王劉備集團此次的挫敗，導因於關羽的衝動躁進，未能遵守諸葛亮聯吳制魏的大戰略。尤其是關羽把後防要務委託給自己輕視的麋芳及傅士仁，又揚言回軍之後將對其懲處，逼得二人非反不可，終於遭致無可彌補的毀滅。而關羽的死亡，勢必使得三分天下的態勢嚴重失衡，也打亂了諸葛亮全盤的布局。

羅貫中專欄

關雲長敗走麥城

關公率兵取荊州，拍馬舞刀，追殺蔣欽二十餘里，喊聲忽起，韓當、周泰、丁奉、徐盛引軍衝出，蔣欽回馬復戰，將關公困在垓心。手下將士，漸漸消疏。比及殺到黃昏，關公遙望四山之上，皆是荊州土兵，呼兄喚弟，覓子尋爺，喊聲不住。軍心盡變，皆應聲而去，關公止喝不住，部從止有三百餘人。殺至三更，正東上喊聲連天，乃關平、廖化分為兩路兵殺入重圍，救出關公。方引殘兵至麥城。忽報城下諸葛瑾來見，曰：「今奉吳侯命，特來勸諭將軍。將軍何不從瑾之言，歸順吳侯，復鎮荊襄？可以保全家眷。幸君侯熟思之。」關公正色而言曰：「吾乃解良一武夫，蒙吾主以手足相待，安肯背義投敵國乎？城若破，有死而已。身雖殞，名可垂於竹帛也。吾欲與孫權決一死戰！」遂令左右逐出諸葛瑾。卻說孫權求計於呂蒙。蒙曰：「吾料關某兵少，必不從大路而逃。麥城正北有險峻小路，必從此路而去。可令朱然、潘璋引精兵伏於山僻小路，關某可擒矣。今遣將士各門攻打，只空北門，待其出走。」權大喜，遂令朱然、潘璋領兩支精兵，各依軍令，埋伏去訖。　且說關公在麥城，見北門外敵軍不多，即與關平引殘卒二百餘人，突出北門。行至決口，兩下是山，山邊皆蘆葦敗草，樹木叢雜。時已五更將盡，正走之間，一聲喊起，兩下伏兵盡出，長鉤套索，一齊並舉，先把關公坐下馬絆倒。關公翻身落馬，被潘璋部將馬忠所獲。關平知父被擒，火速來救；背後潘璋、朱然率兵齊至，把關平四下圍住。平孤身獨戰，力盡亦被執。少時，馬忠簇擁關公至孫權帳前。權曰：「公平昔自以為天下無敵，今日何由被吾所擒？將軍今日還服孫權否？」關公厲聲罵曰：「碧眼小兒，紫髯鼠輩！我今誤中奸計，有死而已，何必多言！」於是關公父子皆遇害。關公既歿，坐下赤兔馬被馬忠所獲，其馬數日不食草料而死。

怪力亂神 呂蒙患病身亡 名嘴竟傳關羽索命

在荊州（湖南、湖北境內）收復戰中位居首功的呂蒙，還沒來得及接受表揚褒獎，便因舊疾復發而去世，享年僅四十二歲。不過名嘴羅貫中日前卻在臉書上公開爆料，表示呂蒙其實是在孫權的慶功宴上，遭到關羽死靈附身，忽然倒地七竅流血而死。雖然江東集團已正式駁斥此一說法，但這種怪力亂神的傳聞似乎擴散的特別快，目前按讚的人數仍持續增加中。

孫權上書自稱臣 曹操願為周文王

在樊城（湖北境內）大破關羽軍的徐晃，率軍返回摩陂（河南境內）時受到英雄式的歡迎，魏王曹操還親自到七里外迎接，隨後並大擺宴席慶功。除了嘉勉徐晃以外，曹操也特別上書給皇帝，表（向中央政府推薦並任命）孫權為驃騎將軍，假節（持有符節代理皇帝行使部分權力），兼荊州（湖南、湖北境內）牧（擁有行政、軍事、財政完整統轄權之州長），封南昌侯，充分展現出對江東集團的善意。而孫權也派遣使者前往首都進貢，並以臣屬自稱上書給曹操，奏章中強調天下向曹操稱臣乃是天命。曹操看過後，把孫權的奏章給眾部屬看，並開玩笑的說：「這小子想要我蹲在火爐上哩。」不過卻有許多官員附和說：「東漢政權的壽命早已結束，殿下功德巍巍，萬民仰望，連遠在江東的孫權都俯首稱臣，這可說是天人感應，萬眾一心。殿下應當正式登上皇帝大位，不要再有所猶豫。」曹操雖然並未認同這項推翻東漢政權的舉動，但卻也說：「如果天命果真在我，那我寧願當周文王。」究竟此話何意，已引起各界議論及揣測。

東漢・建安二十五年 延康元年 曹魏・黃初元年

難忍關羽被襲 劉備誓言報復

漢中王劉備在聽聞關羽兵敗身死的消息之後，對於孫權這種背棄盟約的行為感到憤怒不已，已誓言對江東集團展開報復性的攻擊。不過劉備陣營內部對於究竟應該繼續聯合孫權抵制曹操，還是要與孫權兵戎相見，至今仍未形成共識。

亂世梟雄曹操殞落 太子曹丕接任魏王

有亂世梟雄之稱的魏王曹操，抵達洛陽（河南境內）不久後，於元月二十三日去世，享年六十六歲。當制霸於北方的曹操死訊傳出後，其間雖然大軍曾傳出短暫的騷動，但太子曹丕在很短的時間內，便依照魏王后詔令，於魏國首府鄴城（河北境內）繼承王位，也讓局勢迅速穩定，順利完成接班。東漢帝國第十四任帝劉協，隨後也派遣御史大夫（監察首長）華歆帶著皇帝詔書，將丞相（總理）印信以及魏王璽頒授給曹丕，仍領冀州牧（擁有行政、軍事、財政完整統轄權之州長），同時尊曹操的遺孀魏王后為魏王太后。至於陵寢所在，據魏國發言人表示，應該會依曹操遺願，葬於鄴城之西的高陵。

東漢帝國令

自今年（二二〇年）起，年號由建安改元延康，本年度改稱延康元年。

東漢帝國 第十四任帝
劉協
延康元年元月

本是同根生　相煎何太急
曹植被貶 同黨誅死

第二代魏王曹丕坐上王位後，開始對當初與他爭奪繼承權的老弟曹植展開報復。曹植領地（山東境內）的監察官員灌均，揣摩曹丕的意向，上奏指控：「臨菑侯曹植醉酒悖慢，劫脅使者。」於是魏王曹丕有了理由將曹植貶為安鄉侯，並將當初力拱曹植奪嫡的丁儀、丁廙兄弟，及丁家所有男性，全數誅殺。

政府任官大改造　九品中正新出爐

政府任官條例出現數百年來的重大變革，魏國尚書（祕書官）陳群認為長久以來實施的官員遴選制度，無法有效的將天下人才蒐羅致用，於是提出一套新的九品官人法案。也就是先在各州、郡設立中正（考選官），針對轄內有才識、能力的人，給予九種不同等級的評比，再依照其得到的品級做為任官之重要參考依據。陳群提出的這項制度，已獲得魏王的同意並開始實施，未來州郡名士，都將被分為上上、上中、上下；中上、中中、中下；下上、下中、下下等九個品級，而品級一旦評定，勢必影響其一生之仕途。

魏國開始採用九品官人法，做為任官升遷的標準

蜀將孟達遭辱投降奔中央 劉備義子劉封兵敗遭賜死

劉備下令義子劉封自殺謝罪

漢中王劉備派駐上庸（湖北境內）的部將孟達，因與劉備的義子劉封發生爭執，遭到劉封以不堪的言語凌辱，一氣之下，率領他直屬的私人軍隊共四千餘家，向中央政府投降。魏王曹丕對儀表出眾，行止得宜的孟達十分賞識，隨即封他為平陽亭侯、新城（湖北境內）太守（郡長）。並令夏侯尚以及徐晃，會同孟達部隊襲擊劉封。劉封遭到上庸太守申耽的背叛，兵敗逃回成都（四川境內），被劉備下令自殺。關於劉封之死，名嘴羅貫中的說法是先前關羽被困麥城時，曾派人向劉封求援，但劉封拒不出兵，終致關羽兵敗而死，所以劉備一氣之下，便要了義子劉封的命。不過根據本報記者深入追查，發現除了上述原因之外，諸葛亮也在賜死劉封的事上踢了臨門一腳。諸葛亮認為劉封剛愎凶猛，一旦劉備去世，恐怕沒人制得住他，所以才勸劉備藉此機會將他剷除。

守喪未滿半年 曹丕大肆歡宴

魏王曹丕於七月二十日，率領著浩浩蕩蕩的大隊人馬，抵達老家譙縣（安徽境內）祭祖。隨後並大開宴席，邀請鄉親父老與六軍兵團同歡。據與會者表示，席間還有精彩的餘興節目，歡樂的氣氛從早上延續到傍晚，完全看不出半點曹丕仍在為父守孝的跡象。

百官勸進代漢而立 魏王曹丕堅拒不從

在魏王曹丕坐穩了王位之後，最近政治圈中掀起了一波勸進潮。魏國官員紛紛以讖書預言、順應天時等等的說法，上疏請求魏王曹丕取代漢皇天子，正式登上大寶之位。雖然這個建議已被曹丕正式拒絕，但一般都認為，這應該只是表示謙遜的客套作法。若無意外的話，在三番兩次的勸進之後，曹魏應該在短期之內便會取代漢室，成為帝國的真正主人。至於東漢皇室，則並未對此做出任何說明。

自願？無奈？漢皇禪讓 魏王推辭

皇帝劉協一再堅持把皇位讓給曹丕繼任

今年（二二〇年）十月十三日，東漢帝國十四任帝劉協宣布決心效法堯舜，將帝國皇帝的寶座讓給魏王曹丕。當天一大早，劉協便到開國皇帝漢高祖劉邦的廟祠中焚香祭告，垂淚向先祖稟明兩漢共四百多年的基業將拱手讓人。祭告儀式結束後，劉協派遣特使持節（代理皇帝行使權力），將皇帝的玉璽及禪位詔書，交給魏王曹丕，表達禪讓之意。不過魏王曹丕當場並未接受，反而上書謙恭的表示推辭，向世人昭告自己並無覬覦皇位之野心。不過所有的政治評論家一致認為，這只是預先安排好的戲碼罷了，由於情勢所逼，東漢皇帝劉協也不得不配合演出，含淚「自願的」讓出寶座。相信近日內，魏王曹丕應該就會「勉為其難」的接下皇帝的傳國玉璽了。

改朝換代——曹丕接受皇帝玉璽 正式建立曹魏帝國

在經歷了三次的辭讓之後，由於東漢皇帝劉協的堅持，魏王曹丕終於在十月底登壇接收了御璽，登上皇帝大位，並大祭天地山川，改元黃初，大赦天下。在一八九年董卓暴起後便苟延殘喘的東漢帝國，正式宣告終結，由魏帝國取而代之。魏帝國首任皇帝曹丕隨即於十一月初，封遜位的劉協為山陽公，特准在其封國中奉行漢朝的舊曆法，及行使天子專用的禮儀，其四子則由親王改封列侯。追尊祖父曹嵩為太皇帝，父親曹操為武皇帝、廟號太祖，母親卞氏為皇太后。所有東漢時期的諸王均改為崇德侯，列侯則改為關中侯，朝中大臣也各給予不同等級的進位及封爵。新的中央政府並計畫將帝國首都遷至洛陽（河南境內），目前已加緊整修的工程，預計於十二月中旬之前完工，屆時整個魏帝國將呈現一番全新的氣象。

3-KINGDOMS TIMES

西元二二一年

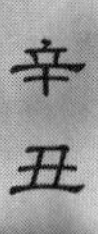

曹魏・黃初二年 蜀漢・章武元年

迅速跟進 漢中王進位 劉玄德稱帝

劉備在曹丕即帝位後不久，也迅速跟進，自稱為帝

在曹丕於去年（二二〇年）年底正式稱帝後，漢中王劉備迅速跟進，於今年（二二一年）四月六日宣布建立漢帝國，在武擔山（四川境內）之南登上皇帝寶位，並改年號為章武，大赦天下，同時任命諸葛亮為丞相（總理）。漢帝國發言人表示，漢帝劉備乃是繼承東漢正統，而曹魏實為篡奪漢祚之國賊。不過魏帝國發言人則公開駁斥此說，宣稱魏帝國接受東漢禪讓，合法取得中國之統治權，為唯一合法的政府，而蜀漢劃地自立，才是反叛組織。

另結新歡 曹丕逼死舊愛甄妃

曹丕聽信新歡郭夫人的讒言，下令舊愛甄妃自盡

昔日受到曹丕寵愛的甄妃，在丈夫有了新歡之後，竟遭到無情的對待，於六月底被賜死，悲劇性的結束了短暫的一生。二〇四年曹丕隨著父親攻陷袁氏大本營鄴城（河北境內）時，見到袁熙的妻子甄氏，馬上被其美貌所吸引，便下聘迎娶為妻，之後兩人過了一段恩愛的日子，還生下兒子曹叡。但曹丕登上皇位之後，注意力轉到了新歡身上，貴嬪郭氏搶走了寵愛的眼光，獨自留在鄴城的甄夫人備受冷落。許久不能見到曹丕的甄妃，忍不住而偶有怨言，但不知怎的卻傳到郭貴嬪耳中，郭氏便加油添醋的向魏帝曹丕嚼耳根子。於是曹丕在大怒之下，便派人前往鄴城，強迫甄夫人自盡。

大軍決意遠征 劉備親伐孫權

漢帝劉備對於關羽被襲身亡一事始終耿耿於懷，雖然許多官員將領都認為應與孫權保持聯盟關係，但劉備仍然獨排眾議，表示要親領大軍遠征江東集團，以替關羽復仇。據了解，劉備極為親信的部將趙雲，對於出兵一事也持反對立場，認為當以曹魏為首要敵人，不應先與孫權交鋒，不過並未被劉備採納。目前蜀漢陣營已下令動員各部大軍，包括張飛駐軍閬中（四川境內）的部隊，都將與劉備親率的主力軍團會師，對孫權集團發動報復性攻擊。

劉備不聽勸阻，執意要發兵攻打東吳

出征前夕掛點 張飛被刺身亡

張飛

蜀漢陣營驚傳重大變故，有萬人莫敵之勇的張飛，在出征前夕，竟被部下刺殺，身首異處。閬中（四川境內）軍方表示，刺殺主將張飛的乃是帳下部將張達、范彊，二人因平日常被主將鞭打辱罵，懷恨在心而痛下殺機。於是趁著張飛睡覺時將其刺死，並取下首級。目前兩人已往孫權陣營方向逃亡，軍方正全力緝捕中，並已派人向漢帝國中央回報。據了解，漢帝劉備之前就曾因張飛不體卹帳下兵士，而多次給予告誡，說：「你不論用刑或殺人都太過頻繁，每天鞭打軍士卻又叫他們在你左右服侍，早晚惹禍上身。」無奈張飛聽不進去，依舊故我，終於招來殺身之禍。

羅貫中專欄

急兄讎張飛遇害

卻說張飛在閬中，聞知關公被東吳所害，旦夕號泣，血濕衣襟。諸將以酒勸解，酒醉怒氣愈加。帳上帳下，但有犯者即鞭撻之；多有鞭死者。更下令軍中：限三日內制辦白旗白甲，三軍掛孝伐吳。次日，帳下兩員末將，范彊、張達入帳告曰：「白旗白甲，一時無措，須寬限方可。」飛大怒曰：「吾急欲報讎，恨不明日便到逆賊之境。汝安敢違我將令！」叱武士縛於樹上，各鞭背五十。鞭畢，以手指之曰：「來日俱要完備！若違了限，即殺汝二人示眾！」打得二人滿口出血，回到營中商議。范彊曰：「今日受了刑責，著我等如何辦得？其人性暴如火。倘來日不完，你我皆被殺矣！」張達曰：「比如他殺我，不如我殺他。」彊曰：「怎奈不得近前。」達曰：「我兩個若不當死，則他醉於床上；若是當死，則他不醉。」二人商議停當。

張飛在睡夢中遭到部屬刺殺身亡

卻說張飛在帳中，神思昏亂，動止恍惚，乃問部將曰：「吾今心驚肉顫，坐臥不安，此何意也？」部將答曰：「此是君侯思念關公，以致如此。」飛令人將酒來與部將同飲，不覺大醉，臥於帳中。范、張兩賊，探知消息，初更時分，各藏短刀，密入帳中，詐言欲稟機密重事，直至床前。原來張飛每睡不合眼。當夜寢於帳中，二賊見他鬚豎目張，本不敢動手；因聞鼻息如雷，方敢近前，以短刀刺入飛腹。飛大叫一聲而亡。時年五十五歲。卻說二賊當夜割了張飛首級，便引數十人連夜投東吳去了。

劉備大軍壓境 陸遜臨危受命

七月時，漢帝劉備發動大軍向東征討孫權。雖然孫權集團在得知消息後，便緊急派出使者求和，但執意為關羽復仇的劉備卻完全聽不進去。仍舊調動吳班、馮習的四萬名先鋒部隊，先在巫縣（四川境內）擊敗了孫權部將李異、劉阿的部隊，再進逼秭歸（湖北境內），造成江東集團極大的威脅。孫權為了穩住西線戰事，便緊急任命陸遜為大都督（總司令），率領朱然、潘璋、宋謙、韓當、徐盛、鮮于丹、孫桓等五萬精兵，在長江沿岸各處要地布防，以抵禦劉備大軍的進襲。不過，資深評論家也指出，陸遜所統率的這些將領，有些是孫策舊部，有些是孫權家族成員，各有各的後台，並不一定會完全服從陸遜的命令。此一潛在危機，是否會影響到江東集團的戰力，還有待觀察。

錯失統一天下良機 曹丕竟封孫權吳王

在劉備大軍東進的龐大壓力之下，江東集團的領袖孫權，為了避免受到劉備及曹丕兩方面的夾擊，已於八月派出使者前往魏帝國首都洛陽（河南境內），以極卑微恭敬的態度，正式向曹丕俯首稱臣。不過就在魏國滿朝文武百官，正在為孫權的歸降同聲慶賀之時，曹丕的部屬劉曄卻提出了相反的看法。劉曄認為此時根本不應該接受孫權的投降，反而應當乘劉備東侵孫權之際，揮動精銳大軍南下，一舉將其蕩平。待滅了孫權之後，再把勢單力孤的劉備也一併給剷除，則天下可以統一。不過曹丕並未採納劉曄的建議，仍舊接受了孫權的投降，並隨即將其封為吳王、加九錫（九項特別恩賜），而附帶條件只有要求孫權盡快將兒子送出當成人質。分析家指出，曹丕未能依劉曄的建議進取江東，可能讓孫權躲過一劫，而白白的坐失了一統天下的最佳機會。

孫權為了避免被魏蜀夾擊，以極謙卑的姿態向曹丕稱臣

之前向關羽投降的于禁回國後，表面上雖然受到安慰，但曹丕卻以墓園中的畫加以羞辱

降將于禁返國　墓園遭辱去世

在樊城（湖北境內）之戰中投降關羽的于禁，日前隨著孫權的使者回到洛陽（河南境內）晉見魏帝曹丕。歷盡滄桑，滿頭白髮的于禁，見了曹丕之後，流淚跪拜，請求原諒其戰敗投降的過失。曹丕表面上展現出帝王的宏偉氣度，不但極力慰問于禁，還封他為安遠將軍。但實際上卻叫人事先在曹操墓園的房舍中，畫上「關羽戰克」、「龐德發怒」、「于禁降服」的壁畫，然後命于禁前往墓園祭拜。于禁見了這些壁畫之後，知道曹丕有意羞辱他，感到無比的慚愧悔恨，一時氣急攻心，不久便發病去世。

復廢五銖錢
民間金融恐大亂

今年（二二一年）三月，魏帝曹丕下令恢復使用當年董卓廢除的五銖錢之後，才不過經過短短七個月的時間，就因穀米的價錢過於昂貴，使得中央政府不得不再度下令廢除五銖錢制度，改為以物易物的方式，用穀米綢緞等物品，直接進行交換。不過金融學者指出，此舉恐怕會造成民間金融的大混亂，屆時不實交易、詐欺的案件將層出不窮，讓人民生活更加不便。

曹丕下令廢止五銖錢，改成以物易物

吳王進貢清單　赫見保育物件

魏帝曹丕在孫權上書稱臣之後，派遣使者來到江東，拿著長長的一列清單，要求吳國照單進貢。這份進貢清單上列著「雀頭香」、「大貝」、「明珠」、「象牙」、「犀角」、「玳瑁」、「孔雀」、「翡翠」、「鬪鴨」以及「長鳴雞」等珍稀物品，其中不乏被國際動物保護組織列為禁止交易的保育類物件。據聞吳國內部官員對於此份清單十分不滿，認為自古以來，荊、揚兩州（即吳國領地）的進貢物品早有一定規矩，怎可要求禮制以外的貢物。但吳王孫權卻認為這些所謂的珍稀寶物，於他看來只不過是一堆無用的瓦礫石塊，沒什麼好珍惜的，便照單將貢品上呈。

孫權向曹丕進貢，呈獻多項珍稀寶物

孫權開趴狂歡　張昭臭臉走人

孫權與群臣喝酒同樂，張昭憂心離席

吳王孫權在武昌（湖北境內）宴請群臣，所有人都盡興喝到大醉，孫權還意猶未盡，命人拿水把所有人潑醒，嚷著說：「今天大家開趴狂歡，一定要喝到不醒人事，醉臥不起為止。」不過話才剛說完，吳國重要幹部張昭便一語不發，臭臉走人。孫權派人去把他找回來，不解的問他說：「只不過大家同樂，幹嘛生那麼大的氣。」張昭回答說：「從前紂王在酒池中長夜痛飲，當時也只是當作同樂而已，並不認為是什麼壞事。」孫權聽了之後醉意全消，滿心羞愧的沉默了半晌，便下令結束了這場轟趴酒宴。

三國時報

3-KINGDOMS TIMES

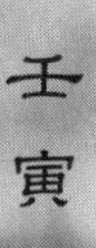

西元二二二年

曹魏・黃初三年 蜀漢・章武二年 東吳・黃武元年

蜀兵推進吳軍堅守 雙方對峙

漢帝劉備年初從秭歸（湖北境內）出發，命部將黃權統禦長江北岸各軍，自己則親率諸將，以馮習為大都督（總司令）、張南為前部督（先鋒司令），沿長江南岸翻山越嶺，推進到猇亭（湖北境內），前後連營百里，準備對吳國發動攻擊。雖然吳國將領們不斷的請求出戰，但吳國大都督陸遜似乎認為目前蜀漢軍團士氣正銳，所以並不急著與劉備決戰，只是下令所有將領堅守陣地，打算將對戰時間拉長，再靜待時機出兵反擊。於是兩軍僵持不決，一直到六月時，劉備又命部將吳班率領數千名部隊，在沒有掩蔽的平地紮營，想要引誘吳軍出兵攻擊。不過陸遜卻不為所動，劉備只好把暗中埋伏在山谷中的八千名伏兵撤出。雖然兩軍截至目前為止，並沒有發生大規模的軍事衝突，但因魏帝曹丕在聽說蜀軍於樹林中連營百里後，斷言孫權必於近日內傳來捷報，使得各地賭盤已開始押注吳軍將獲得最後勝利。

劉備大軍伐吳，順長江而下，大軍在南北兩岸連營百里，氣勢驚人。
陸遜則下令東吳各軍堅守不戰，等待時機

陸遜火燒連營 劉備潰逃白帝

閏六月時，吳軍統帥陸遜決定對劉備發動攻擊。雖然將領們都認為不應在僵持七八個月，敵人都已加強守備要害之處後才發動攻擊。但陸遜卻表示：「劉備狡猾多計，剛抵達時，思慮精專，我們必定無法取勝。如今相持已久，已經兵疲馬乏而計謀枯竭，正是擊敗他的大好時機。」於是命令每位兵士各執一束茅草，發動火攻，奪取敵方營寨。並乘火燒連營之勢，發動總攻擊，連破四十幾營，並砍下蜀漢軍團大都督（總司令）馮習、前部督（先鋒司令）張南，及胡王沙摩柯的人頭。劉備退到馬鞍山（湖北境內）上，四周由部隊環繞護衛，陸遜又下令各軍四面圍攻，造成蜀漢軍團土崩瓦解，完全潰敗。最後劉備乘夜色掩護，突圍而出，中途還險被吳軍追上，所幸驛站人員急中生智，把許多敗兵丟棄的鎧甲堆到隘口焚燒，才得以阻斷追兵。此戰劉備大敗，僅得隻身逃入白帝（四川境內），所有的舟船器械、水陸軍資完全化為烏有，兵士死亡數萬人，屍首塞滿江面順流而下，慘狀甚是駭人。而江北的黃權部隊，也因退路被斷，八月時只好北轉向魏帝國投降。

魏吳決裂 兵戎相見

之前魏帝曹丕冊封孫權為吳王時，便提出要孫權將兒子送到首都洛陽（河南境內）當人質的條件。只是過了很久的一段時間，卻仍始終不見人質蹤影。幾經詢問要求，所得到的也都是一些藉故推托的答案。到了最後，曹丕才終於發現自己被騙了，原來孫權根本從一開始便心懷不軌，完全沒有要把愛子送出去當人質的打算。盛怒之下的曹丕，立即下令曹休、張遼、臧霸等部將率軍出兵洞口（安徽境內），曹仁大軍出濡須（安徽境內），曹真、夏侯尚、張郃、徐晃等部則包圍南郡（湖北境內），以兵分三路的態勢討伐孫權。而吳國在得到消息之後，也不甘示弱，立即調派呂範率領五部軍團及水軍艦隊，前往洞口一帶抵禦曹休的進犯，朱桓帶領另一支軍隊嚴陣據守濡須，而諸葛瑾、潘璋、楊粲則受命馳兵增援南郡，分別阻擋曹魏三路軍團的攻勢。

曹丕挑選墓地 指示一切從簡

魏帝曹丕於今年（二二二年）十月，特別降詔指定首陽山（河南境內）東麓為死後的陵寢所在，更要求死後喪葬務必從儉，陪葬物品不得埋藏金銀玉石，一律只用瓦器陶罐。並下令把此份詔書留存於宗廟之中，副本則分送至中央各重要官署。

曹丕將首陽山定為自己死後埋葬的陵寢之地，並指示陪葬物品一律從簡，不使用金銀玉石

孫權改年黃武 曹丕御駕南征

在吳王孫權決定與魏帝曹丕畫清界限後，已正式宣布不再使用魏帝國的「黃初」年號，而徑自改元「黃武」。此舉無疑是宣示吳國已經成為一個主權獨立之國家，與曹丕的魏帝國、劉備的漢帝國形成三強鼎立之局面。而在戰事方面，御駕親征的曹丕於十一月開抵宛城（河南境內）後小有斬獲，吳國將領呂範率領的水軍艦隊，被突如其來的暴風吹斷纜繩而意外漂流到曹休營外，造成數千人被魏軍斬殺及俘擄。但魏軍未能依令把握時機渡江追擊潰散的敵軍，讓東吳的援軍船艦，有機會重新集結部隊，退回長江南岸。

3-KINGDOMS TIMES

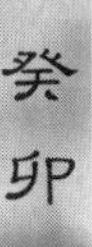

西元二二三年

曹魏・黃初四年 蜀漢・章武三年 建興元年 東吳・黃武二年

江水暴漲疫病橫行 魏軍無功班師

魏、吳之間自去年（二二二年）至今的交鋒，經過多次你來我往的攻防，雙方可說是互有勝負，但誰也沒有占到太大的便宜。最後，由於長江水位暴漲，加上傳染病大規模流行，魏帝曹丕研判再拖下去也未必有利，才終於決定停止南征行動，下令全軍班師回京。

劉備駕崩白帝城 諸葛銜命輔阿斗

漢帝劉備自夷陵（湖北境內）一役遭受重大挫敗之後，健康狀況便一日不如一日，到了今年（二二三年）四月，終於在永安（四川境內，即白帝城）駕崩，遺體則由漢丞相（總理）諸葛亮運回成都（四川境內）安葬。年僅十七歲的漢太子劉禪隨後於五月登極繼位，成為蜀漢帝國第二任的皇帝，並封丞相諸葛亮為武鄉侯，兼領益州牧，所有國事無論大小，都交由諸葛亮裁決。據聞，其實劉備在病危時，已將諸葛亮緊急召到永安，告訴他說如果太子劉禪尚可輔佐，就輔佐他，如果覺得太子才能不足的話，便取而代之。不過諸葛亮一聽到劉備這樣說，便跪拜於地哭泣著表示，一定會竭盡全力，效忠貞之節至死為止。同時劉備也下詔提醒太子劉禪「勿以惡小而為之，勿以善小而不為」，並要求對諸葛亮要事之如父。在交代妥當之後，這位從編織草鞋起家，一手建立蜀漢帝國，與曹操、孫權爭霸天下的人物，便以六十三歲的年齡辭世。

劉備臨死前告訴諸葛亮，若覺得劉禪才能不足，就自行取而代之

訃聞

年輕時便隨曹操四處征戰，立下不少功勞，又在赤壁戰敗之時穩住江陵，爭取了曹操重整旗鼓的寶貴時間，還在襄樊之戰中，擋住關羽北伐的魏國大將軍（軍事最高統帥）曹仁，在南征行動結束後不久去世，得年五十六歲。

鄧芝為使 重修吳蜀關係

今年（二二三年）十月時，漢丞相（總理）諸葛亮特別派遣使節鄧芝前往吳國，以修補緊張的敵對關係，企圖重建兩國之間的邦交。但是當鄧芝到達吳國首都武昌（湖北境內）之後，吳王孫權的態度卻游移不定，遲遲不肯接見鄧芝。最後鄧芝見情勢不對，便主動上書說：「我今天不單只是為了蜀漢利益，也是為了吳國的利益而來。」才終於得到見面的機會。孫權一開始便以蜀漢主弱國小，根本就已經自身難保，來質疑雙方結盟的可行性。但鄧芝回答說：「漢、吳兩國，加起來占有四州之地，大王（指孫權）為當世之英雄，而諸葛亮亦一時之豪傑。漢占有重險之固，而吳則據有三江之阻，若可集兩國之長處，互為相依之脣齒，則進可兼併天下，退可鼎足三分。但如果大王一心歸附在魏國之下，則魏國勢必希望大王能赴京朝見，或至少也會要求送出太子充當人質。到時如果您拒絕的話，就剛好給魏國一個藉口興兵討伐叛逆，而我們蜀漢也必將利用此可趁之機揮軍順流進擊。到時只怕江南之地，便不再為大王所有。」孫權聽完之後，沉默了許久，說：「嗯，你說的極有道理。」於是再次和蜀漢結盟聯合。

曹魏重大教改政策 重設太學延聘博士

魏帝國於今年（二二四年）夏季，對已經廢棄三十多年的教育制度，做出重大改革。在首都洛陽（河南境內）重新設立太學（國家大學），聘請博士（教授），並依兩漢時期的傳統，以五經做為授課及考試的基本教材。

曹丕被東吳臨時搭建的假城騙倒，兩軍尚未交戰便將大軍撤回

曹丕再度親征 東吳假城退敵

一心征服天下的魏帝曹丕，於八月再度集結大軍，親登御舟，率領水軍艦隊順著蔡水、潁水進入淮河，抵達壽春（安徽境內）。九月時，又推進到廣陵（江蘇境內），準備對吳國發動大規模的攻擊。不過當魏軍抵達長江邊後，卻見到長江南岸連綿數百里早已築好了防禦城樓，而吳國水軍船艦也早已集結準備應戰。曹丕見此情景，便嘆息說：「我們空有千萬的精銳騎兵，卻無用武之地，看來是沒辦法發動攻擊了。」此時剛好暴風襲來，曹丕的御舟被吹得差點失控翻覆。最後曹丕在停留數日後，見吳軍沒有什麼動靜，便下令班師北還。不過據記者的深入追查，發現長江南岸，從石頭到江乘（皆江蘇境內）總長數百里的城樓，其實只是以木架搭建並外裹葦草，只能用來欺敵，實際上卻毫無防禦功能的假貨。不過這些山寨品，卻騙倒了魏國大軍，也遏阻了一場大戰。

曹魏・黃初六年 蜀漢・建興三年 東吳・黃武四年

魏國水軍 進逼江南

去年（二二四年）進軍東吳，被假城樓唬住而退兵的魏帝曹丕，今年（二二五年）捲土重來。不但下令挖掘運補軍資的人工運河，以司馬懿為撫軍大將軍留守許昌（河南境內），自己則親領大軍於五月抵達譙縣（安徽境內），預計八月時由水路再度叩關。

諸葛七擒孟獲 平定南蠻

為了徹底解決南中（雲南）長期存在的叛亂問題，蜀漢丞相（總理）諸葛亮率軍南下，由越巂（四川境內）進入蠻荒之地，連戰皆捷，斬殺叛軍首領雍闓、高定。然後與李恢、馬忠的兩路軍隊會師，向仍然頑抗的蠻族領袖孟獲施加壓力。由於出發前，參軍（軍事參謀）馬謖已經建議應該想辦法讓蠻族徹底心服，所以諸葛亮下令各軍不得殺害孟獲而務必活捉。不久後，孟獲果然被生擒，諸葛亮命人帶他參觀蜀漢軍團的營寨陣地，然後問他說：「你覺得我軍如何？」孟獲不以為然的回答：「之前是因為不知道你們的虛實，所以才不小心戰敗。今天你讓我看到了所有的營寨陣式，其實也不過如此而已，如果再打一次，取得勝利對我來講簡直易如反掌。」諸葛亮聽了之後，笑著說：「那就放你回去，再重新來一次吧。」被釋放回去的孟獲重整旗鼓，自信滿滿的再次對蜀漢軍團發動攻擊，卻仍然難逃戰敗被俘的命運。不過孟獲依舊不認輸，而諸葛亮也依舊再把他放回去，讓他捲土重來。就這樣經過了七次又捉又放的循環之後，孟獲才終於心服口服，說：「您真的有上天神威，我們南人從此必定不會再反叛了。」於是諸葛亮大軍終於完全平定益州（雲南境內）、永昌（雲南境內）、牂柯（貴州境內）、越巂（四川境內）四郡，並派任孟獲等當地的蠻族領袖擔任官員，讓他們自我管理，成功的解決了背後的隱憂。

歷經七次的擒放之後，諸葛亮終於收服孟獲

天寒地凍江面結冰 曹丕撤軍遭受襲擊

魏帝曹丕親率的水軍艦隊，八月由譙縣（安徽境內）進入渦水，再入淮河，經過兩個月的時間，終於抵達廣陵（江蘇境內）。但由於時序已經入冬，江面開始結冰，艦隊無法進入長江，曹丕只能望著洶湧的波濤，嘆息說：「唉，這正是上天用來分限南北的。」於是下令班師。不過就在魏軍後撤時，御營卻遭到吳軍五百名敢死隊的突襲，曹丕大為驚嚇，幸而吳軍在奪得御駕車隊的備用車及裝飾羽蓋後便呼嘯而去。

該死！是誰說溜冰很簡單的

滑~

不受控制

皇上！您動作可能得快點，敵人就要追來了…

曹丕大軍因長江冰封阻絕而無法繼續南下，卻在撤軍時遭到吳軍襲擊

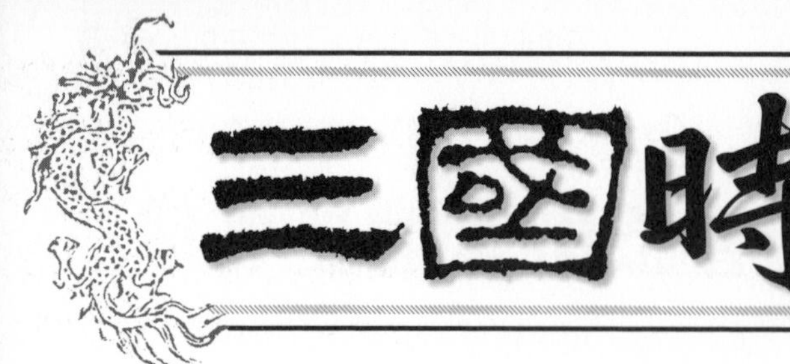

3-KINGDOMS TIMES

西元二二六年

曹魏．黃初七年 蜀漢．建興四年 東吳．黃武五年

陸遜上書屯田 孫權勞動相挺

孫權支持屯田，要求自己也要一樣配發田地耕種

吳國重要將領陸遜，為解決駐地糧食短缺的問題，日前上書吳王孫權，請求下令各將領在平時可以開墾荒地，以擴充耕地面積，並提高作物產量。此項提案得到孫權強力的支持，除了正式下令諸將執行屯田計畫之外，還主動要求配發荒地讓他可以與眾人共擔勞務。雖然孫權不見得真的會親自駕牛犁田，但一個國家元首肯為此做出勞動相挺的宣示，已讓整個屯田計畫有了成功的開始。

小氣得罪皇帝 曹洪險遭處死

曹洪因小氣惹來禍端，差點送命

僅因門客犯法便被牽連入獄的魏國開國大將曹洪，竟為此被判處死刑。朝中百官聞訊後已為此緊急聯名上書，請求寬恕曹洪，但仍無法挽回。但在本報記者的深入調查之下，發現這個已在中央引起軒然大波的案件，起因於曹丕仍是東宮太子時，有一次想向曹洪借一百匹的綢緞，但以小氣吝嗇著稱的曹洪卻不肯如數借出，導致曹丕因而懷恨在心，種下殺機。多年後，曹丕最後終於逮到這個機會，可以一報當年的怨氣，所以才不顧輿論的壓力與群臣的求情，執意致曹洪於死。不過，最後卞太后挺身而出，怒責曹丕：「當年你父親征討董卓失利，被流箭射中時，是靠曹洪讓出戰馬並拚死隨行護衛，才得以保全性命。沒有曹洪，我們哪有今天？」又威脅郭皇后說：「如果曹洪今天被殺，我保證明天就下令要皇帝廢掉妳這個皇后。」於是郭皇后十分緊張，不斷的向曹丕哭泣求情，才終於保住了曹洪的性命，而以免除驃騎將軍官職、並撤銷都陽侯爵位及采邑結案。

魏帝曹丕病死 曹叡接繼大位

曹丕病重去世，由太子曹叡繼承魏國皇位

魏帝於今年（二二六年）染疾，五月時由於病情加重，為確保後繼有人，封已故甄妃之子曹叡為太子。到了十六日，曹丕病危，緊急召見曹真、陳群、司馬懿受命輔政之後，便於次日病逝，得年僅四十歲。隨後中央政府發表正式公告，宣布二十三歲的太子曹叡繼位為魏帝國第二任帝，並尊曹操夫人卞氏為太皇太后，曹丕皇后郭氏為皇太后，追尊曹叡母親甄氏為文昭皇后，預計六月將曹丕安葬於首陽陵（河南境內）。

趁人之危

孫權北擊曹魏

孫權利用曹丕去世的機會向魏國發動攻擊

吳王孫權在得到魏帝曹丕去世的消息之後，立刻抓住這個難得的機會，於八月御駕親征，率軍對魏國的江夏郡（湖北境內）發動攻擊。但由於江夏太守（郡長）文聘據城堅守，使得吳軍攻擊進度不如預期。又加上魏國之前受命慰勞邊方的官員正好抵達附近，在得知此緊急戰情後，便緊急徵調民兵一千多人在附近山上舉火為援。孫權以為魏國援軍已到，於是便下令撤退。

三國時報

3-KINGDOMS TIMES

西元二二七年

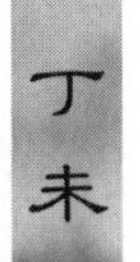

曹魏・太和元年 蜀漢・建興五年 東吳・黃武六年

孔明北伐　獻出師表

三月，蜀漢丞相諸葛亮準備進駐漢中（陝西境內），謀圖北伐大業，於是便任命長史（祕書長）張裔、參軍（軍事參謀）蔣琬負責處理留守事務。並於臨出發前，呈上〈出師表〉給漢帝劉禪，內容除了表明北伐的決心之外，也對君王有著諸多的期許及規勸。而當代文學界對於此篇文章，亦給予極高的評價。

諸葛亮於北伐前，向劉禪呈上〈出師表〉以示決心

魏國宣布取消以物易物的市場交易方式，恢復使用五銖錢

魏國金融大亂　五銖錢再發行

魏國政府自二二一年下令廢除五銖錢制度，改為以物易物的方式交易後，才經過六年的時間，就因故意浸濕穀米或減薄綢絹厚度等詐欺方式層出不窮，終於造成金融秩序的嚴重混亂。政府官員在會商之後，決定今年（二二七年）四月再度恢復使用五銖錢，以充實國家財政，並杜絕奸商的不當得利。

【文學選讀】

出師表

諸葛亮

先帝創業未半而中道崩殂，今天下三分，益州罷敝，此誠危急存亡之秋也。然侍衛之臣不懈於內，忠志之士忘身於外者，蓋追先帝之殊遇，欲報之於陛下也。誠宜開張聖聽，以光先帝遺德，恢弘志士之氣；不宜妄自菲薄，引喻失義，以塞忠諫之路也。

宮中、府中，俱為一體，陟罰臧否，不宜異同。若有作奸犯科及為忠善者，宜付有司論其刑賞，以昭陛下平明之治，不宜偏私，使內外異法也。

侍中、侍郎郭攸之、費禕、董允等，此皆良實，志慮忠純，是以先帝簡拔以遺陛下。愚以為宮中之事，事無大小，悉以咨之，然後施行，必能裨補闕漏，有所廣益。將軍向寵，性行淑均，曉暢軍事，試用之於昔日，先帝稱之曰能，是以眾議舉寵為督。愚以為營中之事，事無小大，悉以咨之，必能使行陳和睦，優劣得所也。

親賢臣，遠小人，此先漢所以興隆也；親小人，遠賢臣，此後漢所以傾頹也。先帝在時，每與臣論此事，未嘗不歎息痛恨於桓、靈也。侍中、尚書、長史、參軍，此悉貞亮、死節之臣也，願陛下親之，信之，則漢室之隆，可計日而待也。

臣本布衣，躬耕南陽，苟全性命於亂世，不求聞達於諸侯。先帝不以臣卑鄙，猥自枉屈，三顧臣於草廬之中，諮臣以當世之事；由是感激，遂許先帝以驅馳。後值傾覆，受任於敗軍之際，奉命於危難之間，爾來二十有一年矣。先帝知臣謹慎，故臨崩寄臣以大事也。

受命以來，夙夜憂慮，恐付託不效，以傷先帝之明。故五月渡瀘，深入不毛。今南方已定，甲兵已足，當獎帥三軍，北定中原，庶竭駑鈍，攘除姦凶，興復漢室，還於舊都，此臣所以報先帝，而忠陛下之職分也。至於斟酌損益，進盡忠言，則攸之、禕、允之任也。

願陛下託臣以討賊興復之效，不效，則治臣之罪以告先帝之靈，若無興復之言，則責攸之、禕、允等之咎以章其慢。陛下亦宜自謀，以諮諏善道，察納雅言，深追先帝遺詔，臣不勝受恩感激。今當遠離，臨表涕零，不知所云。

三國時報

3-KINGDOMS TIMES

西元二二八年

曹魏・太和二年 蜀漢・建興六年 東吳・黃武七年

降將孟達欲返蜀 司馬懿火速擊斬

於二二〇年叛蜀降魏，被魏國任命為新城（湖北境內）太守（郡長）的孟達，去年（二二七年）年底在蜀漢丞相（總理）諸葛亮數度書信勸說後，決定再度回到蜀漢的懷抱。魏國總督荊豫軍事的驃騎大將軍司馬懿聽到消息後，一方面寫信安撫孟達，使其猶豫不定，另一方面祕密發動大軍，以加倍的速度前往征討。於此同時，孟達也寫信給諸葛亮，說：「司馬懿駐軍的宛城（河南境內）距首都洛陽（河南境內）八百里，距我新城一千兩百里，當司馬懿聽到我起兵的消息，上書給皇帝，然後詔書往返，最快也要一個月的時間，那時我的城寨防線已經修築堅固，各軍也已準備妥當。加上我這裡地勢險惡，司馬懿必定不會親自領兵冒險，只會派其他將領前來，所以我這邊沒有什麼值得擔憂的。」但八天後，司馬懿的大軍卻已經兵臨城下。吳、蜀兩國隨即派出部隊來援救孟達，但也分別被司馬懿派遣的分支部隊所阻截。孤立無援的孟達，在魏軍強攻僅十六天便城破被斬，回歸蜀漢的計畫也終告失敗。

司馬懿以迅雷不及掩耳的速度兵臨城下，強攻十六天斬殺孟達

性格保守謹慎的諸葛亮不同意魏延所提出，大膽從子午谷出兵的計畫

魏延大膽計出子午谷　孔明保守拒絕走險棋

由本報記者獨家取得的消息顯示，在蜀漢丞相（總理）諸葛亮主持的軍事會議上，部將魏延提出了一項極為大膽的北進突襲計畫。內容是由魏延率領五千名的精銳及補給部隊，由褒中（陝西境內）出發，經秦嶺而東，進入總長三百多公里、沿途盡是懸崖險地的子午谷。預計經十天的路程後，一舉突擊沒有防備的長安（陝西境內）。至於糧草物資的補給，則等到奪城之後，再以城中官糧及民穀來供給部隊所需。魏延在計畫中指出，魏國軍隊想要在東方重新集結兵力，至少也需要二十天的時間。到時諸葛亮所率領的主力軍團，早已由褒斜谷北上，並抵達長安與魏延的先鋒部隊會師，合軍之後一舉平定咸陽（陝西境內）以西之地。但諸葛亮在聽過魏延的報告之後，認為此一行動計畫過於冒險，所以已於會議中予以否決。軍事分析家則認為，魏延所提出的計畫雖然大膽而冒險，但確實是有成功的可能，而關鍵點就因為魏國留守長安的將領正是夏侯淵之子夏侯楙。一般而言，外界對夏侯楙的軍事能力評價並不高，可以說是既無謀略又缺膽量。能夠坐上如此重要的位置，完全只是因為貴為曹操的女婿，又與曹丕關係交好之故。以夏侯楙的能力而言，應該沒有足夠智慧去做好事先防備，或料想到蜀軍可能兵出子午谷而設下伏兵。見到蜀軍突然來襲時，也沒有能力加以反制，而極有可能如魏延所料，一發現蜀軍兵臨城下便倉皇逃走。而諸葛亮過於謹慎保守，事事追求萬無一失的個性，使得他不肯冒險採用魏延的險招，也使得他失去翻轉天下局勢的唯一良機。

三郡叛魏投蜀　姜維歸降諸葛

魏國聽聞蜀漢大軍即將由褒斜谷出兵攻擊郿縣（陝西境內），並探得趙雲、鄧芝所帶領的先發部隊已經據守箕谷（陝西境內）的消息之後，已緊急派曹真調集軍隊進駐郿縣，以防堵蜀漢軍團的進一步行動。但事實上這一切都只是漢丞相（總理）諸葛亮用來故布疑陣的煙霧彈，於此同時，蜀漢大軍早已取道西北，進攻祁山（甘肅境內）。由於魏國毫無防備，所以一時之間感到十分的恐懼，天水、南安、安定三郡（皆甘肅境內）都已經宣布投降，關中地區（陝西境內）的局勢為之震動，魏帝曹叡已下令張郃率領五萬名步騎前往阻截。在這批歸降蜀漢的人當中，天水郡的參軍（軍事參謀）姜維，因膽識及智謀獲得諸葛亮的賞識，已被任命為倉曹掾（糧食官員），並留用於大本營主持軍事業務。

退軍只因失街亭　孔明揮淚斬馬謖

諸葛亮揮淚下令將擅自變更戰略的愛將馬謖問斬

之前極受蜀漢丞相（總理）諸葛亮器重，並受命率軍進駐街亭（甘肅境內）的蜀漢軍團參軍（軍事參謀）馬謖，在抵達街亭後，竟然自做聰明的擅自變更諸葛亮先前所下的作戰指示，放棄在水源與平地的安營紮寨的計畫，反而跑到山上紮營。雖然隨同領軍的另一部將王平再三提出警告，但馬謖仍然執意而行，導致原本對漢軍有利的情勢急轉而下。據聞，當張郃率軍抵達街亭時，一發現馬謖的布陣竟如此之荒謬，便立即下令切斷其下山汲水之通道，等到蜀漢士兵口渴欲絕時再發動猛攻，大破馬謖兵團。諸葛亮因為失去街亭這個重要的軍事據點，大軍陷於困境，只好下令強迫西縣（甘肅境內）一千餘家百姓，隨全軍撤回漢中（陝西境內）。隨後馬謖因違返軍令被處斬，諸葛亮則上書自貶三等，漢帝劉禪最後下詔貶諸葛亮為右將軍，仍代理丞相事務。只有王平因街亭勸阻馬謖無效而於山下另立營寨，率領一千名士兵堅守陣地有功，而獲得升官晉爵的獎勵。

羅貫中專欄

空城計

孔明分撥已定，先引五千兵退去西城縣搬運糧草。忽然十餘次飛馬報到，說司馬懿引大軍十五萬，望西城蜂擁而來。時孔明身邊並無大將，只有一班文官，所引五千軍，已分一半先運糧草去了，只剩二千五百軍在城中。眾官聽得這個消息，盡皆失色。

孔明登城望之，果然塵土沖天，魏兵分兩路望西城縣殺來。孔明傳令眾將，旌旗盡皆藏匿；諸將各守城鋪，如有妄行出入，及高聲言語者，立斬；大開四門，每一門上用二十軍士，扮作百姓，灑掃街道，如魏兵到時，不可擅動，吾自有計。孔明乃披鶴氅，戴綸巾，引二小童攜琴一張，於城上敵樓前，憑欄而坐，焚香操琴。

卻說司馬懿前軍哨到城下，見了如此模樣，皆不敢進，急報與司馬懿。懿笑而不信，遂止住三軍，自飛馬遠遠望之。果見孔明坐於城樓之上，笑容可掬，焚香操琴。左有一童子，手捧寶劍；右有一童子，手執麈尾。城門內外有二十餘百姓，低頭灑掃，傍若無人。

懿看畢大疑，便到中軍，教後軍作前軍，前軍作後軍，望北山路而退。司馬昭曰：「莫非諸葛亮無軍，故作此態？父親何故便退兵？」懿曰:「亮平生謹慎，不會弄險。今大開城門，必有埋伏。我兵若進，中其計也。汝輩豈知？宜速退。」於是兩路兵盡皆退去。

孔明見魏軍遠去，撫掌而笑。眾官無不駭然，乃問孔明曰：「司馬懿乃魏之名將，今統十五萬精兵到此，見了丞相，便速退去，何也？」孔明曰:「此人料吾生平謹慎，必不弄險；見如此模樣，疑有伏兵，所以退去。吾非行險，蓋因不得已而用之。」此人必引軍投山北小路去也。吾已令興、苞二人在彼等候。」眾皆驚服曰：「丞相之機，神鬼莫測。若某等之見，必棄城而走矣。」孔明曰：「吾兵止有二千五百，若棄城而走，必不能遠遁。得不為司馬懿所擒乎？」言訖，拍掌大笑曰：「吾若為司馬懿，必不便退也。」遂下令，教西城百姓，隨軍望漢中而走。

魏吳再起烽煙　陸遜擊敗曹休

吳國鄱陽（江西境內）太守（郡長）周魴，因事受到吳王孫權的譴責，由於害怕會丟了性命，於是便自己剃了光頭請求饒恕，同時又派人送信給魏國揚州牧曹休，表示願意舉城歸降，並請派軍隊前來接應。曹休得到情報後，上書請求出兵接應周魴，魏帝曹叡便令曹休舉兵十萬南下皖城（安徽境內），又命司馬懿、賈逵分別領軍攻擊江陵（湖北境內）及東關（安徽境內），三路大軍同時並進。不過其實周魴的事件只是孫權所設，用來引誘曹休出兵的詐降詭計。實際上孫權已經任命陸遜為大都督（總司令），率領九萬名精銳大軍部署在皖城，等待曹休大軍自投羅網。曹休出兵後，很快便發現自己中了圈套，不過他仗恃自己有龐大的兵力，所以並不在意，反而繼續前進，打算給吳軍來個迎頭痛擊。但事與願違，曹休的大軍很快便被陸遜所擊潰，不但損失一萬多名士兵，連所有的輜重糧秣也幾乎全部喪失。所幸賈逵及早發現其中有詐，半途便重新部署戰力，日夜不停的趕到夾石（安徽境內）營救，才迫使吳軍撤退，讓曹休得以脫離險境。雖然事後曹休並未因此受到責罰，但卻因慚愧懣憤而背上生瘡，於一個月後病逝。

諸葛孔明再度北伐　糧秣用盡無奈退兵

蜀漢右將軍諸葛亮聽聞魏國大將曹休在皖城（安徽境內）被吳軍所敗，魏國大軍緊急東下赴援的消息後，判定此時關中（陝西境內）地區必定空虛，便決定二次出兵北伐。雖然蜀漢朝中文武官員大都不表贊成，但諸葛亮仍獨排眾議，於十二月率領數萬部隊出散關（陝西境內），對陳倉（陝西境內）發動包圍戰。但魏軍方面似乎並不像諸葛亮想的那麼膿包，負責關右軍區的指揮官曹真，在上次蜀漢軍團北伐後，就料定下次蜀軍必改變戰略攻擊陳倉。所以早就命令部將郝昭駐防於此，並修築城垣，加強各項防禦工事。諸葛亮大軍抵達陳倉後，面對僅一千餘人的守軍，便先遣使招降。但受到郝昭的斷然拒絕，於是便以雲梯、撞車等大型攻城機具發動猛攻。但郝昭則下令以火箭射擊雲梯，燒死梯上的兵士，又以繩索綁住石磨砸毀攻城的撞車來加以還擊。諸葛亮隨後又造高塔，一面以亂箭壓制守軍，一面運來土石填平護城河，準備直接攀牆而上。但郝昭卻又在城內再築一道牆作為防禦。蜀漢軍見強攻不成便挖掘地道，打算從底下突入城中，郝昭又在城內挖掘橫溝阻截。原本以為可以輕易攻下陳倉的諸葛亮，沒有料到郝昭可以支撐這麼久，到最後糧草用盡，只好退兵。魏國將領王雙見蜀漢退兵，便從後追擊，但卻遭諸葛亮反擊而被斬殺。至於守城有功的郝昭，則被封為關內侯以示嘉勉。

3-KINGDOMS TIMES

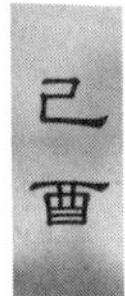

西元二二九年

曹魏．太和三年 蜀漢．建興七年 東吳．黃武八年 黃龍元年

奪得二郡 諸葛亮回任丞相

諸葛亮在今年春天，第三度率兵北伐，並在攻下魏國武都、陰平（皆甘肅境內）二郡之後，班師凱旋。漢帝劉禪隨後宣布，將原本已自降三級的諸葛亮，回復為丞相（總理）的職位。

孫權終於稱帝 三國正式鼎立

雖然天下三分的局勢早已確立，但吳王孫權終於在四十八歲的這一年，將自己推上了皇帝寶座。四月十三日，孫權正式宣布登皇帝位，將吳王國改制為與魏、漢相同等級的帝國，並大赦天下，改年號為黃龍元年。同時追尊父親孫堅為武烈皇帝，兄長孫策為長沙桓王，封兒子孫登為皇太子，孫策的兒子孫紹為吳侯。漢帝國丞相諸葛亮在得到消息後，派出使節前往祝賀，與孫權簽訂盟約，協議未來消滅魏國之後，共同瓜分其領土。另有消息指出，孫權計畫於今年（二二九年）九月，將首都由武昌（湖北境內）遷至建業（江蘇境內），不過所有宮府官邸，都將沿用舊有建築房舍，不再另行新增或改建。

孫權稱帝之後，三國時代正式到來

曹魏司法改革 重修法律百篇

自戰國時代李悝著《法經》六篇以來，由於歷代不斷的增修及解釋法條，到了曹丕建立魏國時，常用的法令已多達二萬六千二百七十二條，總計達七百三十多萬字，如此紊亂繁雜的法律條文，已經嚴重的影響審判品質。於是魏帝國第二任皇帝曹叡下詔，做出重大的法治改革，命司空（監察首長）陳群等人，刪約西漢、東漢時期舊法，重新制定新律十八篇，州郡令四十五篇，尚書令、軍中令共一百八十篇。此次修法，刪減不少附屬旁雜的法規科令，相信將讓魏國的司法制度更有效率，也能大幅減少誤判、亂判的情形。

三國時報

3-KINGDOMS TIMES

西元二三〇年

庚戌

曹魏・太和四年 蜀漢・建興八年 東吳・黃龍二年

擴充兵源？異想天開？東吳展開海外探祕

今年（二三〇年）春季，吳帝孫權決心展開海上大冒險，下令將軍衛溫、諸葛直，率一萬名武裝士兵，深入東方大海，找尋傳說中的夷洲、亶洲。據了解，吳國此次行動的目的，在於俘擄夷、亶兩地的原住民，強徵為兵，以擴充自己的軍力。雖然陸遜等重要將領已表達反對的立場，認為此計畫欲益更損、欲利反害，但孫權仍然堅持己見，已令探險隊如期出發。

曹魏大軍侵蜀 孔明調度嚴防

魏國大司馬（全國最高指揮官）曹真，於今年（二三〇年）七月上書魏帝曹叡，請求發動大軍，從褒斜谷深入攻擊蜀漢，以回報諸葛亮最近不斷進犯邊境的行動。本來此項軍事行動已獲得批准，但由於司空（監察首長）陳群認為由褒斜谷出兵路途遙遠險惡，糧秣是否能安全運補將是一大問題，所以曹叡又下令暫緩計畫。隨後曹真再度上書，請求改由子午谷出兵。這次雖然陳群依舊持反對意見，但曹真仍得到魏帝的同意，率大軍向子午谷進發。至於蜀漢方面，諸葛亮在得到魏軍發兵的情報後，已將大軍部署在成固（陝西境內）附近嚴陣以待，並另行徵調李嚴率二萬人由江州（四川境內）前往增援。

大雨阻軍 魏帝下詔撤退

曹真所率領的大軍，因為碰上了連續三十多天的大豪雨，子午谷中所有的棧道小徑都被沖毀，兵士們必須一步步的開山鑿路才能前進，所以推進的速度十分緩慢。魏帝曹叡在許多重要官員都紛紛上書，請求撤回軍隊之後，終於下定決心，放棄這次的征蜀計畫，下詔給曹真，命大軍撤退。

三國時報

3-KINGDOMS TIMES

西元二三一年

曹魏・太和五年 蜀漢・建興九年 東吳・黃龍三年

航海探險終失敗 隊長無功遭誅殺

東吳海外探險隊的任務宣告失敗，船長被下令處死

去年（二三〇年）春天由吳國出發的海外探險隊，在深入海上一年多之後，終於在今年（二三一年）二月返回中土。不過當初帶去的一萬多名士兵，因罹患各種疫疾而死亡的竟然多達八九千人。而原本的設定目標亶洲也根本沒找到，只從較近的夷洲強行擄掠了數千名原住民而回。面對這次失敗的任務，吳國政府表示，一定會有人負起該負的責任。只不過，下令展開海外探險的吳帝孫權當然沒事，奉命執行的隊長衛溫及諸葛直則因無功而返，已被下令處死。

諸葛亮四出祁山 司馬懿掛帥截擊

蜀漢丞相（總理）諸葛亮，命李嚴負責後方留守勤務，督運糧秣輜重，自己則親率各軍包圍祁山（甘肅境內），於二月向魏國發動第四次的大規模攻擊。魏國方面，因曹真患病去世，改由大將軍（軍事最高統帥）司馬懿接掌帥旗。司馬懿下令費曜、戴陵領兵四千駐守上邽（甘肅境內），自己則和張郃率領主力軍團，西進救援祁山。

孔明糧盡受命班師 張郃追擊傷重身亡

諸葛亮留下一部分的兵力繼續圍攻祁山，自己則另率部隊轉往上邽，擊破費曜、戴陵的守軍，並乘機收割其田間的小麥做為糧食。隨後諸葛亮軍團和司馬懿軍團在上邽的東邊相遇，不過魏軍立即收縮部隊，依險紮營，拒絕與漢軍正面作戰，而諸葛亮也只好向後撤退。司馬懿下令尾隨蜀軍，但仍堅持不交戰的原則，等到快接近時便下令紮營。到了五月十日，司馬懿終於有了行動，下令張郃出兵奇襲祁山南圍的王平陣地，主力軍團則繼續與諸葛亮對峙，作為牽制。不過諸葛亮派出魏延等將領迎戰，魏軍大敗，折損三千多名士兵後，再度退回營寨。諸葛軍團雖然占了上風，但到六月時，卻因糧食即將耗盡，又收到漢帝劉禪全軍班師的指示，只好下令撤兵。司馬懿見狀便下令張郃追擊，但魏軍追至木門（甘肅境內）時，卻意外被早已埋伏在高地上的蜀軍突擊。一時之間，箭石俱下，魏軍無處可躲，張郃被巨石擊中右膝，傷重不治。

司馬懿命張郃追擊蜀軍，卻中諸葛亮埋伏而死

李嚴運糧不濟假傳旨　孔明查證屬實怒彈劾

遠征祁山（甘肅境內）的蜀漢軍團奉旨班師後，丞相（總理）諸葛亮赫然發現之前收到的撤軍詔令竟是偽造，其實漢帝劉禪對於召回大軍一事並不知情。幾經追查後，證實一切都是主持留守事務的李嚴在說謊造假。由於連續不斷的降雨，使得道路泥濘阻滯，李嚴擔心後勤糧秣供應不及，於是派人到前線假傳皇帝旨意，要諸葛亮立即退兵。在聽聞大軍班師的消息後，又裝做不知情，驚訝的說：「軍糧存量十分充足，運補也完全沒有問題，為什麼大軍就這樣回來了呢？」同時上書誆騙漢帝劉禪，試圖傳遞大軍是為誘敵深入才假裝撤退的錯誤訊息。不但如此，還打算誅殺糧秣督運官滅口，以便將運糧不濟的責任推給替死鬼。不過諸葛亮並非省油的燈，在收集了李嚴前後所寫的親筆書信及奏章之後，攤開這些說辭反覆、自相矛盾的證據，當場就讓李嚴百口莫辯，俯首認罪。於是諸葛亮立即上書彈劾李嚴，撤銷其所有的封爵采邑，並強制遷往梓潼（四川境內）予以軟禁。

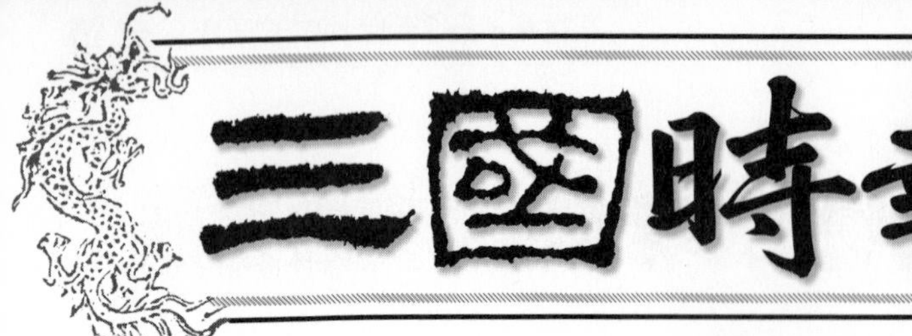

3-KINGDOMS TIMES

西元二三三年

曹魏·太和七年 青龍元年 蜀漢·建興十一年 東吳·嘉禾二年

青龍乍現 皇帝爭睹

今年（二三三年）元月二十三日，在摩陂（河南境內）的水井中，有民眾發現一條青龍，引起鄰近地區的百姓爭相圍睹。政府相關單位在查證屬實之後，已下令將此地加以封鎖。這條新聞不但引起地方上的騷動，更讓魏帝曹叡於二月御駕親臨摩陂，一睹青龍的真面目。在皇帝親眼看到青龍之後，認為是上天所賜的徵兆，於是下令更改年號為青龍元年。

遼東稱臣晉見 孫權糊塗封賞

魏國轄下的遼東（遼寧境內）太守（郡長）公孫淵，派出使者攜帶奏章，到吳國首都建業（江蘇境內）晉見吳帝孫權，並自稱為臣。孫權為此十分高興，不但下令大赦，還派出太常（高級官員）張彌、執金吾（皇城警衛官）許晏，率領一萬名水軍艦隊，載滿金寶珍貨，備妥象徵封王最高榮譽的九錫（九項特別恩賜），準備遠渡重洋，北上進封公孫淵為燕王。不過舉朝皆不贊成此一舉動，大臣們認為公孫淵不是真心歸附，只是企圖叛魏自立，又怕魏國出兵征討，所以才拉攏吳國。所以頂多只派個低階官員和少數兵力，將遼東使者送回即可。連受命輔政的老臣張昭都極力反對，甚至不惜為此和孫權起了嚴重的衝突。但是孫權最後仍堅持己見，讓封賞隊伍依照原定計畫出發，張昭於是稱病不再上朝。氣不過的孫權下令用泥土塞住張昭家的大門，硬脾氣的張昭不肯屈服，也從裡面再加一道土牆，表示誓死不出。

遼東翻臉特使喪命　孫權火大意欲發兵

帶著滿船財寶，由吳國出發的封賞特使到達遼東（遼寧境內）後，受到熱情的款待。但才過了沒幾天，遼東太守（郡長）公孫淵就翻臉不認人，將吳國特使張彌、許晏的人頭砍下。原因並非是張彌等人犯了什麼錯，而是公孫淵突然又覺得依附距離遙遠的吳國不太保險，還是向魏國宣示盡忠比較安全。於是砍下二人的腦袋，送往魏國首都洛陽（河南境內）以示忠誠。而魏國果然也立即給予善意的回應，擢升公孫淵為大司馬（全國最高指揮官），進封樂浪公。至於吳帝孫權所賞賜的大批金銀財寶，以及一萬名的護衛部隊，當然就被公孫淵給吞下，據為己有了。另外，據吳國方面的消息，孫權在得知自己被擺了一道之後，飆怒咆哮，表示就算竭盡全力、國家覆亡，也要傾全國之兵，把鼠輩公孫淵的頭砍下扔到海中，以雪此辱。

道歉新招！放火燒門？

原本執意出兵找公孫淵算帳的孫權，在陸遜等官員連番上書力勸之後，終於平息怒火，恢復了理智，打消出兵的念頭。這時孫權忽然想起張昭仍因先前力阻封賞一事稱病不出，便派人去向他道歉。只是使者幾次前往，張昭都使家人回報稱病在床而不便接見。後來孫權有次出宮時，便刻意繞路到張昭家門口，然後在門外大聲呼喚，希望能得見一面，但張昭又以病重快要身亡為由仍舊推辭不出。這時孫權居然突發奇想，派人縱火焚燒張昭的大門，想要把他嚇出來。只是張昭依然不為所動，孫權只好再派人把火撲滅，然後靜靜的站在門口等候。過了很久，張昭的兒子們才扶他出門相見。孫權這才親自請他上車，一同回到宮中，並深切的責備自己。張昭不得已，才終於恢復上朝。

孫權想要向張昭道歉，但張昭卻閉門不出，於是孫權便想用在門口縱火的方式，將他逼出來

孔明五度出兵北伐 改採屯田勢在必得

蜀漢丞相（總理）諸葛亮於今年（二三四年）二月，第五度率領大軍由褒斜谷出兵北伐，不過這次的軍容更為龐大，總計動用武裝部隊達十萬人，同時也知會同盟的吳國，由東南方分頭向魏國夾擊。不同於以往幾次的行動，諸葛亮決定徹底解決軍糧運補不濟的問題，下令實施屯田政策，由兵士沿渭水河岸，開墾未經利用的荒地，就地自行生產糧食。

東漢末代皇逝世 曹魏二任帝服喪

已退位的東漢帝國末任皇帝劉協，於三月六日去世，得年五十五歲。魏帝曹叡為此特別改穿素服，為其發喪。

司馬西阻諸葛 滿寵東抗陸遜

魏國在探知諸葛亮已由褒斜谷出兵的消息後，立刻由大將軍（軍事最高統帥）司馬懿率軍渡過渭水，構築營寨與蜀漢軍團對峙。據聞在軍事會議中，司馬懿曾對將領說：「如果諸葛亮攻擊武功（陝西境內），再依山勢向東挺進，則情況將變得十分棘手；但如果是西上五丈原（陝西境內），那事情就好辦了。」後來諸葛亮果然選擇屯兵五丈原。司馬懿隨後又派雍州（陝西境內）刺史（州長）郭淮先行進據北原，成功的阻擊了諸葛亮渡過渭水北進的戰略。吳國方面則與蜀漢相為呼應，兵分三路，由吳帝孫權親領十萬大軍攻擊合肥（安徽境內），孫韶、張承率另一支部隊向廣陵、淮陰（江蘇境內）推進，陸遜、諸葛瑾直指襄陽（湖北境內）。魏皇曹叡則下令各軍堅守城池，並於七月乘船御駕親征。防守合肥的魏國將軍滿寵收到詔令後，募集了一批敢死壯士，向攻城的孫權部隊發動反擊，不但燒毀吳軍的攻城器具，還射殺了孫權的姪子孫泰。原本以為曹叡不可能率兵親征的孫權，在發現魏國的大隊援軍已經到達的同時，也察覺到自己的部隊正為病患人數不斷增加所苦，所以便決定立刻班師。不過根據本報的戰地記者傳回的消息，其實孫權看到的只是魏國故意先派出的前鋒部隊，曹叡本人親率的主力軍團根本還在百里之外。

諸葛亮真是神算啊！居然知道我
私底下喜歡變裝…這件好漂亮啊

諸葛亮為了激怒司馬懿，特別派人送他一件女用服裝

五丈原兩軍相拒百餘日　諸葛亮送衣羞辱司馬懿

與諸葛亮在五丈原對峙的司馬懿，在收到魏帝曹叡堅守不戰的指示後，不論蜀漢軍團如何挑釁，都完全不予理會。兩軍僵持一百多天之後，諸葛亮終於派人送給司馬懿一套女裝及首飾，暗諷他有如女生一般怯懦。據聞，司馬懿收到後大為光火，立馬上書皇帝，要求出兵與諸葛亮決一死戰。但曹叡隨即命辛毗帶著皇帝符節為軍師（軍事參謀長），前往五丈原大營，嚴令制止。不過諸葛亮在聽到這個消息後，對部屬姜維說：「其實司馬懿根本不想出兵，之所以大動作的向皇帝要求開戰，只不過是做做樣子，安撫一下軍中將士罷了。所謂將在軍，君命有所不受，要是他有能力能擊敗我們，哪裡需要千里之外請求准許交戰。」

諸葛亮過勞死　蜀漢軍急撤兵

蜀漢丞相（總理）諸葛亮因事務過於繁重，身體不勝負荷，終於在八月，病逝五丈原（陝西境內），得年五十四歲。其實早在之前諸葛亮派遣使者至魏營時，司馬懿從使者口中得知諸葛亮早起晚睡吃得又少，軍中事務只要二十板以上的刑罰都要自己親自裁決，就判定諸葛亮必定會因過勞而不久於世。果然，司馬懿很快就從當地百姓口中得到諸葛亮死亡，蜀漢軍團開始撤軍的消息，於是下令全軍展開追擊。但原本後撤中的蜀漢軍團，卻突然反旗鳴鼓，直向魏軍而來。司馬懿懷疑又是諸葛亮的計謀，便急令收兵，不再追趕。蜀漢軍團安全的退入褒斜谷之後，才正式證實諸葛亮的死訊，並為其發喪。當地民眾還因此事流傳「死諸葛嚇走活司馬」的俗話，連司馬懿自己也笑說：「我能預料他活著時的舉動，但沒辦法推測他死後的事。」隨後司馬懿視察諸葛亮生前所布下的營壘陣地，還歎息說：「真是天下奇才。」魏軍一路追到赤岸（陝西境內），仍然無法趕上漢軍，只好回軍。

諸葛亮因疲勞過度導致死亡

羅貫中專欄

五丈原諸葛禳星

孔明聽聞費禕回報，長歎一聲，不覺昏倒於地；眾將急救，半晌方甦。孔明歎曰：「吾心昏亂，舊病復發，恐不能生矣！」是夜孔明扶病出帳，仰觀天文，入帳謂姜維曰：「吾命在旦夕矣！」維曰：「丞相何出此言？」孔明曰：「吾見三台星中，客星倍明，主星幽暗，相輔列曜，其光昏暗：天象如此，吾命可知！」維曰：「天象雖則如此，丞相何不用祈禳之法挽回之？」孔明曰：「吾素諳祈禳之法，但未知天意若何。汝可引甲士四十九人，各執皂旗，穿皂衣，環遶帳外；我自於帳中祈禳北斗。若七日內主燈不滅，吾壽可增一紀；如燈滅，吾必死矣。閒雜人等，休教放入。凡一應需用之物，只令二小童搬運。」姜維領命，自去準備。

時值八月中秋。是夜銀河耿耿，玉露零零；旌旗不動，刁斗無聲。姜維在帳外引四十九人守護。孔明自於帳中設香花祭物。地上分布七盞大燈，外布四十九盞小燈，內安本命燈一盞，拜祝畢，就帳中俯伏待旦。次日，扶病理事，吐血不止；日則計議軍機，夜則步罡踏斗。孔明在帳中祈禳已及六夜，見主燈明亮，心中甚喜。姜維入帳，正見孔明披髮仗劍，踏罡步斗，壓鎮將星。忽聽得寨外吶喊，方欲令人出問，魏延飛步入告曰：「魏兵至矣！」延腳步急，竟將主燈撲滅。孔明棄劍而歎曰：「死生有命，不可得而禳也！」魏延惶恐，伏地請罪。姜維忿怒，拔劍欲殺魏延。孔明止之曰：「此吾命當絕，非文長之過也。」維乃收劍。孔明吐血數口，臥倒床上。

蜀軍後撤鬧內鬨　魏延抗命終斷魂

這次蜀漢軍團雖然成功的擺脫司馬懿的追趕，全身而退，但自家卻鬧起了嚴重的內鬨。據本報駐軍記者報導，當諸葛亮病重時，就已和長史（祕書長）楊儀及部屬費禕議定萬一病故時的退軍計畫：由前軍師（前軍軍事參謀長）魏延斷後，姜維跟在魏延之後撤退，萬一魏延拒不從命，則大軍仍按原計畫出發。後來諸葛亮去世時，楊儀密不發喪，先派費禕到魏延營中探聽其意向。魏延表示：「就算丞相去世，只要由丞相府官屬家眷將棺柩運返，還有我可以繼續率領各軍攻擊敵人，怎可因一人之死而廢天下之大事。況且我魏延是什麼人，怎麼可能當楊儀那傢伙的部下，為他斷後。」費禕找了個藉口離開後向楊儀回報，各軍便依諸葛亮生前的指示，陸續拔營後撤。魏延發現大軍居然丟下他開始撤退，便忿怒的率領直屬部隊搶先進入褒斜谷，並焚燒棧道阻礙楊儀部隊的前進。楊儀部隊只好開山闢道，日夜兼程，在後苦苦追趕。雙方同時都向皇帝劉禪上書，指控對方叛變，一天之內，火急軍報數次送達首都。搶先一步出褒斜谷的魏延，立即派兵在谷口阻截楊儀部隊，但這些部將自知魏延理屈，皆拒絕再為他效命，便盡皆散去。魏延失了部眾之後，只能隻身和他幾個兒子逃向漢中（陝西境內），不過半途就被捕獲斬首，魏家也因叛國罪被連誅三族。不過也有資深的政治評論家指出，魏延一開始打算誅殺楊儀，是希望諸將公推他接替諸葛亮輔政之位，並無意向魏國投降或謀逆篡位之意。所以楊儀以叛國罪指控魏延，並誅連三族，在法理上可以說有極大的瑕疵。

百姓遙祭諸葛武侯　蜀漢大事蔣琬接手

諸葛亮的棺柩隨大軍返回首都成都（四川境內）後，漢帝劉禪下詔大赦天下，並封諸葛亮為忠武侯。諸葛亮在生前曾上書給劉禪，說道：「我在成都有桑樹八百株，薄田十五頃，足供子弟衣食有餘，我不會再另謀收入來增加我的財產。當我死的那天，家中絕不會有多餘的布帛，外面也不會有多餘的錢財。」後來清點諸葛亮家的遺產，果然就如同他所講的一樣。蜀漢各地百姓感懷諸葛亮，紛紛要求為其建立廟宇，但皇帝劉禪卻始終不准。百姓們只好每逢節日，在路邊祭拜，後來因為民眾私祭諸葛亮的情形越來越多，劉禪才在官員的建議下，同意在臨近墓地的沔陽（陝西境內）為諸葛亮建廟。至於後繼的執政人選，則依諸葛亮生前所指定，由核心幕僚蔣琬接任。

第六部

天下一統　三國歸晉

（西元二三五年～二八〇年）

三國時報

3-KINGDOMS TIMES

西元二三五年

曹魏・青龍三年 蜀漢・建興十三年 東吳・嘉禾四年

為報母仇 魏帝逼死皇太后

年初，魏國正式對外發布了皇太后郭氏的死訊，雖然皇室並未針對郭太后的死因做任何的說明，但一般認為應該和魏帝曹叡有密切的關係。根據本報記者深入的調查，曹叡的生母甄氏原本是袁紹子袁熙之妻，袁氏一族兵敗後，因絕世美色被曹丕迎娶過門。但一些時日之後，曹丕又迷戀上郭氏，而無法產下子嗣的郭氏為了能成為皇后，便用盡各種惡毒的方法破壞曹丕與甄氏之間的感情，最終使得曹丕派人讓甄氏飲下毒酒而死。但曹叡即位後數年輾轉得知此事，便數度質問皇太后郭氏。郭氏在驚恐之餘再也無法辯解，終於在害死甄氏十五年後遭到報復，以同樣的手法被灌下毒酒，以米糠塞口，披頭散髮的結束生命。

不滿人事安排 楊儀抱怨到死

蜀漢丞相府長史（總理祕書長）楊儀在斬殺魏延，回到成都（四川境內）後，原本以為立了大功的自己，勢必總攬大權成為諸葛亮的接班人。但事與願違，沒想到諸葛亮在生前早已做好安排，認為楊儀心胸過於狹窄，所以只擢升為中軍師（中央參謀長），卻不賦與任何實權。楊儀認為蔣琬不論在資歷或能力上都不如自己，於是便終日對這樣的安排大發牢騷，憤懣形諸於色而不加掩飾，甚至還表示若當初撤軍時降魏，便不至淪落至此。漢帝劉禪接獲密報後，下令將楊儀貶為平民，並放逐到漢嘉郡（四川境內）。楊儀遷到流放地後，卻仍繼續言辭激烈的上書誹謗。劉禪對此大為光火，便下達逮捕收監的命令，而憤恨不平的楊儀，則是選擇了自殺做為最後的抗議。

楊儀不滿資歷較淺的蔣琬竟能卡在自己前面接諸葛亮的位置，終日忿忿不平

築宮殿徵美女 曹叡樂此不疲

魏帝曹叡最近似乎對修築宮殿有著一股莫名的狂熱，在前幾年剛整修了許昌宮的景福、承光殿之後，接續興建洛陽宮的昭陽、太極殿，並興建了高達十餘丈的總章觀。今年（二三五年）八月，又下令重建九龍殿，也就是之前遭火焚毀的崇華殿。殿中建材極盡奢華，可說是白玉砌井綢緞覆欄，甚至還設計了人工流泉，引水從巨雕蟾蜍口中流入，再由神龍像口中流出。每天投入工程的人力高達三、四萬人，民間的桑農生產，已幾近停擺。同時，曹叡也沉迷於廣蒐後宮美色，不但將後宮妻妾擴編到十二個級別，每一級的官位及俸祿還比照文武百官核給，從最高級的貴嬪到灑掃的宮女，總數多達幾千人。

鮮卑酋長遭刺殺 魏政府涉嫌重大

據邊境記者傳回的消息，鮮卑族酋長軻比能在日前遭到暗殺，目前已證實此次的暗殺行動是由魏國的幽州刺史（州長）王雄策畫，並交付名為韓龍的殺手所執行。而整個事件的最大獲益者應該是魏國政府，因為鮮卑各部落在失去精神領袖後已經陷入動亂，彼此之間互相攻擊，較強大的部落已往北發展，較弱小的則歸附魏國，預測整個北方邊境將可獲得一段長時間的和平。

魏吳另類軍購 珍珠翡翠換戰馬

魏帝曹叡於年底派人前往吳國，用為數可觀的戰馬交換了一批珍珠、翡翠、玳瑁等珍寶。吳帝孫權表示：「這些珍珠寶石什麼的，對我來說根本就是沒用的東西，而竟然可以換得戰馬，實在是太划算了。」看來魏、吳兩國各取所需，對此宗交易都十分的滿意。

三國時報

3-KINGDOMS TIMES

西元二三七年

丁巳

曹魏・青龍五年 景初元年 蜀漢・建興十五年 東吳・嘉禾六年（燕王公孫淵紹漢元年）

黃龍現身 魏帝改元

魏國政府年初時接獲地方政府奏報，有人在山茌縣（山東境內）發現黃龍。由於相傳魏國以五行中的土德立國，而土的代表色又是黃色，所以黃龍現身就被認為是上天所賜的祥瑞徵兆。魏帝曹叡於三月下詔，將年號改元為景初，官服改成黃色，祭祀時一律以白色牲畜獻祭，並將原本的三月改算為四月，改太和曆為景初曆。

遼東叛變 公孫淵稱王

遠踞遼東（遼寧境內）的公孫淵，之前因時常對賓客們發表狂妄的言論，恣意批評魏帝曹叡，而惹惱了當局。曹叡遂下令貫丘儉率魏國大軍進逼遼東的南部邊界，並下詔要公孫淵入京晉見。公孫淵得到消息後二話不說，立即率領自家軍隊於遼隧（遼寧境內）迎擊貫丘儉。不過連續數十天的豪雨，使得遼河的河水大漲，阻撓了魏軍的攻勢，貫丘儉只能暫時撤回右北平（河北境內）駐守。而成功保住邊境的公孫淵也隨即宣布獨立，並以紹漢為年號，任命文武百官，自稱燕王。軍事分析家指出，公孫淵已開始整合北方的勢力，不但以燕王的名義鑄送「單于」的印璽給鮮卑部落的領袖，也對邊境的將領封官拜爵。如果魏國政府不能立即壓制公孫淵，將會導致北方邊境長期的騷動不安。

水患成災

中原地區因大雨不斷，已傳出嚴重災情，不但農田淹沒，更有許多人無家可歸。魏國政府已將冀州（河北境內）、兗州（山東境內）、徐州（江蘇境內）及豫州（河南境內）等地畫為災區，不過至目前為止，政府並未提出任何有效的救災計畫。

寵愛不再 皇后竟遭賜死

魏帝曹叡日前與新歡郭夫人同遊後花園，聽曲玩樂，飲宴狂歡。席間郭夫人一度提出邀請毛皇后同樂的想法，但曹叡當場拒絕，還下令左右不得走漏消息讓皇后知情。不過風聲仍悄悄傳到毛皇后耳中，第二天皇后一見面，便酸酸的說：「昨天在後花園玩得還盡興吧？」為此曹叡極為惱怒，下令逮捕了左右十餘人，以違令洩密的理由全數誅殺。情緒完全失控的皇帝，更於九月十六日下令毛皇后自盡，結束了這個由婢女成為皇后，曾是他最愛的女人的生命。

奢豪宮園虛耗人力 承露巨盤攔腰折斷

魏帝曹叡為了打造奢華的皇城景緻，下令把原本安置在長安（陝西境內）的巨鐘、銅駝、銅人，以及漢武帝於三百多年前為取得神仙露水而打造的承露盤，都一一運送到首都洛陽（河南境內）當裝置藝術。不過由於高達二十丈，鑄有神仙手掌的承露盤實在過於巨大，所以在移動過程中攔腰折斷。崩塌所造成的巨響不但傳到數十里之外，同時也造成了搬運工嚴重的傷亡。巨型銅人也因為實在太重，在勉強運出城後不久，便無法再繼續前進，只好就地擱置。曹叡於是下令搜括國內所有的銅器，另行鑄造兩個銅人，立於皇宮門外，又鑄三四丈高的黃龍及鳳凰，安置在內殿之前。不僅如此，還下令所有政府官員，不論官階高低，都去搬運土石，協助建造氣派非凡，充滿珍禽異獸的皇家園林。雖然已有官員為此上書勸諫，但目前為止仍看不出這些工程有任何可能停工的跡象。

惡質政府！！
數萬人妻被迫改嫁 精選美女送入後宮

魏帝曹叡日前下詔，要求全國各州縣展開調查，將配偶僅是平民或低階小吏的年輕已婚婦女，全數強迫改嫁給未婚的出征戰士。不過夫家也可用相當數目的牛馬牲畜，來將妻子贖回，只不過使用牲口的數量、毛色，必須與妻子的年齡及容貌相當。也就是說，妻子越年輕貌美的，要花越大的代價才能贖回。不過，記者深入追查後發現，當中年輕貌美的，都被選入後宮供皇帝娛樂，而原本宮中年長色衰的則替換出來，許配給出征將士。所以現在為了贖回妻子而傾家蕩產的比比皆是，沒有錢可贖而家破人亡的更是多得不可勝數，整個社會籠罩在不安與恐懼的氛圍之中。

政府命令嫁給平民及小吏的年輕女性離婚，再將其中較為貌美的送入後宮，其餘的一律改嫁給出征戰士

3-KINGDOMS TIMES

西元二三八年

曹魏・景初二年 蜀漢・延熙元年 東吳・嘉禾七年 赤烏元年（燕王公孫淵紹漢二年）

司馬懿征討遼東 踏平公孫淵

今年（二三八年）元月時，魏帝曹叡命大將軍（軍事最高統帥）司馬懿率領四萬大軍，前往遼東（遼寧境內）征討自立為燕王的公孫淵，而公孫淵在得到消息之後，則是立即派出使者向吳帝孫權求援。雖然孫權已承諾將出兵相助，並下令武裝部隊集結待命，但一般相信，除非司馬懿部隊的功勢受阻，不然江東軍團應該不會貿然投入這場爭戰。到了六月時，司馬懿在推進到遼隧（遼寧境內）一帶遭到遼東軍的阻截，於是司馬部隊假裝要向南迂迴進攻，騙倒了守軍之後，便渡過遼河，大破遼東軍團，開始包圍公孫淵的大本營襄平（遼寧境內）。雖然七月時大雨不停，但魏軍仍完成包圍圈，並在八月展開總攻擊。到了八月下旬，糧盡力竭的襄平城被破，公孫淵父子突圍被追及後斬首。城中大小官員、軍民等七千餘人也難逃被殺的命運，屍首堆積成丘，再覆以土石，稱為「京觀」。

東吳改元

吳帝孫權因日前有許多紅色羽毛的烏鴉，飛聚於皇宮寶殿之前，因而將年號由嘉禾改為赤烏，以紀念這次的祥瑞事件。

羅貫中專欄

公孫淵兵敗死襄平

司馬懿令胡遵為先鋒，引前部兵先到遼東下寨。公孫淵令卑衍、楊祚，分八萬兵屯於遼隧，圍塹二十餘里，環遶鹿角，甚是嚴密。胡遵令人報知司馬懿，懿笑曰：「賊不與我戰，欲老我兵耳。不若棄卻此處，徑奔襄平，賊必往救，卻於中途擊之，必獲全功。」於是勒兵從小路向襄平進發。卻說卑衍與楊祚正在商議，忽報：「魏兵往南去了。」卑衍遂拔寨而起，行至濟水之濱，忽聞一聲炮響，兩邊鼓譟搖旗，左右伏兵，一齊殺出。夏侯霸縱馬揮刀，斬卑衍於馬下，遼兵大亂，奔入襄平城去，閉門堅守不出。

時值秋雨連綿，一月不止，平地水深三尺，運糧船自遼河口直至襄平城下。魏兵皆在水中，行坐不安。左都督裴景入帳告曰：「雨水不住，營中泥濘，軍不可停，請移於前面山上。」懿怒曰：「捉公孫淵只在旦夕，安可移營？如有再言移營者斬！」少頃，右都督仇連又來告曰：「軍士苦水，乞太尉移營高處。」懿大怒曰：「吾軍令已發，汝何敢故違！」即命推出斬之，懸首於轅門外。於是軍心震懾。懿令兩寨人馬暫退三十里，縱城內軍民出城樵採柴薪，牧放牛馬。司馬陳群問曰：「前太尉攻上庸之時，兵分八路，八日趕至城下，遂生擒孟達而成大功；今帶甲四萬，數千里而來，不令攻打城池，卻縱賊眾樵牧，某實不知太尉是何主意。」懿笑曰：「昔孟達糧多兵少，我糧少兵多，故不可不速戰；出其不意，突然攻之，方可取勝。今遼兵多，我兵少，賊飢我飽，何必力攻？正當任彼自走，然後乘機擊之。」

又過數日，雨止天晴，懿引兵四面圍合，築土山，掘地道，立炮架，裝雲梯，日夜攻打不息。公孫淵在城中糧盡，令人往魏寨請降，懿怒曰：「公孫淵何不自來？」叱武士推出斬之。公孫淵大驚，又遣人來到魏營，告曰：「剋日先送世子公孫修為質當，然後君臣自縛來降。」懿曰：「軍事大要有五：能戰當戰，不能戰當守，不能守當走，不能走當降，不能降當死耳。何必送子為質當？」淵乃與子公孫修密議停當，選下一千人馬，當夜二更開南門，往東南而走。行不到十里，忽聽得山上一聲炮響，一支兵攔住，中央乃司馬懿也；左有司馬師，右有司馬昭。淵大驚，急撥馬尋路奔逃。早有胡遵兵到；左有夏侯霸、夏侯威，右有張虎、樂綝，四面圍得鐵桶相似。公孫淵父子，只得下馬納降。懿乃傳令斬公孫淵父子。

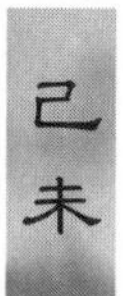

曹魏·景初三年 蜀漢·延熙二年 東吳·赤烏二年

魏帝曹叡辭世 幼子曹芳繼位

曹爽司馬懿受命輔政

魏帝曹叡於二三九年元月駕崩，臨死前立年僅八歲的義子曹芳為皇太子，並託孤給司馬懿及曹爽共同輔政，於是兩人領兵三千人，輪流值班並夜宿在宮內。由於司馬懿年齡輩分及官位都較高，所以曹爽把司馬懿當父輩一般敬重，凡事都向他請示，不敢自己擅自做主。

曹叡在臨終前將幼子曹芳託孤給司馬懿及曹爽二人

曹爽專斷獨行 司馬懿遭架空

魏帝曹芳即位才一個多月，曹爽就奏報幼帝，由曹芳下詔將司馬懿由太尉（軍事首長）擢升為更尊貴的太傅（皇室首席榮譽教授），然後讓自己的諸多親兄弟統領禁軍或擔任皇帝侍從，並將親信安插到政府要位。曹爽表面上雖然仍然對司馬懿保持恭敬的態度，但所有的事情都不再請示司馬懿，而都自己專斷獨行，至此大權獨攬。不願透露身分的政治評論家表示，曹爽接下來可能會對司馬懿採取更激烈的清算手段，以確定鞏固自己的政治地位。

3-KINGDOMS TIMES

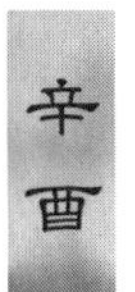

西元二四一年

曹魏・正始二年 蜀漢・延熙四年 東吳・赤烏四年

東吳北犯曹魏 司馬出兵逼退

今年（二四一年）四月，吳帝孫權在經過一季的準備之後，下令由全琮、諸葛恪、朱然、諸葛瑾等將領，兵分四路向魏國發動攻擊。魏國轄下的樊城（湖北境內）被圍困一個多月，最後在司馬懿親自領兵南下後，吳軍才嚇得連夜解圍撤走。司馬軍發動追擊，在三州口（湖北境內）痛擊吳軍，截獲大批物資及俘擄後班師回朝，結束了這場東吳北犯曹魏的戰役。

蜀漢變更戰略 箭頭退至涪縣

蔣琬的新戰略令蜀漢諸將領感到十分不安

漢國大司馬（全國最高指揮官）蔣琬認為諸葛亮數度從山道出軍，都因道路險阻，糧運困難而未能成功，所以打算改由水路，沿沔水、漢水東下，攻擊魏國的魏興（陝西境內）、上庸（湖北境內）兩郡。但此計一出，便令蜀漢其他官員及將領驚懼不已，因為一旦無法取勝，就根本沒有辦法撤退，勢將全軍覆沒。於是由費禕、姜維奉漢帝劉禪之命，前去與蔣琬磋商。最後蔣琬決定，將軍事大本營由諸葛亮經營許久的漢中（陝西境內），後撤到水陸四通八達的涪縣（四川境內），以便軍情緊急時，能更快速的反應。但本報資深軍事評論家則認為，蔣琬這個決定極其愚蠢，也極其危險。因為漢中乃是蜀漢最重要的一個屏障，大本營一旦由此後撤，不但以後的北伐之路，將因過於遙遠而斷無成功之可能，萬一魏國發動突襲，奪下漢中，則可能導致蜀漢的覆滅。

魏國進行河川整治 解決糧食水患問題

魏國在淮河一帶積極展開大規模的治水工程，開鑿河道溝渠，預計完成後，不但可以解決水患問題，更可以用來灌溉，增加糧食產量。將來要是必須對東吳用兵，不論是作戰部隊或糧食軍需，也都可以乘船艦而下，迅速抵達淮河、長江，立即投入戰場。

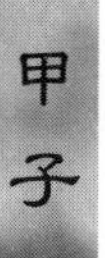

曹魏・正始五年 蜀漢・延熙七年 東吳・赤烏七年

東吳人事令

陸遜升丞相

吳帝孫權於年初發布命令，將原任上大將軍的陸遜，擢升到丞相（總理）一職，原任之荊州牧、右都護及領武昌事等職，則繼續兼任。

曹爽十萬大軍 進逼漢中

魏國大將軍（軍事最高統帥）曹爽為了建立自己的威名，不顧司馬懿的反對，堅持發兵十餘萬，進逼漢中（陝西境內）。大軍三月時在長安（陝西境內）集結，與夏侯玄會師後，由駱口（陝西境內）進逼漢中。去年（二四三年）漢國大司馬（全國最高指揮官）蔣琬撤至涪縣（四川境內）後，漢中就只留下王平的三萬兵力駐守。雖然將領們都表示應該要固守城池，等待援兵來到，但王平卻認為漢中、涪縣兩地相距千里，萬一魏軍在援兵到之前就奪下陽平關，那災禍便不可測了。於是下令部將劉敏率兵進駐興勢（陝西境內），希望能在救兵趕到之前，以險惡的地勢牽制住曹爽大軍。

軍情萬分火急 統帥悠閒下棋

漢帝劉禪知悉漢中（陝西境內）情勢緊急的消息後，下令大將軍（軍事最高統帥）費禕統領各軍即刻赴援。到了閏三月，在大軍集結完成就要出發時，光祿大夫（高級政務官員）來敏前來送行，並要求與統帥圍一盤棋。這時緊急軍情不斷送到，大隊人馬全副武裝，出發的命令也早已下達，就等著主帥悠閒的與來敏下完這盤圍棋。結束後，來敏才說：「其實我是故意試你的，你方才的表現真是沉著穩定，心思沒有一絲紊亂，此役一定可以大獲全勝。」但記者懷疑的是，在雙方下棋的這段期間，在前線苦苦支撐的士兵不知道已有多少人戰死？萬一危城就差這幾分鐘不及救援而陷落，那又要由誰來負起最大責任？

曹爽不聽司馬懿的勸阻，執意發兵遠征蜀漢，結果大軍傷亡慘重，也拖累關中一帶的經濟

兩軍爭險奪關 曹爽傷亡慘重

由魏國大將軍（軍事最高統帥）曹爽親率攻擊漢中（陝西境內）的行動，因蜀漢部隊已經搶先進駐興勢（陝西境內）取得地利，使得攻勢受阻，大軍無法繼續前進。加上後勤糧草轉輸不及，造成徵調而來的牛馬驢騾大量死亡，許多飼主都跪倒在牲畜屍體旁嚎啕大哭。而此時蜀漢援軍已到，曹爽相持到五月，也只好在不得已下撤軍。但費禕又領軍進據三嶺，阻截魏軍退路。曹爽軍在險境中陷入苦戰，最後只得狼狽逃出，大軍傷亡慘重。而關中（陝西境內）一帶也因此戰，嚴重損耗民力，造成財政上嚴重的赤字。

蔣琬久病辭職 費禕接任遺缺

漢國大司馬（全國最高指揮官）蔣琬因久病不癒，便提出辭呈，辭去所兼任的益州牧一職。漢帝劉禪於是任命大將軍（軍事最高統帥）費禕接任蔣琬遺缺，並令董允為尚書令（宮廷祕書長），作為費禕的副手。

蔣琬因病辭職，由費禕接續其位

曹魏・正始六年 蜀漢・延熙八年 東吳・赤烏八年

捲入奪嫡紛爭 陸遜悲憤去世

孫權因廢立太子之事，數度派人質問陸遜，陸遜最後在悲憤中離開人世

吳國丞相（總理）陸遜日前在孫權的不斷責問中，悲憤辭世，享壽六十三歲。據聞陸遜之所以遭到孫權的責罵，是因為捲入太子孫和與魯王孫霸的奪嫡紛爭之中。而整個事件的起因，是原本的太子孫登於二四一年五月去世後，孫權於二四二年又另立當時十九歲的兒子孫和為太子。但由於孫權同時也特別的寵愛孫和的親弟孫霸，於是在同年八月，也封孫霸為魯王，並與太子住在同一宮殿，兩人待遇沒有任何差別。許多官員認為這樣的措失並不適當，便相繼上書提出建言。孫權便命兩人分開到不同的宮殿居住，各自建立輔佐自己的臣僚。於是兩邊的幕僚開始各為其主，互相排擠對方，也使得孫和、孫霸兩兄弟之間有了嫌隙。東吳的大臣們為了自己的政治前途，紛紛開始押寶，形成兩派，彼此仇視對立，舉國一分為二。期間由於孫霸陣營不斷的構陷太子孫和，使得孫權對太子的寵愛日漸減退。而陸遜就是在此情況之下，接連三四次上書請求區分太子與親王之間的位階差別，以終止兩派互鬥的亂象。由於陸遜辭情危切的進諫，加上孫霸陣營的人不斷反擊陷害，終於激怒了孫權，下令逮捕並處死了太子太傅（太子教師）吾粲。接著數次派遣宦官前去責備陸遜，追究許多問題，終於使得陸遜在憤恨中鬱鬱而卒。

3-KINGDOMS TIMES

西元二四六年

曹魏・正始七年 蜀漢・延熙九年 東吳・赤烏九年

曹魏遠征高句驪

因東北方的高句驪王國近年來不斷的騷擾並入侵邊境，魏國政府終於發動制裁性的攻擊。高句驪王位宮與幽州（遼寧境內）刺史（州長）貫丘儉率領的軍隊對戰後，大敗逃亡，貫丘儉遂攻陷王城丸都（吉林境內），將城內數千人盡皆斬殺。不久，貫丘儉又發動第二次攻擊，追擊逃亡的位宮長達千餘里，直到肅慎部落（黑龍江境內）南界，斬殺及俘擄八千多人，才刻石立碑紀功而還。

財政改革失敗 東吳廢除千元大錢

吳國自二三六年發行面額五百錢的「大泉五百」錢幣後，於二三八年再推出一枚一千錢的大錢，企圖解決嚴重的經濟問題。但政策實施至今仍未見起色，通貨膨脹問題依然嚴重，十年經濟改革最終仍以失敗收場。於是只好宣布廢除大錢，但更令人失望的是，東吳政府至今尚未針對不斷惡化的經濟環境，提出任何新的財經計畫。

漢帝劉禪 寵信宦官 縱情玩樂

自從漢國尚書令（宮廷祕書長）董允於去年（二四五年）死後，深受漢帝劉禪寵愛的宦官黃皓，由於不再受到壓制，便開始活躍了起來。不斷勾結高官要員，諂媚皇帝，終於升到了中常侍（皇帝隨侍宦官）的高位。而劉禪也在黃皓等人的影響下，開始縱情玩樂，數度出宮遊樂，雖有大臣上書規勸，但卻也是置之不理。

宦官黃皓在董允死後，肆無忌憚，不但誘使劉禪沉迷玩樂之中，還勾結內外官員，勢力日漸壯大

3-KINGDOMS TIMES

丁卯

西元二四七年

曹魏・正始八年　蜀漢・延熙十年　東吳・赤烏十年

您老太辛苦了，像批公文這種苦差事，我來做就好了，您就退休吧，在家領退休金多好

哎！最近都沒有公文可以批了…

空無一物

曹爽專擅朝政，任意變更法規制度，司馬懿權力遭到架空，只好稱病退出政壇

曹爽獨大中央　司馬稱病退出政壇

魏國大將軍（軍事最高統帥）曹爽在中樞的勢力日趨龐大，不但專擅朝政，廣樹親黨，還屢次更改國家制度。太傅（皇室首席榮譽教授）司馬懿面對強勢的曹爽集團，數度制止無效，頗有無力回天之感，只好稱病黯然退出政壇。

三國時報

3-KINGDOMS TIMES

西元二四八年

曹魏・正始九年 蜀漢・延熙十一年 東吳・赤烏十一年

司馬懿威風不再 疑患老人失智症

即將出任荊州（湖北境內）刺史的李勝，出發前向司馬懿辭行時意外發現，司馬懿疑似得了老人失智症。根據李勝的說法，曾經叱咤魏國政壇的智者司馬懿，不但行動不便需人攙扶，連喝碗粥都流得滿身滿臉。而且頭腦渾沌不清，連李勝要到荊州赴任的事，說了好幾遍都還弄不清楚。原本對司馬懿還存有戒心的曹爽，在聽完李勝的報告之後，確定司馬懿這次真的是玩完了，也不用費心再去想一些整肅司馬懿的手段。

根據探訪過的人描述，司馬懿目前身體機能嚴重退化，而且老人失智的症狀十分明顯

曹爽驕縱奢華 私用皇家舞團

在朝中已經沒有任何對手的大將軍（軍事最高統帥）曹爽，近來行徑更是跋扈囂張，驕奢無度。曹爽不僅日常飲食及服飾裝扮都與皇帝無異，還把皇家寶庫中的珍玩，都拿到家中陳列擺示，連皇帝後宮的歌舞才人也帶回家中開趴玩樂。

三國時報

3-KINGDOMS TIMES

西元二四九年

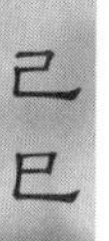

曹魏．正始十年 嘉平元年 蜀漢．延熙十二年 東吳．赤烏十二年

驚天政變 司馬奪權!! 司馬懿裝瘋賣傻騙倒曹爽

司馬懿高明的演技騙過曹爽，成功發動政變，重新掌控中央政府

今年（二四九年）開春，魏帝曹芳在曹爽等人的護駕下，出城前往父親曹叡的陵墓拜謁時，城內突然發動政變。假裝失智殘弱的司馬懿，趁著大將軍（軍事最高統帥）曹爽、中領軍（禁軍司令）曹羲、武衛將軍曹訓及散騎常侍曹彥等兄弟一同出城的機會，聲稱奉太后的命令，緊急關閉所有城門，占領軍械庫，並出兵據守洛水浮橋。命司徒（行政首長）高柔，假節（持有符節代理皇帝行使部分權力）進駐曹爽司令部，代行大將軍的職權。又命太僕（高級官員）王觀，進駐曹羲的禁軍司令部，代行中領軍的職權。然後上書皇帝曹芳，請求罷黜曹爽等人的官位及軍權，並以侯爵身分各自遣回家宅。曹爽收到奏書之後，不敢轉呈皇帝，迫窘不知所為，只好將聖駕留在伊水之南過夜，然後下令部隊砍伐樹木構築鹿角陣地，並徵調數千名屯墾部隊當作護衛。司馬懿隨後又派人前去向曹爽保證，只要免除官職，身家財產仍可繼續保有，希望曹爽不要做無畏的抵抗，白白犧牲生命。

曹爽自廢武功 難逃屠族命運

曹爽放棄最後一搏，只想保住身家財產卻慘遭滅族

曹爽兄弟在經過一夜長考後，放棄了召集軍隊力拚的念頭，擲刀於地，說：「沒官當有什麼關係，我仍然可以當個大富翁，逍遙過日子。」於是把司馬懿的奏書呈給皇帝，自請免職。將皇帝曹芳送回宮中之後，曹爽兄弟各自返回家宅，打算過著退隱的富豪生活。不過司馬懿立刻派人包圍曹家，在四個角落搭建高樓，監視其一舉一動。就連曹爽拿著彈弓到後花園走動，高樓上的士兵都會大喊：「前大將軍在東南邊行走。」曹爽為此愁悶不已，卻又無計可施。軟禁到了第四天，司法調查部門就以曹爽兄弟及其舊屬多人，陰謀於三月發動叛變為由，將相關人等全數收押。然後上書彈劾，最終以大逆不道的罪名屠滅三族。

魏國暗傳反司馬計畫

王凌等人暗中策畫，意圖推翻司馬懿政權

日前一可靠消息來源指出，魏國司空（監察首長）王凌，以及其外甥令狐愚，打算策動一項陰謀叛變，另行擁立楚王曹彪（曹操之子）為帝，與司馬懿為首的曹芳政權分庭抗禮。據了解，令狐愚已就此事先後兩次派人與曹彪接觸，所以雙方應該對此叛變計畫有了一定程度的共識。由於王凌屯兵壽春（安徽境內），令狐愚駐防平阿（安徽境內），兩人都手握重兵，負責淮南防務，一旦採取實際行動的話，勢必會對司馬陣營造成極大的傷害。不過司馬懿方面似乎對此事並未知悉，不然也不會於十二月初，還特地派使節到王凌駐地，將王凌擢升為太尉（軍事首長）。

三國時報

3-KINGDOMS TIMES

西元二五〇年

庚午

曹魏・嘉平二年 蜀漢・延熙十三年 東吳・赤烏十三年

太子孫和遭罷黜 百官力諫無轉寰

近年來，吳帝孫權十分寵愛新歡潘氏，也視潘夫人在他六十幾歲才生下的幼兒孫亮為手中至寶。加上孫權對太子孫和與魯王孫霸之間的鬥爭已感到厭煩，於是便打算另立孫亮為太子。但孫權才剛下令幽禁太子孫和，許多政府官員便紛紛上書勸諫，請求不可罷黜太子。只是越老脾氣越壞的孫權完全聽不進去，不但仍舊將太子孫和廢為平民，對於上書規勸的人也毫不手軟，一連誅殺或放逐了幾十個官員。抓狂似的孫權，又下令自己的兒子魯王孫霸自殺，然後下令將孫霸陣營的黨羽盡皆處死。最後朝中再也沒有任何的反對聲音，孫權也終於將他八歲的幼子孫亮立為東吳帝國的繼承人。

孫權對於廢太子一事勸諫的官員，猶如發了瘋似的痛下殺手，毫不留情

魏軍乘亂南下 姜維再擊無功

魏國政府同意將領王昶的建議，利用孫權廢立太子、放逐良臣的機會，發動攻擊，果然獲得大勝。而蜀漢大將姜維，則是繼去年（二四九年）進擊雍州（陝西、甘肅境內）未能獲得預期戰功後，再次發兵攻打西平（青海境內），但仍舊無功而還。

3-KINGDOMS TIMES

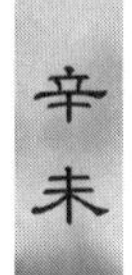

西元二五一年

曹魏・嘉平三年　蜀漢・延熙十四年　東吳・赤烏十四年　太元元年

司馬懿反應迅速　撲滅反叛勢力

陰謀另立曹彪為帝的王凌，打算以孫權引涂水淹沒南北通道為由，假借進軍攻擊東吳，實則達到舉兵另立中央政府的目的。不過兵變計畫走漏，司馬懿知道後，立即以皇帝名義下詔赦免王凌所犯之罪，自己也寫信安撫王凌。但是於此同時，司馬懿早已親率大軍，乘艦順河南下。而就在王凌遲疑之間，艦隊已開到百里之外。王凌見已失先機，再也無力回天，只好隻身搭上小艇，並自己綑綁請罪。司馬懿先派人幫王凌鬆綁，解除其戒心。待船艦都已進入淮河停泊，取得絕對的攻擊優勢後，馬上下令逮捕王凌，押往京師治罪。王凌這才發現上當，於是就在途中服毒自盡。司馬懿大軍隨後開入壽春（安徽境內），展開清算，凡牽連者皆屠滅三族。王凌與先前已病死的令狐愚，則被剖棺暴屍三日，陪葬的印綬、衣服都被焚毀，屍體再丟入土中埋起來。楚王曹彪被下令自盡，其他親王皇族則一律搬遷到鄴城（河北境內），由相關單位嚴密監控，不得與外人有任何交往。

孫權立后

年已七十的吳帝孫權於今年（二五一年）下詔，冊封太子孫亮的母親潘夫人為皇后，並大赦天下，改年號為太元。孫權在位至今，後宮的所有嬪妃都是夫人的稱號，潘皇后是唯一的皇后。

司馬懿離開人間　司馬師續位掌權

魏國靈魂人物太傅（皇室首席榮譽教授）、舞陽宣文侯司馬懿，於八月初辭世，享年七十三歲。魏帝曹芳隨即下詔，命司馬懿之子司馬師為撫軍大將軍，主管政府機要事項。

孫權突患中風　召回諸葛恪輔政

吳帝孫權十一月至南郊祭神回京後，突然中風癱瘓。孫權知道太子年幼，與左右親信商討後，決定召回諸葛恪託孤輔政。諸葛恪抵達首都建業後，被授以大將軍（軍事最高統帥）兼太子太傅（太子首席教授）。孫權又下詔，今後除了生殺大事之外，所有政府部門事務，全交由諸葛恪裁決。還特別為不同等級的文武百官，制定晉見諸葛恪時所用的禮儀。

三國時報

3-KINGDOMS TIMES

西元二五二年

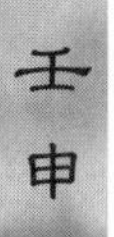

曹魏・嘉平四年 蜀漢・延熙十五年 東吳・太元二年 神鳳元年 建興元年

據聞吳國皇后是因為虐待下屬才慘遭報復

後宮血案 皇后慘遭勒死

吳國才剛改元神鳳，就發生皇后慘死的案件。原本隨侍人員報稱潘皇后是中邪突然暴斃，但經相關單位覆驗後，發現是被人以繩索勒死。於是展開追查，發現共六七名左右侍從涉有重嫌，在進一步的偵訊後，嫌犯終於坦承行凶。根據嫌犯的自白，由於潘皇后個性過於暴戾，時常虐打左右侍從，在無法忍受之下，才會一時衝動，趁皇后熟睡時，以繩索將其勒斃。宣告偵破後，牽扯在內的嫌犯立即被誅殺，不過法界對本案始終存有疑點，認為內情並不單純。

孫亮接棒孫權大位 諸葛恪推德政獲喝采

四月二十六日，登上帝位二十四年，而實際掌權則長達五十三年的東吳皇帝孫權駕崩，享壽七十一歲。隨後由年僅十歲的太子孫亮登上帝位，改元建興，大赦天下。閏四月，諸葛恪被擢升為太傅（皇室首席榮譽教授）後，發布行政命令，撤除孫權時代所有的特務機關，免除人民積欠的稅賦及罰則，取消關稅。種種的德政讓人民歡欣鼓舞，每當諸葛恪出入時，總是擠滿了大批粉絲，想引頸一睹巨星風采，人氣聲望可說是到達了頂點。

孫亮

諸葛恪

諸葛恪在東關對戰魏軍之役，獲得壓倒性的勝利

魏軍馬三路侵吳 諸葛恪東關大捷

今年（二五二年）十二月的時候，魏國中央政府下令，向東吳發動大規模的軍事攻擊，命王昶率軍進逼南郡（湖北境內），貫丘儉的部隊直擊武昌（湖北境內），而另一路攻擊東興（安徽境內）的七萬人軍團，則由胡遵、諸葛誕帶領。胡遵開抵東興後，便立刻下令所屬各部，在河岸兩邊搭建浮橋，並在堤上紮營，向敵軍發動猛烈的攻擊。但由於河堤東西兩邊的防城，是去年（二五一年）為加強防務才剛剛新建的，所以城高牆厚，一時之間難以攻克。東吳方面，則是由諸葛恪點集了四萬大軍，日夜兼程的趕赴東興救援。其中英勇善戰的先鋒將領丁奉，率先帶領著三千名兵士，利用風勢張帆急航，只花了兩天的時間便到達東關，同時並搶占最有利的作戰位置。這時大雪冰封，天寒地凍，魏軍的胡遵等將領們正好在指揮部中，熱熱鬧鬧的擺酒飲宴。丁奉遠遠望見魏軍負責前部防守的兵力極少，便立即下令所有士兵卸下鎧甲槍戟，只頭帶鐵盔、手執刀盾，赤裸著上身從船中爬上堤防，準備與敵軍來一場肉搏死戰。魏軍士兵遠遠看見在天寒地凍的氣候下，吳軍竟傻乎乎的赤身露體的在那攀爬堤防，都忍不住大笑而沒有立即嚴加戒備。但丁奉部隊爬上來之後，立即收整隊伍衝殺而來，一時殺聲震天，接連攻破好幾個魏軍的前哨據點。就在這時，東吳其他先鋒部隊也陸續抵達，並立即投入戰場。沒有心理準備的魏軍看到這種情況整個慌了，四散奔逃，爭渡浮橋。浮橋撐不住便崩壞斷裂，魏軍人馬不是掉落水中溺斃，就是自相踐踏而死，加上被吳軍斬殺的，死亡人數高達數萬人。東吳軍團則是在擄獲了數以千計的車乘牛馬，以及堆積如山的輜重武器後，振旅凱旋。

三國時報

3-KINGDOMS TIMES

西元二五三年

曹魏·嘉平五年 蜀漢·延熙十六年 東吳·建興二年

漢大將費禕遭刺殺 魏降將郭循獲追封

二五〇年蜀漢大將姜維攻打西平（青海境內）時，所俘擄的魏國降將郭循，竟然在今年（二五三年）開春聚會時，趁機刺死大將軍（軍事最高統帥）費禕。事後調查發現，投降後就被授與高官，任命為左將軍（高級將領）的郭循，其實在內心之中從未背棄魏國。之前就曾多次想藉著祝壽敬酒的機會，行刺漢帝劉禪。只不過都被御前衛士遠遠阻擋，一直沒有下手的機會。這次趁著元旦開春酒宴，費禕歡飲沉醉時，終於得償以命報國的宿願，殺死費禕。魏國聽到消息後，立即表彰郭循無視個人高官地位、生命財產，一心只求報國的精神，追封為長樂鄉侯，並由其子承襲其爵位。

諸葛恪傾盡全國力 二十萬大軍北征伐

諸葛恪自東關大捷後，便認為曹魏軍隊不堪一擊，所以打算集全國之力再次出兵，一舉覆滅魏國，以建萬世功勳。不過東吳其他的官員們都認為，近年作戰過於頻繁，民力財力都快要無法負荷，應當休養生息。但諸葛恪認為所有人的想法都太過於膚淺而缺乏遠見，還特地發表了一篇專題論文，分析了為何一定要出兵的理由。到了三月，諸葛恪通令全國，徵集二十萬武裝部隊，準備發動大規模的攻擊。

蜀漢兵進狄道 東吳改圍合肥

蜀漢將領姜維認為曹魏為了抵禦東吳北進，西境軍力必定空虛，於是便率領數萬兵力進逼狄道（甘肅境內）。而由諸葛恪率領的二十萬大軍，則向淮南（安徽境內）發動大規模的攻擊，驅逐並俘擄了許多當地的百姓。但這時諸葛恪卻臨時改變戰略，將大軍折返，集中所有兵力圍攻合肥新城（安徽境內），企圖引來魏軍主力，再予以一舉殲滅。

戰略錯誤無功而返　諸葛恪人氣直直落

魏國大將軍（軍事最高統帥）司馬師與幕僚討論後決定，即刻派出關中地區（陝西境內）的部隊，前往狄道（甘肅境內）對付姜維。並下令赴援淮南（安徽境內）的軍隊，不得與吳軍會戰，只要守住壽春（安徽境內）防線即可，至於被東吳大軍圍困的合肥新城（安徽境內），則任由吳國攻擊。諸葛恪在酷熱的夏季，用盡全力攻打僅三千守軍的合肥新城，卻始終無法攻克。隨著戰鬥時間的增長，吳軍中因過度疲勞或水土不服的病患，超過總兵力一半以上。各營軍官回報每天患病的人數日益增多，諸葛恪竟認為營官說謊，差點下令斬首，嚇得沒有人敢再據實回報，就這樣一直撐到七月，東吳終於下令撤軍。先行撤走的統帥諸葛恪，對士兵們受傷患病，跌落坑壑，倒臥路旁或被魏軍俘擄，存亡哀痛的慘狀，卻完全不以為意。還神態自若的在江中小島的別墅中住了一個多月。最後在吳帝不斷下詔下，才慢條斯理的回軍，好像什麼事都沒發生一樣。自此之後，東吳所有臣民，開始對諸葛恪感到徹底的失望。

諸葛恪政變身死　孫峻掌東吳大權

戰敗回到建業（江蘇境內）的諸葛恪，不但沒有絲毫自責之意，氣燄反而更為囂張，不斷的嚴懲部屬，任意的更換官員。到了十月，皇帝孫亮和大臣孫峻密議，設下酒宴，就在宴席之間斬殺諸葛恪，並屠滅三族。事後吳帝下詔，命孫峻為丞相（總理）兼大將軍（軍事最高統帥），總攬吳國軍政大權。不過對於這項任命，東吳的知識分子們皆感到頗為失望，因為此次故意人事調整卻不設御史大夫（監察首長），等於是讓孫峻有獨裁專政的機會，對吳國來講並不是一件好事。

吳帝孫亮與大臣孫峻密商，在酒席之間發動政變，斬殺諸葛恪

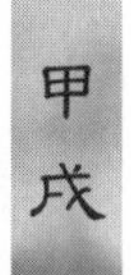

曹魏·嘉平六年 正元元年 蜀漢·延熙十七年 東吳·五鳳元年

司馬師擴大打擊異己 李豐夏侯玄慘遭滅族

魏國大將軍（軍事最高統帥）司馬師，發現皇帝曹芳時常召見大臣李豐密談，知道一定是在商討如何對付自己。便叫李豐前來質詢，但李豐卻不以實告，司馬師一怒之下，便用刀柄在李豐頭上敲出個窟窿，然後命人把屍體拖到司法部門擴大偵察。最後夏侯玄、張緝，李豐之子李韜及許多被牽扯在內的官員，都被屠滅三族。

魏帝曹芳意圖從司馬師手中奪回實權的計畫外洩之後，司馬師立即以皇太后的名義罷黜曹芳，另立曹髦為帝

老闆又被夥計撤換 曹芳下台曹髦上座

由於魏帝曹芳對於今年（二五四年）二月李豐被誅殺之事，心中一直憤憤不平。所以左右親信便偷偷建議曹芳，趁著即將西征姜維的安東將軍司馬昭，率軍在京城外之平樂觀接受皇帝閱兵，並奉詔單獨入內拜見之時，將其誅殺，然後調動其軍隊攻擊司馬師。但是曹芳心生畏懼，不敢付諸行動。不久消息走漏，司馬昭立即引大軍進入京城，司馬師旋即於九月十九日，假太后之名召集百官，以曹芳荒淫無度為由，決議奏請太后收回其皇帝印璽。九月二十二日，司馬師再次召集官員，依太后之意，派人迎接十四歲的高貴鄉公曹髦繼位。到了十月五日，曹髦正式在太極前殿即皇帝位，改年正元，並大赦天下。至於被罷黜的曹芳，則被安排到河內（河南境內）居住。

貫丘儉文欽舉反旗　司馬師爆眼平叛軍

之前一向與曹爽、夏侯玄等人親善的名將貫丘儉，與揚州（安徽境內）刺史（州長）文欽，自從司馬氏取得政權後，便一直有不安的感覺。於是便決定採取行動，宣稱奉太后密令，發動六萬大軍，出兵討伐司馬師。剛因眼瘤開完刀的大將軍（軍事最高統帥）司馬師，得到消息之後，立刻率軍親征，並調集各路大軍征討叛逆。政府軍以司馬昭留守洛陽（河南境內），鎮南將軍諸葛誕率軍攻擊叛軍根據地壽春（安徽境內），征東將軍胡遵統領青、徐兩州軍團，負責堵住叛軍退路，司馬師則率主力軍團進駐汝陽（河南境內）。進軍到項縣（河南境內）的叛軍，由於政府軍堅守不戰，後路又被切斷，加上逃兵情形十分嚴重，情勢變得越來越不利。於是貫丘儉便命文欽率軍攻擊樂嘉（河南境內）的鄧艾部隊，但沒想到司馬師大軍主力早已暗中移動至此與鄧艾會師，文欽遭受夾擊，最後在其子文鴦的奮戰之下才得以逃回項縣。不過此時，貫丘儉的大軍早已撤走，孤軍無援的文欽部隊原本想返回根據地壽春，但壽春卻已被諸葛誕攻陷，於是只好投奔東吳。值得一提的是，年僅十八歲的文鴦，在樂嘉面對司馬師主力軍團之際，還率隊夜襲政府軍大營，嚇得司馬師眼傷迸裂，眼球爆出，還為強忍劇痛而咬破棉被。最後為了甩開司馬軍的追擊，文鴦單槍匹馬反身殺入敵軍八千騎兵中，每次都砍殺百餘人再奪陣而出，如此反覆六七次，才使得追兵不敢逼進，也讓文欽部隊得以後撤。至於先行落跑的貫丘儉，部隊一撤出項縣，全軍便大潰四散逃亡，最後被一個名叫張屬的平民發現並斬殺於水邊草叢中。而張屬也因為割下這顆人頭，獲得封侯的獎賞。

司馬師征討叛軍時眼傷迸裂，眼球爆出，為免影響軍心，只得強忍劇痛，甚至咬破棉被

羅貫中專欄

文鴦單騎退雄兵

文欽父子引五千兵投樂嘉來。前軍報說：「樂嘉城西，皆是魏兵，約有萬餘。遙望中軍，白旄黃鉞，皂蓋朱旛，簇擁虎帳，內豎立一面錦繡帥字旗，此必司馬師也。安立營寨，尚未完備。」時文鴦懸鞭立於父側，聞知此語，乃告父曰：「趁彼營寨未成，可分兵兩路，左右擊之，可全勝也。」欽曰：「何時可去？」鴦曰：「今夜黃昏，父引二千五百兵，從城南殺來；兒引二千五百兵，從城北殺來。三更時分，要在魏寨會合。」欽從之，當晚分兵兩路。且說文鴦年方十八歲，身長八尺，全裝貫甲，腰懸鋼鞭，綽鎗上馬，遙望魏寨而進。

是夜司馬師兵到樂嘉，立下營寨，等鄧艾未至。師為眼下新割肉瘤，瘡口疼痛，臥於帳中，令數百甲士環立護衛。三更時分，忽然寨內喊聲大震，人馬大亂。師急問之。人報曰：「一軍從寨北斬圍直入，為首一將，勇不可當。」師大驚，心如火烈，眼珠從肉瘤瘡口內迸出，血流遍地，疼痛難當；又恐有亂軍心，只咬被頭而忍，被皆咬爛。原來文鴦軍馬先到，一擁而進；在寨中左衝右突，所到之處，人不敢當；有相拒者，鎗搠鞭打，無不被殺。

鴦直殺到天明，只聽得北邊鼓角喧天。鴦回顧從者曰：「父親不在南面為應，卻從北至，何也？」鴦縱馬看時，只見一軍行如猛風，乃鄧艾也，躍馬橫刀大呼曰：「反賊休走！」鴦大怒，挺鎗迎之。戰有五十合，不分勝負。正鬥間，魏兵大進，前後夾攻。鴦部下兵各自逃散，只文鴦單人獨馬，衝開魏兵，望南而走。背後數百員魏將，抖擻精神，驟馬追來。將至樂嘉橋邊，鴦忽然勒回馬大喝一聲，直衝入魏將陣中來，鋼鞭起處，紛紛落馬，個個倒退。鴦復緩緩而行。魏將聚在一處，驚訝曰：「此人尚敢退我等之眾耶！可併力追之！」於是魏將百員，復來追趕。鴦勃然大怒曰：「鼠輩何不惜命耶！」提鞭撥馬，殺入魏將叢中，用鞭打死數人，復回馬緩轡而行。魏將連追四五番，皆被文鴦一人殺退。

文鴦返身衝殺前來追擊的敵軍，如入無人之境

兄終弟及　司馬昭接軍權
政權危機　鍾會獻計護主

魏國大將軍（軍事最高統帥）司馬師病重，返回許昌（河南境內），而留守首都的司馬昭也立即趕到許昌探望，司馬師在授命司馬昭接掌軍權之後，於閏正月二十八日逝世，享年四十八歲。不過魏帝曹髦竟然在此時主動下詔，要司馬昭留駐許昌，由尚書傅嘏率軍回京。司馬師的機要鍾會，認為此時情況危急，司馬昭若不立即回京控制政府，大權可能就此被奪。於是決定由傅嘏上書陳述司馬昭必須回京的理由，並於奏章發出之同時，司馬昭和傅嘏立刻率軍返回洛陽（河南境內）以鞏固大權。鍾會的計謀果然奏效，穩住了政局，司馬昭於二月五日受命為大將軍（軍事最高統帥）、錄尚書事（掌宮廷要事），掌控魏國軍政大權。

司馬昭聽從鍾會之計即時趕回京師，解除了大權旁落的危機

執意發兵　姜維徒耗武功

漢國將領姜維不顧反對聲浪，執意率領數萬人再次直指狄道（甘肅境內）。雖然蜀漢軍團先擊潰魏軍，斬殺一萬人，然後包圍狄道。但魏國征西將軍陳泰的救援部隊不久便越過高嶺，登上狄道東南方的山上。姜維發現後下令沿山向陳泰軍發動攻擊，但始終無法攻克。隨後陳泰集結部隊，揚言要斷蜀軍後路，姜維只好撤軍。

三國時報
3-KINGDOMS TIMES
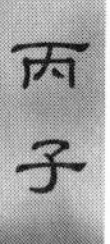
丙子
西元二五六年
曹魏．正元三年 甘露元年 蜀漢．延熙十九年 東吳．五鳳三年 太平元年

鄧艾早有防備 姜維再嘗敗績

漢國大將軍（軍事最高統帥）姜維，於七月再次出兵祁山（甘肅境內）。但由於魏國安西將軍鄧艾早有準備，導致姜維軍大敗，傷亡慘重。姜維事後上書自請處分，貶為衛將軍，仍代行大將軍事。鄧艾方面則因破敵有攻，被升為鎮西將軍，統領隴右（甘肅境內）軍事。

司馬昭龍袍加身

魏國政府於四月份賜給大將軍（軍事最高統帥）司馬昭袞冕之服（冠冕及龍袍），以及一雙赤舄（紅色長靴）等皇帝專用之物。六月改元甘露之後，於八月又再加大都督（總司令）官銜，頒給象徵皇帝誅殺大權的黃鉞，並享有上奏時不必具名的特權。所以已有人依種種跡象大膽預測，大權獨攬的司馬昭，極有可能在近年內便會升公封王，然後再仿效曹丕一樣，由魏帝手中合法的接過天子寶座。不過大將軍府已嚴正駁斥這項說法，並表示再有發表不實言論者，一定採取法律途徑。

東吳內部亂鬥 孫綝掌權輔政

年僅三十八歲的東吳丞相（總理）孫峻，因突患急病去世，由其堂弟孫綝接班，並召回準備對魏國發動攻擊的驃騎將軍（高級將領）呂據。但呂據知道竟然是由孫綝掌權後，十分忿怒，於是率領大軍班師，聯合大臣滕胤，要求罷黜孫綝。但孫綝發動反制，以皇帝詔令調集部隊，很快的斬殺了滕胤。呂據見大勢已去，便只好舉刀自殺。一個月後，孫綝被擢升為大將軍（軍事最高統帥），實力逐漸鞏固。

東吳丞相孫峻因急症去世後，由其堂弟孫綝為接班人，引起其他將領及大臣不滿，爆發內部嚴重鬥爭

曹魏・甘露二年 蜀漢・延熙二十年 東吳・太平二年

明升官暗奪軍權 諸葛誕叛魏歸吳

魏國大將軍（軍事最高統帥）司馬昭經過試探後，認為萬一政局有變時，手握重兵的征東大將軍諸葛誕不一定會聽話。為了避免諸葛誕以後叛亂時造成過大的傷害，便決定趁他實力尚未坐大之前，以明升官暗奪軍權的方式，先逼他攤牌叛變，以徹底解決這個隱憂。於是四月時，便以皇帝的命令，下詔升諸葛誕為司空（監察首長），即日起返回京城任職。諸葛誕收到詔書之後果然恐懼萬分，立即調集十幾萬的兵力，並積存可供大軍一年的軍糧，準備閉城自守。同時也派出使者向東吳請降，東吳聞訊後立刻命將領文欽、全懌等率領三萬軍隊，進入壽春（安徽境內）城內援助諸葛誕。又命將領朱異領三萬軍士，推進到安豐（安徽境內），與壽春做為呼應。

司馬昭故意趁諸葛誕勢力未壯大前逼他叛變，以絕後患

魏軍圍堵壽春 吳帥自斬大將

六月，魏國大將軍（軍事最高統帥）司馬昭親率二十六萬精兵，南下征討叛軍。不過這次大概是怕又像司馬師死時那樣，差點被排除在中央政府之外，於是就帶著皇帝及太后一起出發。魏國大軍則是在包圍壽春（安徽境內）之後，又擊退了朱異部隊，徹底切斷東吳的援軍。到了七月，吳國大將軍孫綝親率大軍，進駐鑊里（安徽境內）。命朱異再次救援壽春。但朱異部隊再次被魏軍所敗，連糧草都被燒光，只得率領殘部，沿途啃食樹葉，往回投奔孫綝大營。但孫綝擺著主力軍團不用，卻下令要求朱異率領著那些靠吃樹葉活下來的士兵，再次返回戰場決一死戰。朱異因士卒飢疲交迫，不肯受命。孫綝大怒之下，斬殺了朱異，然後也不出兵，就丟下壽春不管，率領主力軍團折返首都建業（江蘇境內）。

三國時報

3-KINGDOMS TIMES

西元二五八年

曹魏・甘露三年 蜀漢・延熙二十一年 景耀元年 東吳・太平三年 永安元年

壽春城攻破 司馬昭揚威

圍困壽春（安徽境內）的司馬昭軍團，故意放出吳國援軍即將到達，而圍城軍快要撐不下去的假消息。結果諸葛誕信以為真，以為即將解圍，完全不在意糧食的消耗速度。後來發現援軍遲遲不來時，糧食已經開始缺乏，於是軍心開始動搖，有許多人都向魏軍投降。雖然諸葛誕下令強力突圍，但在圍城軍激烈的反擊下，依舊無法突圍而出。隨著城中糧食即將耗盡，出城投降的人數也達到數萬人。在狀況持續惡化之下，諸葛誕還因內鬨斬殺了東吳派來赴援的將領文欽，文欽的兒子文鴦及文虎也只好向魏軍投降。司馬昭便運用心理戰，不但赦免文鴦、文虎兄弟，又將其升將封侯，然後當作樣板向城上守軍大喊：「就連文欽的兒子都被赦免了，其他人還有什麼好怕的。」司馬昭認為時機已成熟，便下令攻城。果然守軍無心戰鬥，不久壽春（安徽境內）城破，諸葛誕三族慘遭屠殺。至於所俘擄的十幾萬叛軍，如肯歸降者，則都全不加以處罰。

姜維領軍乘虛襲魏 多次征戰民怨漸起

漢國將領姜維聽到魏國調動關中（陝西境內）軍團前往征剿諸葛誕，認為機不可失，便率領數萬兵力，打算從駱谷（陝西境內）襲擊關中。但魏軍將領司馬望、鄧艾則下令固據城池，堅守不戰。後來姜維聽到諸葛誕已經敗亡的消息，才撤軍返回成都（四川境內）。雖然姜維再度恢復大將軍（軍事最高統帥）之位，但由於近年來不斷出兵北伐，又沒有得到太大的戰功，致使國力空虛，蜀漢人民已經開始心生怨恨。

吳宮驚變 寶座易主

孫綝政變，另立孫休為帝

吳國大將軍（軍事最高統帥）孫綝，因皇帝孫亮近來親覽政事，時常質問他一些事情，於是心生恐懼，便趕緊離開京城，返回鑊里（安徽境內）根據地，稱病不再上朝。皇帝孫亮對孫綝的專權越來越無法忍受，便密謀要將其誅殺。但消息意外走漏，孫綝便搶先發動政變，包圍皇宮。然後召集文武百官，將年僅十六歲的孫亮罷黜為會稽王，另迎二十五歲的琅邪王孫休於十月二十七日即帝位，改元永安。孫綝假意上書辭職，但隨即如劇本般被強力慰留，任命為丞相（總理）、荊州牧（擁有行政、軍事、財政完整統轄權之州長），並增加五個縣的采邑。

權臣亂國帝反撲 臘八大祭殺孫綝

吳帝孫休即位幾天後，丞相（總理）孫綝帶著牛肉及美酒進宮呈獻給孫休，但孫休拒不接受。孫綝只好帶到左將軍張布家中飲宴，酒過三巡後，孫綝抱怨說：「當今陛下能坐上大位，全是因為我的關係。沒想到今天獻上禮物卻被拒絕，根本只把我當個普通官員，看來我要改變計畫了。」張布事後向皇帝密告此事，孫休雖然生氣，但因為擔心孫綝會再次發動政變，所以只好不斷的加以賞賜，對於孫綝所奏請之事，也都一律批准照行。後來不斷有人密告孫綝即將發動政變，孫休便與左右親信商議，打算於臘八大祭，宮中有武裝衛兵隨侍時，召孫綝入宮予以誅殺。到了十二月八日臘八大祭的時候，孫綝原本稱病不肯參加。但皇帝連續派遣了十幾個使者前來敦請，孫綝無法拒絕，只好勉為其難的進宮。孫綝在臨行前，交代部屬事先讓部隊待命，再算準時間假裝在家中放火，到時就可以救火為由先行脫身。孫綝入宮後不久，果然通報丞相府失火，孫綝便藉口要先行回家救火。但孫休仍不願放人，就在孫綝執意離座之時，張布、丁奉等便以眼色要衛兵火速逮捕孫綝斬首。隨即向孫綝的部眾展示其首級，並下令赦免孫綝所有的黨羽。原本在外待命的五千名部隊，全部放下武器投降，孫休獲得全面性勝利。

孫綝入宮前，為防有變，故意交代下屬於特定時間在自宅中放火，企圖以此為藉口脫身

三國時報

3-KINGDOMS TIMES

庚辰

西元二六〇年

曹魏・甘露五年 景元元年 蜀漢・景耀三年 東吳・永安三年

司馬昭之心路人皆知 魏帝御駕討逆遭刺死

魏國政府在四月由皇帝下詔，擢升司馬昭為位極人臣的相國、封晉公、加九錫（九項特別恩賜）之後，皇帝曹髦眼見威權日去，心中憤恨終於爆發。五月七日，激憤的曹髦召集親信說：「司馬昭之心，路人皆知。我無法坐在這裡等著承受被廢黜的恥辱。今天就和你們一起採取行動，我要親自討伐這個逆賊。」雖然左右極力勸阻，認為不可能成功。但曹髦從懷中拿出已預先寫好的詔書，丟擲在地上，說：「我心已決，死又何懼？何況又不一定會死。」說完便入宮向太后報告，左右親信則趁此空檔，立刻向司馬昭通風報信。曹髦隨後登上皇帝專用輦車，拔出配劍，親自率領著宮中隨身侍衛、奴僕侍從等人，鼓噪而出，直衝向司馬昭住所。雖然沿路有許多司馬昭的兵馬阻攔，並與皇宮衛士發生激烈的混戰，但卻沒有任何一個人敢去傷到拿劍揮舞的皇帝。直到有一個叫成濟的中階官員，問中領軍（禁軍司令）賈充說：「現在事態緊急，該怎麼辦？」賈充回答說：「司馬公厚待你們，不就是為了今天嗎？還有什麼好問的。」於是成濟便抽出長矛，直向皇帝曹髦刺去，年僅二十歲的曹髦也應聲而倒，死於輦車之下。一陣動亂之後，中央政府開始收拾殘局，先由太后下令宣布曹髦的罪狀，並廢為庶人，以平民的規格安葬。五月八日，太后再下令，依太傅（皇室首席榮譽教授）司馬孚所奏，改以親王等級的禮儀安葬曹髦。並派司馬昭的兒子司馬炎，前往鄴城（河北境內）迎接常道鄉公曹璜，準備接掌帝位。二十一日，司馬昭上書堅辭相國、晉公、九錫之命，得到太后批准。而各界十分關注，該由誰扛起弒君大罪的議題，在拖了二十天之後，政府核心終於定調，於二十六日宣布，行凶的成濟兄弟大逆不道，應予屠族。於是以為建了大功，正在等候領賞封爵的成濟，就成了此事件的止血線。六月一日，太后下詔命十五歲的曹璜改名曹奐，於次日登上皇帝寶位，改年號為景元，並大赦天下。

訃聞

從皇位上被罷黜的會稽王孫亮，因經人檢舉使用巫術，有重奪皇位的野心，被吳帝孫休下詔貶為候官侯，並遣往封國。但在遣送的途中，年僅十八歲的孫亮就自殺了，負責護送的人員全部遭到懲處。

3-KINGDOMS TIMES

西元二六二年

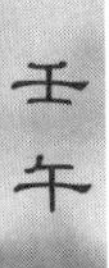

曹魏・景元三年 蜀漢・景耀五年 東吳・永安五年

姜維出兵又失利 畏懼黃皓躲沓中

今年（二六二年）十月，漢國大將軍（軍事最高統帥）姜維，又一次的率兵攻擊洮陽（甘肅境內），但仍舊被魏國征西將軍鄧艾所破，只好撤退。但由於之前姜維和當紅的宦官黃皓之間曾有些過節，姜維擔心這次兵敗之後，黃皓會以此為由陷害他，於是不敢返回首都，只能上書請求在沓中（甘肅境內）屯墾駐防。

姜維因戰場失利又擔心黃皓報復而不敢回到成都

敵人快攻來了！皇上，怎麼辦？

小黃子，怎麼辦？

喂！怎麼辦？

!!

在黃皓求問鬼神之後，劉禪決定對前線軍情置之不理

鍾會集軍欲侵蜀 劉禪聽聞不理會

魏國大將軍（軍事最高統帥）司馬昭，對於姜維屢次入犯西境感到憂慮，打算徹底解決這個問題。於是命鍾會為鎮西將軍，統籌關中（陝西境內）地區所有軍隊，準備對蜀漢發動大規模的攻擊行動。姜維得到消息之後，火速上書向漢帝劉禪報告，請求派軍加強各軍事重鎮之防守。但篤信鬼神占卜的黃皓，從巫師口中聽聞魏國不可能採取軍事行動，於是便向劉禪回報說不必理會此事。而蜀漢的大小官員，竟然沒有人知道這件事情，政府上下仍然高枕安臥，過著太平日子。

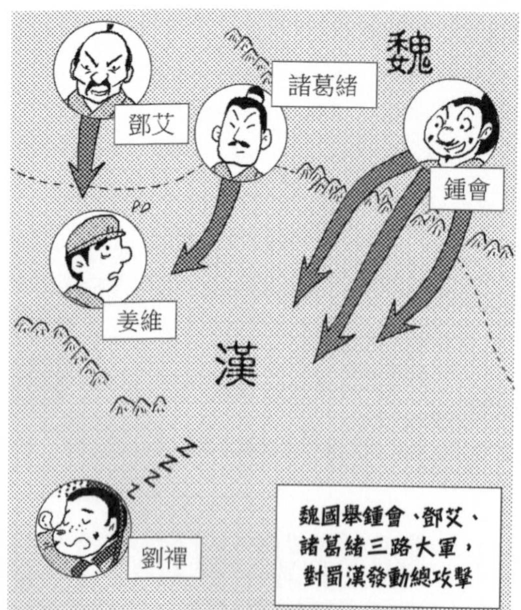

鍾會鄧艾諸葛緒 兵分三路總攻擊

八月時，魏國大軍在洛陽（河南境內）集結完畢，準備向蜀漢發動大規模的戰爭。魏帝下詔，由征西將軍鄧艾，率領三萬兵馬由狄道（甘肅境內）出發，攻擊沓中（甘肅境內）以牽制姜維部隊。雍州（陝西、甘肅境內）刺史（州長）諸葛緒，率三萬人自祁山取武街橋頭（甘肅境內），切斷姜維退路。鎮西將軍鍾會則率領十萬主力軍團，從褒斜谷、駱谷、子午谷進軍漢中（陝西境內）。另任命衛瓘持節（持有符節，代皇帝行事），為鄧艾、鍾會兩軍之監軍。

蜀漢向吳急求援 司馬受詔升晉公

漢帝劉禪在接獲軍報，確認魏軍已大舉進襲之後，終於有了動作，緊急下令廖化、張翼等將領，率軍增援前線。劉禪同時下詔大赦天下，改元炎興。並要求各軍堅守堡壘，不得與敵接戰，其餘兵力全部退守漢、樂兩城（陝西境內）。九月時，鍾會大軍分兵包圍漢、樂兩城，而主力軍團則向西直取陽安關口（即陽平關）。但鎮守陽安關的蜀漢將領發生內鬨，導致陽安關很快便被鍾會拿下，並奪走大量的戰備儲糧。另一方面，鄧艾及諸葛緒的部隊不斷進逼，不敵敗走的姜維軍退到陰平（甘肅境內）重新集結，原本打算前往陽安關口赴援，但此時卻已傳來陽安陷落的消息，只好退到白水（四川境內），與廖化、張翼等部隊合併，退守劍閣（四川境內），準備與鍾會大軍相抗。十月，收到蜀漢求援的吳帝孫休，命大將軍（軍事最高統帥）丁奉，率軍攻擊魏國壽春（安徽境內），再派另一支軍隊，向沔中（陝西境內）進軍，以救蜀漢之危。而洛陽（河南境內）方面，魏帝曹奐因征蜀大軍紛傳捷報，乃下召擢升司馬昭為相國、封晉公、並加九錫。

諸葛緒畏敵不前 所屬軍全歸鍾會

鄧艾所率領的大軍推進到陰平（甘肅境內）之後，原本打算聯合諸葛緒的部隊，越過叢山峻嶺，先取得江油（四川境內），然後再向成都（四川境內）發動攻擊。但是諸葛緒認為他所接受到的命令僅是阻截姜維而已，並未獲授權深入蜀漢心臟地帶。於是便領軍前進到白水（四川境內），與鍾會大軍會師。但鍾會私底下卻陰謀想擴充自己的軍力，於是便密報中央，指控諸葛緒畏敵不前之罪。結果諸葛緒便被下令逮捕，以囚車押回京師候審。而諸葛緒所統轄的軍隊，則全數歸鍾會統轄。

鍾會以畏敵不前的罪名將諸葛緒押送軍法審判，然後其所領之數萬軍力，盡皆收為己用

鍾會遇阻萌退意 鄧艾峻嶺深入險

因為姜維的部隊在劍閣（四川境內）據險而守，讓遠道前來的鍾會大軍，久久都無法攻克。鍾會又擔心補給線過長，萬一遭到敵軍襲擊，可能會有極大的危險，於是便有了班師的打算。但鄧艾卻認為應該派出奇兵另尋山路，繞遠道直接威脅成都（四川境內）。如此一來，則劍閣守軍必定回師相救，而鍾會所率領的主力大軍就可以長驅直入。鄧艾在向晉公司馬昭提出報告後，便立即率領精銳，從陰平（甘肅境內）進入深山峻嶺之中，沿途開山闢路，行軍於懸崖峭壁之間。就算遇到無路可行的急坡，鄧艾也親自帶領士兵，用毛毯把自己包裹起來，然後縱身滾翻而下。兵士們見主將如此身先士卒，也都一一跟著滾了下去。就這樣深入險境數百里，終於抵達江油（四川境內）。而江油守將見鄧艾軍來勢洶洶，於是便開城投降。

羅貫中專欄

鄧士載偷渡陰平

鄧艾當夜下令，盡拔寨望陰平小路進兵，離劍閣七百里下寨。艾乃先令子鄧忠引五千精兵，不穿衣甲，各執斧鑿器具，凡遇峻危之處，鑿山開路，搭造橋閣，以便行軍。艾選兵三萬，各帶乾糧繩索進發。約行百餘里，選下三千兵，就彼紮寨；又行百餘里，又選三千兵下寨。是年十月自陰平進兵，至於巔崖峻谷之中，凡二十餘日，行七百餘里，皆是無人之境。魏兵沿途下了數十寨，只剩下二千人馬。前至一嶺，名摩天嶺。馬不堪行，艾步行上嶺。只見鄧忠與開路壯士盡皆哭泣。艾問其故。忠告曰：「此嶺西背是峻壁巔崖，不能開鑿，虛廢前勞，因此哭泣。」艾曰：「吾軍到此，已行了七百餘里，過此便是江油，豈可復退？」乃喚諸軍曰：「不入虎穴，焉得虎子？吾與汝等來到此地，若得成功，富貴共之。」眾皆應曰：「願從將軍之命。」艾令先將軍器攛將下去，艾取氈自裹其身，先滾下去。眾兵士有氈衫者裹身滾下，無氈衫者各用繩索束腰，魚貫而進。鄧艾引兵行時，又見一個大空寨。左右告曰：「昔武侯在日，曾撥一千兵守此險隘，今蜀主劉禪廢之。」艾嗟呀不已，引二千餘人，星夜倍道來搶江油城。

卻說江油城守將馬邈；聞東川已失，雖為準備，只是隄防大路；又仗著姜維全師，守住劍閣關，遂將軍情不以為重。當日操練人馬回家，其妻問曰：「屢聞邊情甚急，將軍全無憂色，何也？」邈曰：「大事自有姜伯約掌握，干我甚事？天子聽信黃皓，溺於酒色，吾料禍不遠矣。魏兵一到，降之為上，何必慮哉？」其妻大怒，唾邈面曰：「汝懷不忠不義之心，枉受國家爵祿，吾有何面目與汝相見！」馬邈羞慚無語。忽家人慌入報曰：「魏將鄧艾不知從何而來，引二千餘人，一擁而入城矣。」邈大驚，慌出納降，拜伏於公堂之下，泣告曰：「某有心歸降久矣。今願招城中居民，及本部人馬，盡降將軍。」艾准其降。遂收江油軍馬於部下調遣，即用馬邈為鄉導官。

鄧艾翻越峻嶺對蜀漢發動突擊

鄧艾逼進成都 劉禪帶棺投降

鄧艾接受劉禪的投降之後，未先知會鍾會便承制代表皇帝分封劉禪及其官員新的職位

由於江油降敵後，成都已無險可守，於是諸葛亮之子諸葛瞻只好率領大軍，企圖在綿竹（以上皆四川境內）阻截鄧艾部隊。但兩軍交鋒之下，實戰經驗豐富的鄧艾仍勝一籌，魏軍以凌厲的攻勢，攻破蜀漢的最終防線。諸葛瞻被俘後不降而死，其子諸葛尚也不辱家門，英勇的戰死在沙場之上。倒是漢帝劉禪沒想到魏軍這麼快便逼近成都（四川境內），整個大後方根本沒有做什麼防備動作，在極度恐懼之下，很快便決定不再抵抗。於是下令使者帶著皇帝印璽、全國軍民戶籍簿冊，前往魏軍大營呈交給鄧艾。全國共計二十八萬戶，九十四萬人口，軍隊十萬零二千，政府官員四萬餘人，盡皆投降魏國。劉禪還親自帶著棺木，與太子親王、臣屬等共六十多人，到成都北郊的鄧艾大營獻降。鄧艾持節（持有符節，代理皇帝行使權力）為劉禪等人鬆綁，焚毀棺木，承制（以皇帝名義發布）任命劉禪代理驃騎將軍，其他官員則依原有位階，分別重新任命。至於宦官黃皓，因奸邪之名早已遠播，而被逮捕囚禁。原本鄧艾打算將其處死以絕後患，但因黃皓極力賄賂鄧艾的左右親信，最終才得以逃過死劫。而吳國在獲得蜀漢覆亡的消息後，也已撤回丁奉等各路援軍。十二月，魏國政府下令，將原蜀漢領地益州（四川、雲南境內），再分割出梁州（陝西、四川境內），並特赦益州士民，租稅減半五年。又擢升鄧艾為太尉（軍事首長），增加二萬戶采邑。升鍾會為司徒（行政首長），增加采邑一萬戶。

鄧艾遭到鍾會誣陷，以囚車押回京師問罪

鍾會仿字欲誣陷 鄧艾蒙冤坐囚車

之前受劉禪之命，就近向鍾會投降的姜維，發現掌控大軍的鍾會有陰謀叛魏的企圖，便更加挑撥，於是被鍾會視為心腹，出則同車，坐則同席。但鍾會擔心鄧艾將是計畫中的一大絆腳石，加上對於鄧艾搶得頭功，還承制（以皇帝名義發布）任官之事十分不滿，便與監軍衛瓘密謀陷害鄧艾。由於鍾會善於模仿筆跡，便時常從中攔截鄧艾與中央往來之奏章書信，並改動其中字句，又與衛瓘聯名誣告鄧艾陰謀反叛。於是中央下令，逮捕鄧艾，以囚車押回京師候審。司馬昭擔心軍情有變，便令鍾會進駐成都（四川境內），中護軍（禁軍司令）賈充領兵由褒斜谷南下，自己則與皇帝曹奐，率重兵進駐長安（陝西境內），另派人前往鄴城（河北境內）嚴加管制諸親王的行動。

鍾會軟禁將領舉反旗 姜維獻策暗定計中計

姜維表面上支持鍾會叛變，但卻另有圖謀

鍾會進駐成都（四川境內），派車將鄧艾押往京師後，知道賈充已率軍南下，而司馬昭也已率重兵屯駐長安（陝西境內），於是心中恐懼，深怕司馬昭已經起了疑心。便決定立即起事，於元月十六日召集所有將領，宣稱奉已故之太后遺旨，發兵討伐司馬昭。在座所有將領被此驚天巨變嚇得不知如何反應，在沒有人敢表示反對的狀況下，此議案順利通過。鍾會當場下令親信接管所有部隊，而在座將領則被軟禁在政府官舍之中。姜維建議鍾會將軟禁的所有將領，全部誅殺。因為姜維其實在心中早已盤算著，在鍾會殺掉這些將領之後，自己再殺掉鍾會，然後坑殺所有魏兵，這樣就可以迎回劉禪，復興漢國。但鍾會對於此項提議猶豫考慮許久，遲遲未能決定。

各營不約而同起事 姜維鍾會事敗遭戮

鍾會、姜維事敗，被各營士兵亂刀砍死

鍾會在軟禁各部隊將領後，採納部屬的建議，允許這些將領，各派一名親兵外出取食。被囚禁的將領胡烈，便利用這個機會，編造一套謠言，告訴準備外出取食的親兵說：「鍾會已經挖好一個大坑，準備好數千根木棍，打算騙所有士兵說要升他們官階，然後趁大家一個一個進入帳中叩謝時，用木棒打死，再丟到坑中。」另外又寫一封信，要外出的士兵帶去給還在部隊中的兒子胡淵。結果一夜之間，謠言果然就傳遍了全部的軍隊，大家都感到驚恐激憤。第二天，胡淵帶領著胡烈的部隊，擂鼓吶喊奔出營門。其他各營在沒有事先約好的狀況下，聽到有人鼓噪，竟然全部都不約而同的拿起武器，衝向皇宮。於是事態一發不可收拾，胡淵部隊搶先攻入，縱火焚燒，箭如雨下。被囚禁的將領則趁機逃出，與原屬部隊會合。姜維、鍾會則被不斷湧上的兵士亂刀砍死。而各營兵士則在城中燒殺搶掠，強姦民女，整個成都宛如地獄一般恐怖。直到數日後，監軍衛瓘出面約束各營將領，才慢慢平定下來。

曙光僅止一現 鄧艾遇害身死

鍾會事敗身死之後，鄧艾舊屬前去追趕囚車，把鄧艾救出後準備接返成都（四川境內）。但衛瓘得到消息之後，因為之前自己夥同鍾會一起陷害鄧艾，深怕鄧艾回到成都之後會向他報復。於是便下令親信率兵追擊，最後在綿竹（四川境內）荒郊之中擊斬鄧艾父子。

司馬昭封晉王

權力早被架空的魏國皇帝曹奐於三月十九日，下詔封司馬昭為晉王，增加十個郡的采邑。一般認為，這個動作表示司馬昭極有可能很快便會取魏帝而代之了。

洛陽受封安樂公 劉阿斗樂不思蜀

已降的蜀漢故帝劉禪，全家被遷往首都洛陽（河南境內）居住，並受封為安樂公。劉禪的兒孫及部屬，一同被封侯爵的共有五十多人。據說，晉王司馬昭曾設宴招待劉禪，並於席間命人演出巴蜀的歌舞。隨侍劉禪左右的人看到，都感到悲涼哀悽，只有劉禪仍舊喜笑自若，毫不在意。司馬昭事後對部屬賈充說：「一個人能夠無情到這個地步，就算是諸葛亮在世，也無法輔佐他長治久安吧，更何況是姜維。」又有一天，司馬昭問劉禪是不是很想念巴蜀故地。劉禪卻回答說：「這裡實在太快活了，哪會想念什麼巴蜀呢？」郤正聽到後，私下告訴劉禪說：「以後晉王要是再這樣問，你就要回答說：『先人的墳墓，遠在蜀地，每天都望著西邊，有無限的哀戚與思念。』然後緊閉雙眼，做出哀傷的樣子。」後來司馬昭又問到這個問題，劉禪就照郤正教的回答，然後閉上雙眼。司馬昭聽到後說：「這怎麼聽起來像是郤正會說的話。」劉禪嚇一跳，張開眼睛說：「太厲害了，你怎麼會知道！」於是在座的人都哄堂大笑。

吳帝辭世託孤太子 輔臣另推孫皓繼位

吳帝孫休於七月二十五日因病駕崩，享年三十一歲。雖然孫休在臨死前，將年幼的太子託孤給丞相（總理）濮陽興，但孫休死後，濮陽興與張布等政府高層，都希望能有一位年紀較大的人登極為帝，以穩定政局。於是在太后的同意之下，迎接二十三歲的烏程侯孫皓接掌帝位，並改年號為元興，大赦天下。孫皓即位後，立即頒發詔書，不但開倉賑貧，又將宮中諸多宮女遣散，許配給那些沒有娶妻的人。同時又將御花園中的珍禽異獸，盡皆放生。種種德政，深得東吳人民愛戴，都認為吳國終於有了一位英明的國君。

消息

魏國中央政府於今年（二六四年）八月初，任命司馬昭之子司馬炎為副相國之後，又於九月一日任命司馬炎為撫軍大將軍。在十月下旬，晉王府也宣布定司馬炎為晉王世子（法定繼承人），看來已經為司馬炎做好了接班的準備。

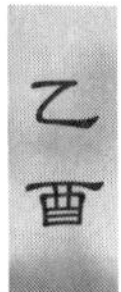

曹魏・咸熙二年 東吳・元興二年 甘露元年 晉・泰始元年

訃聞

魏國掌權人物晉王司馬昭，在五月甫由魏帝宣布，享有和皇帝完全相同等級禮遇之殊榮，王妃改稱王后，世子改稱太子後，於八月九日逝世，享年五十五歲。其子司馬炎則依法繼承晉王之王位，仍任相國之職。

曹魏宣告終結 司馬王朝來臨

十二月十三日，魏國第五任皇帝曹奐，下詔宣布將帝位禪讓給晉王司馬炎，立國四十六年，由亂世梟雄曹操一手創立的天下，宣告終結。十七日，司馬炎正式登上帝位，大赦天下，改年號為泰始，正式進入晉帝國的紀元。十七日，封退位的曹奐為陳留王，留住鄴城（河北境內），而曹魏時期所有親王，都降封為侯爵。尊司馬懿為宣皇帝，司馬師為景皇帝，司馬昭為文皇帝。司馬皇族二十七人，皆封為王，並依封國大小，設置不同規格的武裝部隊。

司馬炎依樣畫葫蘆，學曹丕的禪讓大法，把皇帝寶座名正言順的搶了過來

羅貫中專欄

司馬炎受禪登寶座

司馬炎召賈充、裴秀入宮問曰：「孤父王比曹操何如？」充曰：「操雖功蓋華夏，下民畏其威而不懷其德。後我宣王、景王，累建大功，文王并吞西蜀，功蓋寰宇，又豈操之可比乎？」炎曰：「曹丕尚紹漢統，孤豈不可紹魏統耶？」賈充、裴秀二人再拜而奏曰：「殿下正當法曹丕紹漢故事，復築受禪台，以即大位。」

炎大喜，次日帶劍入內。此時魏主曹奐，連日不曾設朝，心神恍惚，舉止失措。炎直入後宮，奐慌下御榻而迎。炎坐定，問曰：「魏之天下，誰之力也？」奐曰：「皆晉王父祖之賜耳。」炎笑曰：「吾觀陛下，文不能論道，武不能經邦，何不讓有才德者主之？」奐大驚，口噤不能言。傍有黃門侍郎張節大喝曰：「晉王之言差矣！昔日魏武祖皇帝，東蕩西除，南征北討，非容易得此天下；今天子有德無罪，何故讓與人耶？」炎大怒曰：「此社稷乃大漢之社稷也。曹操挾天子以令諸侯，自立魏王，篡奪漢室；吾祖父三世輔魏，得天下者，非曹氏之能，實司馬氏之力也。四海咸知，吾今日豈不堪紹魏之天下乎？」節又曰：「欲行此事，是篡國之賊也！」炎大怒曰：「吾與漢家報讎，有何不可！」叱武士將張節亂棍打死於殿下。奐泣淚跪告。炎起身下殿而去。

奐令賈充築受禪台。以十二月甲子日，奐親捧傳國璽，立於台上，大會文武。請晉王司馬炎登壇，授與大禮。禮畢，奐下壇，具公服立於班首，炎端坐於台上。文武百官，再拜於台下，山呼萬歲。炎紹魏統，國號大晉，改元為泰始元年，大赦天下。魏遂亡。

殺忠臣搶少女 孫皓暴行漸現

吳帝孫皓初即位之時，推行德政，深受臣僚及百姓的愛戴。但從去年（二六五年）底開始，已經握穩權柄的孫皓就像換了個人一樣，粗暴驕淫、貪好酒色的惡行逐漸顯露出來，全國上下於是開始感到失望。就連當初決定讓孫皓接帝位的濮陽興、張布等大臣，也為自己選錯人覺得後悔不已。孫皓接獲密報，就在濮陽興、張布入朝時，下令將二人逮捕並屠滅三族。去年（二六五年）七月，孫皓又痛下殺手，下令太后自盡，並誅殺前任太子。今年（二六六年）六月，不會迎逢諂媚的官員王蕃，在一次酒宴時酒醉跌倒，孫皓懷疑他是裝出來的，便先用轎子把王蕃送走。過了不久再召見時，只見王蕃行止如同平日。孫皓於是大怒，便喝令左右將王蕃斬於殿下，然後率領群臣登上來山。命親信裝作一群虎狼，把王蕃的人頭丟來擲去，爭相啃咬。此外，孫皓還頒下詔令，要他的親侍隨從，到各州郡民間搜括美女。而且規定，凡是俸祿二千石以上的官員，每年都要把家中女兒的姓名呈報列管。到了十五六歲，便由宮中進行挑選，沒被選上的才准出嫁。至今後宮美女已經多達數千人，但這項挑選美女的重大工程，仍持續不斷的進行著。

3-KINGDOMS TIMES

西元二六七年

東吳・寶鼎二年 晉・泰始三年

把拔！你看！我考第一名呢

嗯，好棒，好棒

充滿父愛的啜泣

嗚…是只考１分吧…

司馬炎將已被瑞文氏智力測驗鑑定為有輕度智能障礙的司馬衷立為皇太子，晉帝國前途堪憂

司馬衷封晉太子 頭腦痴呆惹疑慮

晉帝司馬炎於元月頒布詔書，封長子司馬衷為太子，但不再大赦天下，以免人民存有僥倖之心。不過由於司馬衷疑似有輕度的智能上的障礙，據說司馬炎本人對此也頗感憂心。但是由於皇后，也就是司馬衷的母親楊氏，一直堅持不論賢愚都要立長為嫡，才決定立司馬衷為太子，將整著國家的未來交付在這個頭腦痴呆的小孩手上。

人事調薪

晉國中央政府於九月宣布，進行公務人員的調薪。據估計，全國約有數萬名官員的薪資都獲得調漲。

3-KINGDOMS TIMES

西元二七〇年

東吳·建衡二年 晉·泰始六年

尊師重道 太子也向老師低頭

晉國政府部門中的某些官員，為了拍皇帝及太子的馬屁，特別上書表示:「因為太子身分尊貴，而為太子上課的教授們只是人臣，所以在上課時太子對教授所應有的禮節，不必像一般人那樣畢恭畢敬，應該有另一套標準。」但晉帝司馬炎對此案並不表贊同，下詔裁示：「尊敬老師，就是尊重道理與教育，和人臣不人臣有什麼關係？太子上課時，一樣要向老師行參拜之禮，以示尊師重道。」

東吳三度八侵 均遭晉軍擊退

吳帝孫皓在二六八年前後發兵攻擊江夏、襄陽（皆湖北境內），以及合肥（安徽境內）等地，都遭晉軍擊退之後，又於今年（二七〇年）開春，命大將丁奉率軍進襲渦口（安徽境內），但仍被晉國守軍所敗，無功而返。這一連串的軍事行動，卻讓晉帝司馬炎燃起了滅吳的大志，開始調整東南軍區的高階將領，並擬定新的戰略，積極準備邁向統一之路。

東吳狗價飆漲 寵物用品搶手

東吳寵臣何定，為了取悅吳帝孫皓，命轄下呈獻御犬，以做為皇室狩獵野兔加菜之用。於是一時之間，引起風潮，各界爭相購買，寵物市場供不應求。根據本報最新的市場調查，目前一條狗的價錢已經足以購買數十匹的高級綢緞，甚至連牽狗用的繩索，一條都要價一萬錢以上。狗價飆漲也連帶影響其他物價波動，人民對造成這種後果的何定，無不深惡痛恨。但諷刺的是，何定又因呈獻御犬有功，被進封侯爵之位。雖然大臣陸抗也為此上書批評，但皇帝仍是置之不理，完全沒有回應。

東吳狗價飆漲，連寵物用品的價錢都非一般人負擔的起

三國時報

3-KINGDOMS TIMES

西元二七一年

東吳·建衡三年 晉·泰始七年

孫皓御駕親征，竟要東吳數萬名戰士在冰天雪地中，以人力拉著後宮妻妾所乘坐的豪華車輛，一同前往戰場

孫皓親征美女隨行 萬名戰士淪為車伕

吳國人刁玄最近聲稱在古書上發現一段神祕預言，記載著:「黃旗紫蓋，見於東南，終有天下者，荊揚之君。」吳帝孫皓對此預言深信不疑，認為書中所講「終有天下者」指的就是自己，於是發動大軍，打算親征晉國。但有別於以往的是，這次皇帝為免途中無聊，還帶了後宮美女數千人，一起浩浩蕩蕩的出發。剛好這時正值寒冬，大雪覆蓋，道路崩毀。士兵們只好身穿鎧甲，手拿武器，每一百人拉一輛皇室座車。光是動員當作車伕的兵士，就高達好幾萬人。天寒地凍，加上又要賣命拉車，讓士兵們的忍耐都已到了極限，不住的抱怨說：「如果遇到敵人，我一定要倒戈。」由於基層士兵反彈聲浪太大，孫皓聽到報告之後，知道無法再繼續前進，只好班師返回京城。

虛報戰功 免除官職

晉國豫州（河南境內）刺史（州長）石鑑，被控在對東吳作戰之時，虛報戰功，不實呈報獲敵首級之數目。晉帝司馬炎為此大為憤怒，已下令將石鑑革除官職，遣回故里，終生不得錄用。

訃聞

亡國降魏、被封為安樂公的蜀漢故帝，也就是劉備之子阿斗——劉禪，已於日前於封地安祥逝世，享壽六十五歲。

三國時報

3-KINGDOMS TIMES

西元二七二年

東吳・鳳凰元年 晉・泰始八年

晉軍謀取江東 王濬受命造艦

負責統籌荊州軍事，祕密策畫攻吳計畫的羊祜向晉帝司馬炎建議，任命王濬為益州（四川境內）刺史（州長），負責建立一支強大的艦隊，等艦隊成軍之日，便可順長江而下，一舉覆滅東吳。司馬炎同意這項戰略，便下令王濬中止屯墾，把所有的兵力投注在造艦工程上。王濬得令後，為了工程能順利完成，便另行徵調各州郡一萬民工，開始打造戰艦。據聞，這批戰船中，主力戰艦長有一百二十步，可乘載武裝士兵二千人，四邊開門，甲板上可供戰馬奔馳，是非常可怕的作戰武力。在王濬祕密造艦的同時，吳國建平（四川境內）太守（郡長）吾彥發現，有為數可觀的木料碎片，滿布長江江面順流而下，極有可能是晉軍在上游造艦。便向吳帝孫皓報告，請求加強建平的守軍。不過孫皓並未批准此一計畫，吾彥只好打造粗大的鐵鍊，橫跨長江兩岸，把整個江面封鎖起來。

孫皓對晉軍在長江上游造艦的情報置之不理

步闡叛吳歸晉 引發二國兵爭

今年（二七二年）八月，吳帝孫皓突然下詔，召屯駐西陵（湖北境內）的大將步闡回京。由於步闡家族世代都鎮守西陵，突然接到詔書，便開始疑心自己是否被人陷害，而要回京治罪，於是便決定歸附晉國。晉國政府在人質進入首都洛陽（河南境內）後，隨即對步闡大加封賞，不但仍命他繼續鎮守西陵，封宜都公、領交州牧之銜，還開府儀同三司（官署編制及權力等同三公）。而東吳大將陸抗接到步闡叛變的消息後，立即採取行動，調動諸路軍隊，出兵征討西陵。晉國也派將領楊肇率兵接應步闡，另命羊祜率領五萬大軍，進軍江陵（湖北境內），命徐胤由水路進攻建平（四川境內）。

陸抗漂亮退敵 東吳奪回西陵

陸抗因之前駐防西陵（湖北境內）時，曾特別加固城牆並增加存糧，所以知道西陵並不容易攻陷。於是不急著進攻，反而下令圍城，並日夜趕工，對內圈做圍城之準備，在外圈則構築防禦工事，以抵禦晉國將到之援軍。但將領們卻都認為應直接攻城才是上策，並堅決請求發動攻擊。陸抗為使眾將心服，只好下令做一次的攻擊，果然沒有任何進展，於是各將領才專心於構建工事。晉國羊祜大軍，打算利用之前陸抗修築的水道運送軍糧，又怕吳軍先行破壞水道，於是便假裝要破壞水道，以步兵攻擊江陵（湖北境內）。但這個計謀被陸抗所識破，便下令立即破壞水道，果然使得羊祜部隊放棄水路，只能以車輛艱苦而緩慢的運輸軍糧。同時陸抗親自率領主力軍團，在西陵對抗來援的楊肇部隊。這時深知東吳軍力配置的將領叛逃，投入楊肇大營。陸抗知道晉軍獲得重要軍事情報後，必定會突擊吳軍最弱的地方。於是連夜調動，把最弱的部隊調走，換成精銳部隊。第二天楊肇果然來襲，早有準備的東吳軍全力反擊，造成晉軍嚴重的傷亡。到了十二月，久攻不下的楊肇，決定趁夜撤軍。陸抗為免城中軍隊逆襲突圍，下令虛張聲勢，只是全軍擂鼓吶喊，做出要全力追擊的樣子。正在撤退的楊肇軍團，聽到吶喊之聲，驚嚇過度，全軍丟盔棄甲，四散奔逃。於是陸抗派出一支輕兵追擊，楊肇部隊大敗，潰不成軍。晉國其他各路援軍，在得到消息後，也只好各自撤軍。西陵被陸抗收復後，叛敵的步闡及同謀將領，皆被處以屠三族之刑。

世紀大預言 吳主庚子之歲 青蓋進入洛陽

吳帝孫皓自從西陵（湖北境內）一戰大獲全勝之後，意氣風發，自覺天下無敵，便找來境內有名的占卜法師，要算算看自己何時可以獨得九州，一統天下。法力高強的占卜師在焚香祭祀，口中一陣唸唸有辭之後，終於得到來自上天的啟示，說：「吉，庚子歲，青蓋當入洛陽。」如果這個世紀大預言準確的話，那二八〇年，也就是八年之後，孫皓便可以乘著青蓋皇輦，踏入晉國的首都洛陽城（河南境內）。

三國時報

3-KINGDOMS TIMES

西元二七三年

東吳・鳳凰二年 晉・泰始九年

戲謔大臣 偏袒愛妾

強迫灌酒互揭瘡疤 執法人員慘遭斷頭

POLICE

部長先生，您因為違反酒駕規定被開罰，請在這裡簽名

搞什麼!?我又沒喝酒!!

新的規定是官員開車前都必須喝七公升以上的酒才可以哦！簽名吧…

孫皓規定官員參加宴會時一定要飲酒

吳帝孫皓發明了一項新的遊戲，就是命文武百官共同飲酒，不管酒量如何，至少都要灌下七升。等到大家都醉成一團時，就叫親信侍臣，嘲弄公卿大臣。又要這些高級官員們，互相揭發隱私，以為助興。若稍有不能讓皇帝盡興者，便下令綑綁起來，或直接殺掉。孫皓誇張的行徑還不止於此，有一次，孫皓的愛妾派人到街上奪人財物，被孫皓的寵臣司市中郎將（市街警衛指揮官）陳聲逮到，並把嫌犯移送法辦。事後愛妾向孫皓哭訴，孫皓竟另外找個藉口逮捕陳聲，然後用燒紅的鋸子鋸下陳聲的人頭，然後把屍體丟到山下。孫皓種種暴行，已使得吳國上下臣民，恐懼萬分，不知災禍何時會臨到自己頭上。

三國時報

3-KINGDOMS TIMES

西元二七四年

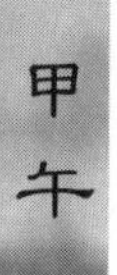

東吳・鳳凰三年 晉・泰始十年

皇宮選女 天倫悲劇

晉帝司馬炎為了要挑選宮女，下詔徵集全國民間及低階文武官家中的女兒，一共五千人，都到皇宮中集合，等待挑選。這些被徵集的女孩與她們的母親，在皇宮中因即將分離而抱頭痛哭，悲傷哭泣的聲音一直傳到宮牆之外，令人聽了不勝唏噓。

訃聞

日前東吳政府發布消息，證實大司馬（全國最高指揮官）陸抗已經逝世，享年僅四十九歲。陸抗重病之時，還特別上書給吳帝孫皓，

特別請求加強西陵（湖北境內）的防禦武力，以防備敵人順長江而下發動攻擊。並希望所統轄的部隊，能補實到八萬人的編制，如此才能專心在軍事防務上，在他死後仍能確保國家之平安。但孫皓由於猜忌之故，在陸抗死後，反而將原有部隊分給陸抗的五個兒子分別統率，導致力量更為分散。

訃聞

之前被廢黜的曹魏帝國第三任皇帝曹芳去世，享年四十三歲。

3-KINGDOMS TIMES

乙未

西元二七五年

東吳・鳳凰四年 天冊元年 晉・咸寧元年

殘暴的孫皓，竟下令用燒紅的鋸子，將中風癱瘓的官員頭顱硬生生鋸下

官員中風竟遭禍 吳帝拷打又鋸頭

東吳官員賀卲因中風癱瘓，不能言語，已經辭職在家休養好幾個月。但吳帝孫皓忽然間想起這件事，心中懷疑賀卲是裝出來騙人的，便下令將他逮捕收押，關到酒窖之中嚴刑拷打。經過數千下的酷刑鞭打後，中風的賀卲依然沒有辦法說出半個字。但孫皓仍不相信，就命人用燒紅的鐵鋸，鋸下賀卲的人頭，再將其家屬放逐到臨海（浙江境內）。

疫情警報

在東吳連續三年的瘟疫橫行之後，晉國首都洛陽也爆發大規模的傳染病，目前疫情尚無法得到有效控制，染病身亡的人數已累積到數萬人。據聞皇帝司馬炎也受到感染，病情嚴重，中央政府已組成緊急醫療小組，全力搶救中。

魏國爆發大規模傳染病，連皇帝司馬炎也被感染

東吳．天紀元年 晉．咸寧三年

加強鞏固司馬實力　封王領軍出鎮各州

去年（二七六年）才剛大病初癒，從鬼門關搶救回來的晉帝司馬炎，為了能更加鞏固皇族的武裝實力，特別頒布詔令，將封國分為三等。大國設常備兵力三軍，五千人；次國設二軍，三千人；小國一軍，一千一百人。其中諸王若為都督（司令官）者，則把封國遷到駐防地附近。於是司馬亮改封汝南王、鎮南大將軍，領兵統籌豫州（河南境內）之所有軍事；司馬倫改封趙王，領軍防守鄴城（河北境內）；司馬輔改封為太原王，監管并州（山西境內）軍事業務；司馬伷改封琅邪王，駐防徐州（江蘇境內）；司馬駿改扶風王，駐軍關中（陝西境內）；另外司馬顒改封為河間王、司馬柬改為南陽王。凡是沒有在中央政府兼任官職者，一律遣回各封國。據記者親眼目睹，這些被遣回到封地的親王們，都因留戀京城的繁華熱鬧，而流淚哽咽不已，但也只能依依不捨的離開。

天災異變

晉國境內兗（山東境內）、豫（河南境內）、徐（江蘇境內）、青（山東境內）、荊（湖北境內）、益（四川境內）、梁（四川、陝西境內）等七州，因近日來暴雨不斷，已經大水成災，造成成千上萬的災民流離失所，農業損失無法估計。

爪耙子滿天飛　東吳監獄爆滿

吳帝孫皓為糾舉不法，任命精於打小報告的張俶為特務機關首腦後，又增設二十名的特務人員，專門負責查探臣民的不法言行。於是社會形成一種風氣，官吏及百姓，只依憑自己的愛憎，爭相檢舉告發。於是被捕入獄的人數暴增，各地監獄都已不堪負荷。張俶得勢之後，要脅索賄無惡不作，驕傲奢侈暴虐凶殘，全國上下，陷入一片驚恐。所幸後來張俶玩法弄權的事情敗露，被處以車裂之刑。

東吳最近因誣告事件頻傳，監獄已成爆滿狀態，受刑人苦不堪言

澇螟成災 晉國啟動救濟方案

今年（二七八年）秋季，晉國境內各州又傳出嚴重的災情報告。司（司隸地區）、冀（河北境內）、兗（山東境內）、豫（河南境內）、荊（湖北境內）、揚（安徽境內）六州，不但大雨成災，又傳螟蟲肆虐，百姓生活幾乎無以為繼。晉帝司馬炎緊急下詔，要求政府各部門，盡速研議救助災民的方案。負責財政的大臣杜預提議：立刻下令兗、豫兩州，整修堤防、疏通河川，並開放災民自由捕魚，以解燃眉之急。再減免受災農田的田賦，另將農牧單位專供交配用的四萬五千頭種牛，先分發給災民以應春耕，待收成時才徵收其租稅。司馬炎立即批准杜預的這項提議，而百萬災民也因此項救濟方案，得以存活下去。

晉國政府啟動救濟方案，數十萬計的受災戶受惠

訃聞

晉國負責規畫滅吳大計的征南大將軍羊祜去世，享年五十八歲。所遺下的任務，則依羊祜生前推薦由杜預接手執行。羊祜重病之時，還特別回京朝見皇帝，提醒司馬炎一定要趁吳帝孫皓還在位時發動攻擊，否則萬一暴君孫皓死了，由一個英明的人繼位，那就算發動百萬大軍，也將無法再渡過長江。

太子隨堂考試　疑傳槍手代答

晉帝司馬炎冊立有輕度智能障礙的司馬衷為太子後，政府上下就常有質疑的聲音出現，官員們雖然不敢明講，但司馬炎倒也心裡有數。為了測試太子將來是否能擔當國家重任，解開自己及大臣們心中的疑慮，司馬炎特別在宴會時，當著文武百官的面，將一些政府高層請示的國務政事，彌封好之後，派人送去給太子，要求在期限內回覆答案。不久後，太子司馬衷呈上令人滿意的答案，司馬炎大為高興，百官們也不敢再對此事有任何意見。不過，根據本報記者的深入調查，其實當題目送達時，精明過人太子妃賈氏便知道司馬衷不可能答得出來，便急忙從外面偷偷找來高手代答。所有答案都引經據典，切合實務。就在要交出去的時候，親信張泓提醒賈妃說：「皇上早就知道太子平常是不讀書的，今天如果把這份引經據典、修辭華麗的答案呈交上去，皇上一定會知道是找了槍手代答。到時追究下來，事態可就嚴重了。」賈妃聽到之後，深覺有理，便對張泓說：「那就由你抓刀回答，將來的富貴必與你同享。」於是張泓就重新寫了一份程度中等，用詞樸實簡單，但仍能切中題意的草稿，交給賈妃。賈妃立刻在旁監督，命司馬衷照抄一次，然後才交到司馬炎的手中，也順利通過這次的隨堂考驗，保住了太子之位。

3-KINGDOMS TIMES

西元二七九年

東吳．天紀三年 晉．咸寧五年

鮮卑涼州造反　小將自薦西征

春季時，西方鮮卑部落攻陷涼州（甘肅境內）的消息傳到洛陽（河南境內）。皇帝司馬炎後悔未能及早採取行動，在與百官朝會時歎息著說：「你們有誰能為我討伐這些叛賊？」這時低階軍官馬隆自告奮勇，請求讓他召募三千勇士，即可西征平亂。儘管高級將領及官員們都同表反對，認為不應只憑一個低階軍官信口開河，就交付他如此重大的任務，但司馬炎仍正式任命馬隆為討虜護軍，特准他所提出的請求。於是馬隆立下召募標準，凡能引弓四鈞（三十斤為一鈞，共約一百二十斤）、挽弩九石（一百二十斤為一石，共約一千零八十斤）者，才符合錄取標準。經過一整個上午的甄選，共募得三千五百名身強體壯的士兵。馬隆又請求到軍械庫自行挑選武器，但在挑選時和管理軍械室的官員發生嚴重的口角，隨即遭到監察單位的彈劾。但馬隆向司馬炎解釋說：「我們就快要為國戰死沙場了，軍械庫卻還發給我們魏國時代遺留下來的鏽爛武器，這絕不是陛下派我們出征的本意。」司馬炎同意讓馬隆隨意挑選武器，並撥付三年的軍資糧餉，即刻動身討平叛亂。

工人出頭天　發現靈芝晉升高官

東吳一黃姓工人家中發現「鬼目菜」，另一吳姓工人也在家中發現「買菜」。呈報後經國家相關單位認證，確定「鬼目菜」即為「靈芝草」，「買菜」即為「平慮草」，都是極為珍貴的罕見藥材。吳帝孫皓大為高興，特別任命兩人為「侍芝郎」及「平慮郎」，頒給青色綬帶的銀質印章，位階相當於部長級高官。於是東吳民間，興起了一股尋找珍貴藥草的風潮，畢竟這也是個窮人翻身的大好機會。

東吳最近掀起一股尋找珍奇藥草的風潮

孫皓暴虐無道 剝臉挖眼都來

吳帝孫皓每次召集百官飲宴時，都規定所有人要喝到盡興大醉。還特別命令親信隨從十人，在結束後奏報官員們在宴會中有哪些不合宜的舉止。連說錯一句醉話，或只是抬頭偷瞄了一眼聖顏，都要一一列出。嚴重的當場刑戮誅殺，輕微的就記錄下來當做罪證，事後懲處。有的官員因此被活剝臉皮，有的被鑿出眼珠，歷史上再也找不出比這更殘暴的時代。

晉國廿萬大軍攻吳 兵分六路誓取江東

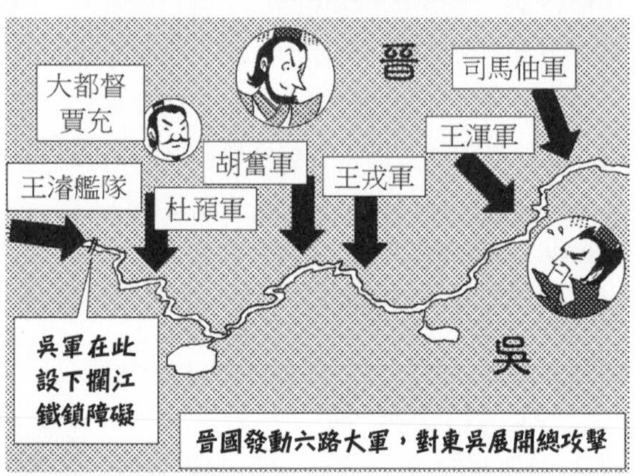

晉國發動六路大軍，對東吳展開總攻擊

晉帝司馬炎接受王濬、杜預、張華等人的建議，決定對吳國發動總攻擊。命司馬伷攻擊涂中（安徽境內）、王渾出兵江西（安徽境內）、王戎出擊武昌（湖北境內）、胡奮攻擊夏口（湖北境內）、杜預進襲江陵（湖北境內）、王濬則率領艦隊順長江而下，六路二十萬大軍，東西兩線並進，誓取東吳。又下詔任命賈充為此次軍事行動的大都督（總司令），原本就對這次軍事行動持反對立場的賈充，仍舊上書陳明伐吳的弊端，並以年邁之由，推辭元帥之任。但司馬炎卻下詔說：「你若不去的話，那我就只好御駕親征了。」於是賈充才受命，率領中央禁軍，進駐襄陽（湖北境內），調度各路軍馬。

小將揚威西域 鮮卑動亂告終

帶領三千精兵深入西域的小將馬隆，冒險挺進山區，與數萬名的鮮卑軍團展開激烈戰鬥。鮮卑部隊據險而守，馬隆為解決山路崎嶇狹窄難以通行的問題，特別製造出「扁箱車」來裝載輜重，又在車上加裝木製屋頂，以遮蔽敵人的攻擊。就這樣轉戰前行，挺進數千里，殺傷敵軍無數。到了十二月，終於大破鮮卑主力軍團，斬殺部落酋長，收降一萬多名叛軍，平定了涼州（甘肅境內）地區持續十年的動亂。

燒破江東鐵鍊陣 晉軍所向皆披靡

晉軍艦隊以巨大火炬燒斷東吳布防在長江的鐵鍊障礙

晉國各路大軍，不斷的對東吳發動攻擊。王濬率領的艦隊，先以小筏撞擊吳軍攔截船艦用的鐵錐，讓鐵錐卡住小筏之後，被小筏順游帶走。又製造長十餘丈，要數十人才可圍住的超大型火炬，灌滿麻油，放在大船船頭。當大船前進遇到截江鐵鍊時，便引燃火炬，將鐵鍊燒熔。於是艦隊無所阻礙，於二月三日，攻克西陵（湖北境內）。而杜預、胡奮軍團隨後也分別攻陷江陵（湖北境內）、江安（湖北境內）。東吳許多郡縣，也都陸續開城投降。

東吳最後反撲 仍難回天

吳帝孫皓聽到各地軍情不利，晉軍又順長江進逼的消息之後，急忙命丞相（總理）張悌調集三萬兵士，逆長江而上，迎擊晉軍。三月時，張悌軍團捨棄水路，向北推進，與晉軍發生激烈戰鬥。吳軍五千名精銳部隊，一連發動三次的猛攻，都無法攻破晉軍的防線，只好向後撤退。這時晉軍見吳兵隊伍散亂，便引兵追擊。最後吳軍大亂，兵士爭相奔逃，軍官們也無法控制部隊，終於在板橋（江蘇境內），全軍覆沒，張悌等將領全被斬殺。這時王濬的艦隊已過武昌（湖北境內），順流直取建業（江蘇境內），孫皓下令水軍一萬人西進迎敵，但這批水軍遇到王濬的艦隊之後，卻立即不戰而降。猶做困獸之鬥的孫皓，集結剩下的所有部隊，準備在第二天做最後的反撲。但天亮時才發現，數萬名兵士早已全部逃走，只剩下一座空營。

王濬艦隊攻入石頭城 孫皓自綁抬棺親投降

晉軍征吳大都督（總司令）賈充，上書建議說：「東吳不可能在短時間內一舉平定，況且即將進入盛暑之際，長江、淮河一帶地勢低窪潮濕，必生疫疾。最好現在就召回各路大軍，以後再做打算。」但此議並未獲得司馬炎的批准。而就在此同時，王濬所親率的艦隊已經通過三山（江蘇境內），王渾派人請王濬先行停軍，到大營商議對策後再做行動。但王濬僅回覆「風強水急，無法下錨泊船」，便於三月十五日，逕自率領八萬軍士，搭乘著連綿百里的艦隊，聲勢浩大的開入石頭城。手中底牌早已出盡的吳帝孫皓見大勢已去，只好將雙手反綁，抬著棺木，親自到王濬大營投降。並呈獻東吳地圖及戶籍簿冊，共計四州、四十三郡，人民五十二萬三千戶，士兵二十三萬人。戰勝的消息傳回政府之後，文武百官都向皇帝祝賀，但司馬炎卻舉杯，流著淚說：「這都是羊祜的功勞。」賈充則是滿懷慚愧與恐懼，親自入宮請罪，但司馬炎也只多加安慰，沒有責怪之意。

預言成真 青蓋果入洛陽

東吳投降之後，皇帝司馬炎下令優待吳國降將與皇族。五月時，受封為歸命侯的孫皓進入洛陽（河南境內），八年前「庚子歲，青蓋入洛陽」的預言果然實現，只不過扮演的角色改成亡國之君罷了。司馬炎特別賞賜孫皓衣物、車輛、三十頃農田，及每年不少的金錢穀糧、綢緞等物。同時下詔，原東吳境內州、郡長官及以下之官員，全數留任。東吳時代所有苛政，一律廢除。至於封賞討吳有功人員方面，雖然王渾上書指控最先進入建業的王濬違反軍令，有謀反之心。但經過王濬申辯後，司馬炎也不對此事加以追究。於是下詔封賞，增加賈充八千戶采邑，升王濬為輔國大將軍、封襄陽縣侯，杜預為當陽縣侯，王戎為安豐縣侯，封司馬伷的兩個兒子為亭侯，增加王渾采邑八千戶，進爵為公，其他將領官員，也依功各有封賞。還派人到羊祜家廟，宣讀削平東吳的功績，並封羊祜夫人萬歲鄉君，食邑五千戶。

孫皓八年前的神祕預言竟然實現

天下一統歸司馬 晉帝手握十九州

司馬炎在盡收吳地，成為天下唯一的霸主之後，下詔起用東吳境內有聲望的人士，以安撫當地的知識分子，同時並下令免除江南地區二十年的田賦稅款。又將全國各州的刺史（州長）職掌，恢復成兩漢時代的制度，專心治理民政，不再過問軍事。除了大郡設武官一百人，小郡五十人之外，各州、郡的兵力全數裁撤，不再於地方常駐軍隊。在經過近百年的動蕩騷亂之後，晉帝司馬炎終於在今年（二八〇年）一統寰宇天下，統治司、兗、豫、冀、并、青、徐、荊、揚、涼、雍、秦、益、梁、寧、交、廣、幽、平十九州，一百七十三個郡及封國，以及二百四十五萬九千八百四十戶的人民，為三國時代寫下句點。

新聞標題索引

- 呂宅命案 嫌犯鎖定曹操 行經中牟大難不死 故人家宅犯下血案
- 寧教我負天下人 休教天下人負我 名嘴羅貫中涉偽證
- 通緝犯搖身一變 曹孟德募兵五千

41 **西元一九〇年**

- 叛軍聯盟成立 袁紹出掌盟主 關東諸侯合力對抗中央政府軍
- 東漢帝國大赦令
- 劉備投靠公孫瓚 逃犯獲薦別部司馬
- 前任帝劉辯被毒身亡 相國董卓捲入謀殺疑雲
- 遷都案延燒 處死多名反對官員 董卓鐵腕魄力 強力通過議案
- 慘絕人寰 陽城一夕亡村 倖存者指控董相國涉嫌屠殺村民
- 中央政府正式遷都 洛陽淪為一片焦土 處死富豪沒入家產 百萬人民狼狽上路
- 皇帝長途跋涉終抵長安 王允主政開始建設新都
- 袁紹關東興起 家族株連喪命 董卓處死袁氏家族老少五十餘人
- 袁術表奏任命孫堅
- 董卓呂布坐鎮洛陽 關東聯軍毫無行動
- 曹操力戰 雖敗猶榮 聯軍星散 各懷鬼胎
- 貨幣政策失敗 引爆嚴重通膨

46 **西元一九一年**

- 東漢帝國大赦令
- 奪權三部曲最終章 董卓晉升太師
- 破虜將軍孫堅 發威力斬華雄 董卓呂布皆非敵手 孫堅勝利進駐洛陽
- 玉璽再現 各方關切

【羅貫中專欄】溫酒斬華雄

- 太師董卓抵長安 白色恐怖再出現
- 袁紹奸計得冀州 韓馥怯懦失性命 公孫瓚淪為他人棋子 心有不甘
- 曹操再建奇功 大破黑山賊十餘萬
- 天象異變 大臣戮死 董卓藉故報私仇
- 掃蕩黃巾 河水染紅 公孫瓚以寡擊眾 震動天下
- 劉備建功升平原相 趙子龍加入劉陣營
- 猛虎落難 孫堅死於亂箭

52 **西元一九二年**

- 東漢帝國大赦令
- 車騎朱儁反董卓 終告失敗 無辜百姓慘遭暴行劫掠
- 冀幽大戰 袁紹鬥倒公孫瓚
- 黑山亂民再起 強攻東武陽 曹操不懼本寨被襲 直取敵營奏效
- 一人得道 雞犬升天 董卓家族個個拜官封侯
- 太師權勢更上層樓 行頭比照皇帝 無敵堡壘糧食可用三十年
- 猛將呂布身陷桃色風暴 緋聞女主角為太師府侍女

【羅貫中專欄】呂布與貂蟬

- 普天同慶 流血政變 董卓殞命 王允呂布同掌大權
- 政治迫害 學者蔡邕枉死獄中 鉅著《漢書》功虧一簣
- 黃巾又起 刺史不敵喪命 陳宮鋪路 曹操入主兗州
- 兗州刺史鬧雙胞 假曹操打跑真金尚

國家圖書館出版品預行編目（CIP）資料

三國時報（西元一八四年－二八０年）／黃榮郎文．圖．
--初版．--臺北市：遠流，2013.11
面；　公分．--（圖像編年史；1）
ISBN 978-957-32-7301-1（平裝）

1. 三國史 2. 通俗史話

622.3　　102020847

圖像編年史 1

三國時報（西元一八四年～二八〇年）

3-KINDOMS TIMES

文・圖　黃榮郎
主　編　游奇惠
責任編輯　陳穗錚
版面構成　丘銳致
企　畫　叢昌瑜

發行人　王榮文
出版發行　遠流出版事業股份有限公司
地　址　台北市 10084 南昌路 2 段 81 號 6 樓
電　話　（02）2392-6899
傳　真　（02）2392-6658
郵政劃撥　0189456-1

著作權顧問　蕭雄淋律師

2013 年 11 月 1 日　初版一刷
2019 年 4 月 16 日　初版四刷
售價新臺幣 380 元

ISBN 978-957-32-7301-1

YLib 遠流博識網 http://www.ylib.com　E-mail: ylib@ylib.com